우연의 반복은
필연이다

The repetition of coincidence is inevitable

우연의 반복은
필연이다

박건한 지음

좋은땅

서문
·······

할렐루야! 金溪 박건한 원로목사님의 열 번째 설교집 출판을 진심으로 축하드립니다. 앞서 출판된 설교집 한 권, 한 권이 모두 귀하지만, 특히 저에게 있어서 이번 설교집 출판은 여러 가지 면에서 뜻깊은 일로 다가옵니다.

첫째로, 본 설교집은 2016년 4월 말 갑작스러운 목사님의 심장 수술로 인하여 경주 시온산 교회에서 오랫동안 설교하지 못하시다가 16개월 만에 다시 돌아오셔서 격주로 설교하신 내용들을 모아서 출판한 설교집입니다. 설교 내용에 있어서의 변화도 물론 주목할 만한 점이 많고, 목사님께서 다시 교회로 돌아오셔서 하셨던 설교들이라는 점에서도 뜻깊은 일이지만, 저에게는 더욱 깊은 의미로 다가옵니다. 당시 목사님께서 갑작스럽게 부재하게 되셨을 때 교회의 사역자가 전도사였던 저밖에 없었던 어려운 상황에서 주일 대예배 설교라는 중책을 갑자기 맡게 된 후 목사님께서 돌아오시기까지의 시간을 떠올리면 저 개인으로서나 교회 공동체로서나 살아 계신 하나님 앞에 감사드리지 않을 수 없기 때문입니다.

둘째로, 본 설교집은 2016년 처음 출판되었던 《미래에서 온 사람은 당당하다》 이후 열 번째로 출판된 설교집이라는 점에서 뜻깊은 일입니다. 지난 6년간 목사님께서는 여전히 몸이 불편하신 상황임에도 불구하고 하나님의 말씀에 대한 불굴의 정신으로 제자들과 함께 수십 년간 설교하셨던 내용들을 하나하나 다시 확인하시고 교정하시고 편집하시고 차례로 출판하시는 열정을 보이셨습니다. 저 역시 한 사람의 제자로서 어떤 상황에서도 변하지 않는 복음에 대한 목사님의 열심을 바라볼 때마다 제 자신의 삶을 되돌아보게 됩니다. 덧붙여 본 설교집의 교정과 편집의 과정에서 많은 애를 써 준 저의 아내 조유진과 시온산 교회 편집부 여러분들께 감사의 인사를 올립니다.

셋째로, 본 설교집은 박건한 목사님께서 2021년 5월 16일을 기하여 담임목사에서 은퇴하시고 원로목사로 추대된 이후, 그리고 부족한 제가 시온산 교회의 담임목사로서 섬기게 된 이후 출판하게 된 첫 번째 설교집입니다. 시온산 교회는 이제 곧 다가올 80주년을 넘어 새로운 비전과 체제를 구비하여 100주년을 향하여 힘차게 나아가고자 합니다. 그때도 물론 시온산 교회의 존재 이유와 사역의 근거는 하나님의 말씀과 우리 주 예수 그리스도의 복음과 성령 하나님의 인도하심일 것입니다. 다만 앞으

우연의 반복은 필연이다

로 펼쳐질 새로운 사회문화적 환경 속에서도 시온산 교회가 시대적 소명을 잘 감당할 수 있도록 여러분들의 기도를 부탁드립니다.

2021년 11월 1일
시온산 교회 제3대 목사 김종우 씀

[약력]
연세대학교 신학박사
한국기독교대학 신학대학원협의회 목사
명지대학교 방목기초교육대학 객원교수
(전) 계명대학교 의과대학 외래조교수
연세대학교 연합신학대학원 강사
강남대학교 글로벌인재학부 강사
연세대학교 산학협력단 연구원
미래의료 인문사회과학회 이사

목 차

1

사망권세를 이기시고 부활하신 주님의 몸

2017. 9. 3.

누가복음 24장 36-43절

"이 말을 할 때에 예수께서 친히 그들 가운데 서서 이르시되 너희에게 평강이 있을지어다 하시니 · 그들이 놀라고 무서워하여 그 보는 것을 영으로 생각하는지라 · 예수께서 이르시되 어찌하여 두려워하며 어찌하여 마음에 의심이 일어나느냐 · 내 손과 발을 보고 나인 줄 알라 또 나를 만져 보라 영은 살과 뼈가 없으되 너희 보는 바와 같이 나는 있느니라 · 이 말씀을 하시고 손과 발을 보이시나 · 그들이 너무 기쁘므로 아직도 믿지 못하고 놀랍게 여길 때에 이르시되 여기 무슨 먹을 것이 있느냐 하시니 · 이에 구운 생선 한 토막을 드리니 · 받으사 그 앞에서 잡수시더라"

우연의 반복은 필연이다

부활의 진정한 의미를 새기자

본문 말씀 중 이번 설교의 핵심은 42-43절입니다. 일반적으로는 부활절이 되어야 부활에 관한 설교를 합니다만 오늘 기도 중에 부활 설교를 해야 되겠다는 생각이 든 이유는, 우리가 '부활을 믿는다'고 하면서도 병과 노화와 죽음 앞에서는 실제로 부활의 주님을 생각하지 않기 때문입니다.

기독교 신앙의 핵심은 부활에 대한 신앙입니다. 우리는 성탄을 중시하지만, 초대 교회는 성탄절보다 부활절을 중시했습니다. 그러면 부활의 진정한 의미는 무엇일까요? 예수님의 제자들과 속사도들과 많은 초대 교인들이 감사하면서 순교를 받아들인 이유는 무엇일까요? 그것은 그들의 부활신앙이 확실했기 때문입니다. 그러나 오늘 누가 우리에게 '믿는 사람으로서 순교하라'고 한다면 먼저 겁부터 나면서 도망갈 궁리를 할 것입니다.

부활에 대하여 대부분의 학자들이 중시하는 것은 성경의 '빈 무덤'에 대한 기록이지만, 예수님 당시에 로마나 유대의 지배 계급이 가장 중시해서 최선을 다해서 찾고자 했던 것은 사라진 예수님의 시체였습니다. 시체만 찾아낼 수 있다면 "당신들이 신앙한 예수는 죽었다. 그리고 여기 시체가 있다."라고 선언하면 끝나는 일이라고 생각했기 때문입니다.

사복음서 저자들도 빈 무덤을 주로 강조했지만, '요아킴 예레미아스' 같은 세계적인 신학자는 실제로 로마나 유대의 지배 계급이 얼마나 집요하게 예수의 시체를 찾았을지에 대해서 이야기했습니다. 하지만 그들은 결국 예수의 시체를 찾지 못했습니다. 그래서 제자들이 예수의 시체를 훔쳐 갔다거나 시체를 숨겼다는 등의 거짓말을 했습니다만 예수님께서 부활하셨다는 진실을 억누를 수는 없었습니다.

부활을 이해하지 못하는 제자들

본문에서 중요한 핵심은 제자들이 부활 사건을 이해하지 못한다는 것입니다. '제자들에게 부활을 어떻게 설명할까' 하는 것이 예수님에게도 고민이었습니다. 예수님의 행동은 모두에게 의심이 일어날 만한 일이었습니다. 벽을 통과해서 들어오셨기 때문입니다.

예수님의 제자들을 잡아들이려고 하는 상황에서 제자들이 무서워 벌벌 떨면서 밖으로 나가지 않고 한방에 모여 있었던 이유가 있습니다. 유월절에는 세계 곳곳에서 유대인들이 다 모여들기 때문에 방이란 방은 가득 차서 빈방이 없을 정도입니다. 방에 한가득 들어 있으면 누가 누구인지 알 수가 없으니 제자들이 그렇게 모여서 숨어 있었던 것입니다. 그런 그들에게 갑자기 예수님이 벽을 통과해서 가운데 서시니 예수님께서 설명을 해도 제자들은 이해를 못 합니다.

"유령이다!" "어떻게 벽을 통과해서 들어오지?"라는 것이 제자들의 반응이었습니다. 그런 제자들의 반응 앞에서 예수님은 "너희에게 평안이 있을지어다."라고 말씀하셨습니다. '평안'은 히브리어로 '샬롬'입니다. "샬롬"이라고 하면 "평안하지요?"라는 뜻이고, "샬롬, 샬롬"이라고 하면 "안녕하세요? 당신들에게 평안이 있기를 바랍니다."라는 뜻입니다. 예수님께서 "샬롬, 샬롬"이라고 말씀하신 것을 한국어로 번역할 때 "너희에게 평안이 있을지어다."로 번역했습니다.

우연의 반복은 필연이다

예수님의 이 말씀의 뜻을 다시 강조해서 풀자면 "내가 부활했으니 이제 너희들은 평안해야 한다."라는 말입니다. 그러나 예수님께서 말씀을 하셔도 모두 숙덕거리기만 하니 예수님의 부활을 제자들에게 어떻게 이해시키면 좋을까요?

36절 "이 말을 할 때에 예수께서 친히 그들 가운데 서서 이르시되 너희에게 평강이 있을지어다 하시니"

제자들이 문을 잠그고 있었는데 예수님께서 벽을 통과해서 들어오셔서 "샬롬, 샬롬" 하시니 그들이 겁을 먹은 것은 당연한 일이었습니다.

37절 "그들이 놀라고 무서워하여 그 보는 것을 영으로 생각하는지라"

갈릴리 호수에 풍랑이 일어났을 때도 예수님께서 물 위를 걸어오시는 모습을 보고 제자들은 "귀신이다!"라고 소리쳤습니다. 이는 제자들에게 있어서 상식 밖의 일이기 때문입니다.

인간은 상식적으로, 또 인과관계적으로 사고합니다. 누가 방에 들어오려면 먼저 노크를 하고, 문이 열리는 순서로 이어집니다. 그런데 문이 열리지도 않았는데 예수님께서 갑자기 그들 가운데 서 계신 것입니다.

38절 "예수께서 이르시되 어찌하여 두려워하며 어찌하여 마음에 의심이 일어나느냐"

부활신앙이 두려움을 이긴다

부활신앙이 없으면 삶이 두렵고 병이 두렵습니다. 그리고 죽음이 두렵습니다. 어찌 될지 몰라 불안합니다. 죽음 앞에서 큰소리칠 사람은 아무도 없습니다. 중국의 진시황은 영원히 살겠다고 큰소리를 치며 40세부터 불로초를 구하러 사람들을 여기저기 보내고 온갖 좋다는 것들을 다 구해서 먹었지만 49세에 죽었습니다. 진시황을 비롯하여 인류 역사에서 오래 살고자 했던 사람들은 다 죽었습니다.

인간에게 있어서 죽음은 낯설고 두려운 것이며, 병이 두려운 이유도 죽을 것 같아서 두려운 것입니다. 요한일서의 저자가 말하는 것처럼 마음속에 사랑이 있으면 두려움이 없는데 사랑이 없으니 죽음이 그렇게도 두려운 것입니다.

요한일서 4장 18절 "사랑 안에 두려움이 없고 온전한 사랑이 두려움을 내쫓나니 두려움에는 형벌이 있음이라 두려워하는 자는 사랑 안에서 온전히 이루지 못하였느니라"

저도 꼭 필요해서 큰 수술을 했는데, 자칫하면 병원의 의사와 약을 바라볼 수 있겠다는 생각이 들었습니다. 의사와 약도 우리에게 필요하기 때문에 하나님께서 허락하셨지만, 부활하신 주님을 믿는 신앙인으로서 우리의 치료자는 예수님밖에 없음을 알고 있어야 합니다. 그런데 저 역시 마음이 약해져서 중환자실에서 한밤중에 잠도 안 오고 두려움이 밀려올 때는 이제까지 신앙한 것에 대한 의심도 들었습니다.

우연의 반복은 필연이다

제자들의 가장 큰 문제도 두려움이었습니다. 나가서 잡히면 죽기 때문입니다. 그러니까 유월절이라고 전 세계에서 모인 유대인들처럼 가장해서 방 안에 한가득 숨어 있었던 것인데, 주님께서 그 사이에 오셔서 "샬롬, 샬롬" 하신 것입니다.

부활하신 몸으로 음식을 드시다

39절 "내 손과 발을 보고 나인 줄 알라 또 나를 만져 보라 영은 살과 뼈가 없으되 너희 보는 바와 같이 나는 있느니라"

"나를 만져 보라"고 하셨지만 만지는 사람이 없습니다. 부활하신 예수님의 몸에는 다섯 군데의 상처가 그대로 있었습니다. 손과 발에는 못 자국이 있고 옆구리에는 창 자국이 있습니다. 그러면 나중에 우리가 부활할 때도 수술 자국이 그대로 있고, 또 어린아이로 죽었다면 어린아이로 부활할까요? 부활을 생각하면 이런 의문들이 생깁니다.

41절 "그들이 너무 기쁘므로 아직도 믿지 못하고 놀랍게 여길 때에 이르시되 여기 무슨 먹을 것이 있느냐 하시니"

너무 기뻐서 믿지 못하고 놀라워하는 감정을 이해할 수 있을까요? "도대체 어떻게 이런 일이 있을 수 있나!"라는 놀라움 속에서, 기쁘기는 기쁜데 어리벙벙하고 두려운 감정 말입니다. 우리에게 '사실(fact)'만큼 중요한 것도 없지만 인간이 가장 이해하기 어려운 것도 바로 이 '사실'입니다. 사람들은 드라마를 많이 보지만 드라마로도 해석할 수 없는 사건들이 이 세상에는 너무 많습니다.

예수님께서 "여기 무슨 먹을 것이 있느냐?"라고 하신 것은 결정적인 순간입니다. 제자들이 생각하듯이 영이라면 음식을 먹을 수가 없지만, 예수님은 부활하신 몸으로 오셨으니 드실 수 있기 때문입니다. 제자 중 한 사람이 구운 생선 한 토막을 드리자 예수님께서는 "영은 살과 뼈가 없지만 나는 있잖아. 보아라. 너희도 부활하면 이렇게 된다."라는 뜻으로 제자들 앞에서 구운 생선을 드셨습니다.

이 기록을 강조하는 이유는 다른 복음서에는 이런 내용이 없기 때문입니다. 누가만 이 내용을 기록했는데, 누가가 기록한 사도행전에도 이 내용이 나옵니다.

사도행전 10장 41절 "모든 백성에게 하신 것이 아니요 오직 미리 택하신 증인 곧 죽은 자 가운데서 부활하신 후 그를 모시고 음식을 먹은 우리에게 하신 것이라"

여기서도 '음식을 먹었다'고 기록되어 있습니다. 베드로가 설교 중에 "부활하신 그분을 모시고 음식을 같이 먹었다."라고 말한 것입니다.

부활하신 주님은 문을 두드릴 필요도 없이 벽면을 통과해서 들어오셨고, 제자들이 모여 있는 곳에 가셔서 같이 이야기도 하시고 식사도 하셨습니다.

창세기 18장 1-9절 "여호와께서 마므레의 상수리나무들이 있는 곳에서

우연의 반복은 필연이다

아브라함에게 나타나시니라 날이 뜨거울 때에 그가 장막 문에 앉아 있
다가·눈을 들어 본즉 사람 셋이 맞은편에 서 있는지라 그가 그들을 보
자 곧 장막 문에서 달려나가 영접하며 몸을 땅에 굽혀·이르되 내 주여
내가 주께 은혜를 입었사오면 원하건대 종을 떠나 지나가지 마시옵고·
물을 조금 가져오게 하사 당신들의 발을 씻으시고 나무 아래에서 쉬소
서·내가 떡을 조금 가져오리니 당신들의 마음을 상쾌하게 하신 후에
지나가소서 당신들이 종에게 오셨음이니이다 그들이 이르되 네 말대로
그리하라·아브라함이 급히 장막으로 가서 사라에게 이르되 속히 고운
가루 세 스아를 가져다가 반죽하여 떡을 만들라 하고·아브라함이 또
가축 떼 있는 곳으로 달려가서 기름지고 좋은 송아지를 잡아 하인에게
주니 그가 급히 요리한지라·아브라함이 엉긴 젖과 우유와 하인이 요리
한 송아지를 가져다가 그들 앞에 차려 놓고 나무 아래에 모셔 서매 그들
이 먹으니라·그들이 아브라함에게 이르되 네 아내 사라가 어디 있느냐
대답하되 장막에 있나이다"

1절의 주어가 '여호와께서'입니다. 하나님이 오셔서 고기도 드시고 우
유도 드시는 장면이 여기서도 나옵니다. 아브라함 집에 세 분이 오셨는
데, 그분들 앞에 엉긴 젖과 우유와 송아지 요리를 차려드리니 다 드신 것
입니다. 그러니 부활하신 예수님께서 오셔서 드시는 것도 이상할 것이
아무것도 없습니다.

우리도 부활신앙으로 무장하자

우리가 가진 살과 뼈는 자동차나 가전제품처럼 신용보증기간이 있으므로 때가 되면 계속 고장이 나다가 결국에는 죽어서 썩습니다. 이는 하나님이 창조하신 절대적인 원리입니다. 그런데 믿음을 가지고 있는 사람은 무덤에서 죽어도 예수님께서 주신 '생명'을 가지고 있습니다. 예수님이 주신 생명을 가지고 있는 사람은 부활하신 예수님처럼 다시 그분과 같은 새로운 몸을 입습니다. 예수를 모르는 사람에게 있어서 죽음은 완전한 죽음이지만, 예수를 믿고 죽은 사람은 비록 살과 뼈는 썩더라도 생명의 씨가 있으므로 예수님이 재림하실 때 그 씨를 중심으로 부활합니다. 그때 몸은 예수님과 같이 됩니다. 벽을 마음대로 통과하고, 마음대로 날아다니고, 승천도 할 수 있습니다. 물론 예수님처럼 생선도 먹을 수 있습니다. 우리도 그런 양자역학적인 새로운 존재로 태어난다는 것에 대해서 여러분에게 꼭 전하고 싶습니다.

그러면 예수님의 손과 발의 상처는 어떻게 된 것일까요? 학자들은 예수님께서 제자들에게 보여 주시려고 일부러 두신 것으로 봅니다. 요한복음에 의하면, 예수님은 아버지께 다녀와야 한다고 하셨는데 하늘나라에 가셔서 "제가 인류를 위해 십자가에 죽었습니다."라고 하는 표를 보여 주시고 오셨다는 것입니다.

학자들은 부활한 몸이 어떻게 되는가에 대해서 모든 남녀는 물론 갓난아이 또한 죽었다가 부활하면 예수님의 나이 정도로 부활하는 것으로 봅니다. 그리고 수술의 상처 같은 것도 다 없앨 수 있다는 것이 지배적인 학설입니다. 완전한 몸으로, 영체(靈體)로서, 영적인 존재이지만 살과 뼈가 있는 부활한 몸으로 예수님처럼 다시 살아나서 영원무궁한 세계로 간다는 것입니다.

순교자들은 이런 신앙을 가지고 있었기 때문에 담대히 순교했습니다. 영원한 몸을 가지려고 오히려 하루라도 빨리 순교하려고 했던 것입니다. 사도들과 속사도들이 순교한 근원에는 이러한 신앙이 핵심이었습니다. 이 신앙으로 무장하면 두려움도 없고 의심도 없습니다. 우리의 지금 이 몸은 보증기간이 끝나면 흙으로 돌아가는데, 이 몸에 대해서 미련을 가진다는 것은 부활신앙에 어긋나는 것입니다. 그래서 요한복음은 부활신앙을 표현하려고 '생명'이라는 말을 계속합니다. 오해하지 않게 하려고 앞에 형용사까지 붙여서 '영원한 생명'이라고 표현합니다.

우리가 세상을 살면서 부활신앙으로 무장되지 않으면 세상 속에서 수준 없이 살면서 "믿는다면서 왜 그러지?"라는 소리를 듣습니다. 결국 우리는 땅에 들어가서 썩어야 하는 존재인데, 그것도 모르고 계속 의심하고 두려움에 싸여 있다는 것은 그의 신앙이 뭔가 잘못된 것입니다. 그러면 일찍 죽으라는 말일까요? 그런 말이 아닙니다. 지금의 몸도 너무 귀합니다. 다만 절대적으로 하나님의 말씀과 예수님 중심이어야 하지, 사람이나 사람의 몸을 우상화해서는 안 된다는 것입니다.

기묘자이신 예수님

누가는 마태와 마가의 이야기를 종합하고 요약해서 잘 정리했습니다. 예수님께서 부활하신 자기를 설명하시기 위해서 제자들 앞에 나타나실 때 하신 일이 여러 가지입니다. 첫째는 사망권세를 이기심을 보이셨고,

둘째는 "샬롬, 샬롬" 하시며 말씀하셨고, 셋째는 예수님 몸의 다섯 상처를 보이셨고, 넷째는 제자들 앞에서 음식을 드셨다는 것입니다. 물론 그 외에도 많습니다.

우리의 이 몸도 물리적으로 너무 중요합니다. 특히 40세가 넘어서 50대, 60대로 들어서면 보증기간이 끝나서 대개 다 아프기 마련입니다. 물론 아프지 않은 사람도 가끔 있지만 그들은 또 다른 치명적인 단점이 있기 마련입니다. 이것을 '고통의 보편성'이라고 합니다. 그래서 몸에 대해서는 특히 먹는 것을 조심해야 하고 기도하고 보살펴야 합니다.

잘못하면 몸을 부정적으로 인식해서 약도 잘 안 먹는 사람이 있을 수 있는데, 그러면 안 됩니다. 지금의 몸도 아주 귀하지만 때가 되어서 죽으면 인체의 모든 요소가 흙으로 돌아갑니다. 여기에 대해서 미련을 가지면 안 됩니다. 흙으로 창조한 몸은 그렇게 끝나고, 우리는 믿음으로 말미암아 영원한 생명을 얻는다는 신앙을 가져야 합니다. 부활하신 예수님을 통해서 이런 귀한 내용들을 알 수 있는 것입니다.

저는 이 설교를 준비하면서, 사사기 속에서 삼손 집에 온 신인(神人)을 생각해 보았습니다. 그분의 이름이 '기묘자', 히브리어로 '펠레'인데(사사기 13장 18절 "여호와의 사자가 그에게 이르되 어찌하여 내 이름을 묻느냐 내 이름은 기묘자라 하니라"), 이사야서에서 예수님을 이야기할 때 '펠레'라고 합니다.

이사야 9장 6절 "이는 한 아기가 우리에게 났고 한 아들을 우리에게 주신 바 되었는데 그의 어깨에는 정사를 메었고 그의 이름은 기묘자라, 모사라, 전능하신 하나님이라, 영존하시는 아버지라, 평강의 왕이라 할 것

우연의 반복은 필연이다

임이라"

여기서 '기묘자'라는 말이 펠레입니다.

마노아의 아내가 밭에서 일하고 있는데 한 신인이 와서 "네가 임신하여 아들을 낳을 것인데 술도 마시지 말 것이며 부정한 것을 먹지 말라. 그리고 네가 낳을 아들은 나실인이니 그의 머리에 삭도를 대지 말라."고 하였습니다. 부인이 남편에게 가서 이 이야기를 하니까 다시 한번 오시도록 기도하자고 해서 기도했더니 한 번 더 오셨습니다. 마노아가 신인에게 음식을 대접하겠다고 하자 나는 너의 음식을 먹지 않는다고 하면서 번제를 준비하려거든 여호와께 드리라고 말했습니다. 그래서 마노아가 염소 새끼와 소제물을 가져다가 바위 위에서 번제를 드리는데, 불꽃이 제단의 제물을 태우면서 하늘로 올라가는 동시에 여호와의 사자가 제단 불꽃에 휩싸여 올라가는 것을 보았습니다. 이 사람이 기묘자, 즉 펠레이며 이사야서에서는 장차 나실 메시아를 펠레라고 지칭했습니다.

맺는말

우리는 예수님의 부활하신 몸이 어떤지 알았습니다. 세상 속에서 어려움과 병과 죽음이 있어도 이제 두려워하지 맙시다. 모든 사람이 다 죽습니다. 그러나 우리는 부활한 몸으로 다시 태어납니다. 그리고 주님과 영원히 함께합니다. 이것이 이번 설교의 핵심입니다.

2

종말론적 하나님 나라 운동(공평과 공의)

2017. 9. 17.

이사야 11장 1-10절

"이새의 줄기에서 한 싹이 나며 그 뿌리에서 한 가지가 나서 결실할 것
이요 · 그의 위에 여호와의 영 곧 지혜와 총명의 영이요 모략과 재능의
영이요 지식과 여호와를 경외하는 영이 강림하시리니 · 그가 여호와를
경외함으로 즐거움을 삼을 것이며 그의 눈에 보이는 대로 심판하지 아
니하며 그의 귀에 들리는 대로 판단하지 아니하며 · 공의로 가난한 자
를 심판하며 정직으로 세상의 겸손한 자를 판단할 것이며 그의 입의 막
대기로 세상을 치며 그의 입술의 기운으로 악인을 죽일 것이며 · 공의로
그의 허리띠를 삼으며 성실로 그의 몸의 띠를 삼으리라 · 그 때에 이리가
어린 양과 함께 살며 표범이 어린 염소와 함께 누우며 송아지와 어린 사
자와 살진 짐승이 함께 있어 어린 아이에게 끌리며 · 암소와 곰이 함께
먹으며 그것들의 새끼가 함께 엎드리며 사자가 소처럼 풀을 먹을 것이

우연의 반복은 필연이다

며 · 젖 먹는 아이가 독사의 구멍에서 장난하며 젖 뗀 어린 아이가 독사의 굴에 손을 넣을 것이라 · 내 거룩한 산 모든 곳에서 해 됨도 없고 상함도 없을 것이니 이는 물이 바다를 덮음 같이 여호와를 아는 지식이 세상에 충만할 것임이니라 · 그 날에 이새의 뿌리에서 한 싹이 나서 만민의 기치로 설 것이요 열방이 그에게로 돌아오리니 그가 거한 곳이 영화로우리라"

종말 시나리오와 믿는 사람의 길

'폭주하는 기술이 만든 인류 최후의 날'이라는 제목으로 필 토레스의 책 《디 엔드》를 소개하는 신문 기사를 보았습니다. 책에서는 보다 현실적 종말론으로서 핵무기, 전염병을 몰고 오는 균, 인공지능, 지구온난화, 혜성 충돌, 빙하기의 도래, 나노 기술, 생태계 붕괴 등에 대해서 말하고 있습니다. 1952년 미국 네바다주 핵실험 장면까지 사진으로 실었습니다.

이런 말씀을 먼저 드리는 이유는, 오늘 우리의 때를 잘 알고 있어야 하기 때문입니다. 현재 시국을 보면 언제 갑자기 북한이 핵무기를 사용할지 전혀 예상할 수 없는 상황입니다. 미국도 '예방전쟁'이라는 개념으로 북한에 선제공격을 할 수 있다고 말합니다. 미국에는 '검은 백조'라는 전투기가 있는데, 나라 하나를 망하게 할 수 있는 모든 무기를 싣고 다닙니다. 그 전투기 한 대가 뜨면 평양은 초토화됩니다.

하나님의 주권으로 이 세계를 꽉 잡고 계시지만 만약 지구가 핵무기에 의해 망하게 되면 앞으로 3천 년 동안 지구는 황폐화되어 생명이 살지 못합니다. 어떤 학자들은 화성도 옛날에 핵전쟁이 일어나서 지금처럼 생명이 살지 못하는 행성으로 변한 것이라고 말합니다.

　여기서 제가 이사야 본문 말씀으로 설교를 하는 이유는, 이와 같은 때에 구원받은 자들이 어떻게 말씀을 묵상하고 살아가야 하는가에 대해서 말씀을 드리기 위함입니다. 믿는 사람들은 이럴 때일수록 어떻게 말씀에 의존해서 기도하며 살아가야 하는가에 주안점을 두어야 합니다. 그리스도께서 주시는 평안이 있어야 하고, 부활신앙과 믿음이 있어야 합니다. 믿지 않는 사람들처럼 떨고 불안해하면 믿는 사람답지 못한 일입니다.

이사야 11장 1-10절 강해

이사야 11장은 성령의 장입니다.

> 1절 "이새의 줄기에서 한 싹이 나며 그 뿌리에서 한 가지가 나서 결실할
> 것이요"

　이새의 줄기에서 한 싹이 난다고 합니다. 이새는 다윗 왕의 아버지로 베들레헴 출신입니다. 이사야 선지자는 히스기야 왕 때의 선지자이며, 다윗은 히스기야 왕보다 2백 년 전의 왕입니다. 그런데 또다시 이새의 줄기와 뿌리에서 가지가 나서 결실할 것이라고 한 것은 예수 그리스도를 가리키는 것입니다.

> 2-5절 "그의 위에 여호와의 영 곧 지혜와 총명의 영이요 모략과 재능의
> 영이요 지식과 여호와를 경외하는 영이 강림하시리니 · 그가 여호와를

　　　　　　　　　　　　　　　　　우연의 반복은 필연이다

경외함으로 즐거움을 삼을 것이며 그의 눈에 보이는 대로 심판하지 아니하며 그의 귀에 들리는 대로 판단하지 아니하며 · 공의로 가난한 자를 심판하며 정직으로 세상의 겸손한 자를 판단할 것이며 그의 입의 막대기로 세상을 치며 그의 입술의 기운으로 악인을 죽일 것이며 · 공의로 그의 허리띠를 삼으며 성실로 그의 몸의 띠를 삼으리라"

성령 하나님의 여섯 가지 능력입니다.[1] 우리가 성령을 받게 되면 그리스도 안에서 여섯 가지 속성의 능력과 인격을 갖추게 됩니다. 좀 더 비약하면 종말론적 구원을 받을 수 있는 사람은 성령을 받은 사람이고 여섯 가지의 능력을 가지고 사는 사람이라는 말입니다. 본문을 보면 그 능력들은 대체로 지식과 지혜에 관한 것입니다.

본문에서 말하는 지식은 전두환이나 박근혜 옆에 있던 지식인들의 지식이 아닙니다. 하나님을 아는 지식을 말합니다. 지금 국정농단의 죄로 감옥에 있는 사람들은 우리나라에서 최고로 공부를 잘했던 수재들입니다. 특히 서울대 출신들이 많은데, 서울대 법대 때문에 한국이 망한다는 이야기도 있습니다. 여호와를 경외하지 않는 지식은 차라리 없는 것이 낫습니다. 좋은 머리로 죄를 짓느니 무식한 것이 더 낫다는 말입니다.

2절의 내용을 반대로 한번 이야기해 보겠습니다. "눈에 보이는 대로 판단하고 심판한다." "예수 믿는 사람은 무식해야 한다." "하나님을 아는 지식도 필요 없고, 총명도 필요 없다." "공부를 열심히 하니 하나님이 싫어진다." 어떻습니까? 뒤집어서 말하니까 본문 말씀이 더 이해되지 않습

---

1) 신학자에 따라 본문에 나타난 성령 하나님의 능력을 일곱 가지로 보기도 함. - 편집자 주

니까?

현대의 학문은 나름대로 실컷 공부하면 무신론자가 되고 하나님을 공격하는 데 열심을 내게 됩니다. 저의 친구가 철저한 무신론자인데, 가끔씩 만나면 "신이 어디에 있나?"라고 합니다. 그러면 저는 "네게는 없다. 하지만 내게는 있다."라고 대답합니다. 친구는 너는 왜 예수 믿으라는 말을 하지 않느냐고 제게 말하곤 합니다. 그러면 저는 아무나 예수를 못 믿는다고 말해 줍니다. 자기 딴에는 똑똑하다고 생각하지만 여호와를 경외하지 않는다는 것은 사실 어리석음을 증명하는 일입니다.

여호와를 경외하지 않는 사람은 "저 사람은 이러네 저러네." 하며 자기 눈에 보이는 대로 심판합니다. 또한 귀에 들리는 대로 판단합니다. 이런 사람에게는 성령이 없으며 종말론적으로 구원될 수 없는 사람입니다.

4절 "공의로 가난한 자를 심판하며 정직으로 세상의 겸손한 자를 판단할 것이며"

4절 말씀의 번역이 아주 어렵습니다. 학자들은 공의로 가난한 자를 심판한다는 내용의 번역이 잘못되었다고 말합니다. 목적어를 잘 생각해야 합니다. 가난한 자가 공의의 목적이라는 말입니다. 그러면 앞의 공의가 수단이 됩니다. 히브리어를 직접 번역하는 분들이 그렇게 말합니다. 그렇다면 가난하다는 이유로 심판된다는 뜻이 아니라 하나님의 공의로 구원된다는 뜻이 됩니다. 그래서 새로운 번역에는 '심판한다'는 말 대신에 '신원한다', '해결해 준다'라는 말로 번역되어 있습니다.

우연의 반복은 필연이다

5절 "공의로 그의 허리띠를 삼으며 성실로 그의 몸의 띠를 삼으리라"

다 함께 말해 봅시다. "공의롭자!" 자신에게나 가족에게나 어디서든 공의로워야 합니다. 바른말을 해야 합니다. 그런데 공의로 말하면 불리합니다. 말하고 나면 반대자들이 나섭니다. 그러나 믿는 사람의 표가 무엇입니까? "저 사람은 양심적으로 바른말을 하네. 저렇게 바른말을 해서 바보가 되는 것이 아닌가?"라는 말을 듣는 사람이 공의로운 사람입니다.

성경의 목적은 공의로운 사람을 만드는 것입니다. 일제강점기에 신사참배와 동방요배를 할 때 "신사참배 만세!"를 외치던 사람들은 성경이 만든 사람들이 아닙니다. 그런 시대에는 편협한 외골수에 순교를 각오하는 사람이 성경에 맞는 사람입니다. 융통성도 전혀 없습니다. 원래 사랑도 융통성이 없습니다.

> 6-9절 "그 때에 이리가 어린 양과 함께 살며 표범이 어린 염소와 함께 누우며 송아지와 어린 사자와 살진 짐승이 함께 있어 어린 아이에게 끌리며 · 암소와 곰이 함께 먹으며 그것들의 새끼가 함께 엎드리며 사자가 소처럼 풀을 먹을 것이며 · 젖 먹는 아이가 독사의 구멍에서 장난하며 젖 뗀 어린 아이가 독사의 굴에 손을 넣을 것이라 · 내 거룩한 산 모든 곳에서 해 됨도 없고 상함도 없을 것이니 이는 물이 바다를 덮음 같이 여호와를 아는 지식이 세상에 충만할 것임이니라"

하나님의 나라 안에서 생태계와 동물계에 미치는 평화를 말하고 있습니다. 창세기 1장 30절을 보면, 하나님께서는 본래 모든 동물들이 식물을 먹도록 창조하셨습니다(또 땅의 모든 짐승과 하늘의 모든 새와 생명이 있어 땅에 기는 모든 것에게는 내가 모든 푸른 풀을 먹을거리로 주노라 하시니 그대로 되니라). 원래는 동물들에게 송곳니가 없었다고 학자들은 이야기합니다. 하나님께 창조된 대로 풀을 먹고 지냈는데 타락 사건이 일어난 후 생태계의 푸드 체인(food chain)이 형성되었다는 것입니다.

하나님께서는 아담에게 선악과를 먹으면 죽으리라고 말씀하셨습니다. 하와가 뱀의 유혹에 빠져서 선악과를 먼저 따 먹었습니다. 아담이 뒤에서 보고 있다가 '하와가 죽나 안 죽나 보자'라고 생각했을 수도 있습니다. 그런데 한참 있어도 죽지 않으니 "나도 먹어야지." 하고는 먹어 버렸습니다. 하나님께서 아담에게 죽으리라고 말씀하신 것은 육적인 죽음만을 의미하는 것은 아닙니다. 영적으로 죽은 것입니다. 아담이 900세나 살았다고 하지만 900세든 1000세든 의미 없습니다. 그의 영혼이 죽었기 때문입니다. 이처럼 영혼이 죽은 인간들에게 생명을 주시기 위하여 이 땅에 오신 분이 예수님입니다.

원자폭탄이든 수소폭탄이든 종말론적 재앙에서 벗어나서 천국에 갈 수 있는 것은 변화된 사람의 부활한 몸으로서 영원한 몸입니다. 그 몸으로는 예수님처럼 무엇이든 초월할 수 있습니다. 하지만 지금 이 육체로는 안 됩니다. 그래서 주님이 재림하실 때는 이 몸을 바꾸어 주십니다.

6-8절 "그 때에 이리가 어린 양과 함께 살며 표범이 어린 염소와 함께 누우며 송아지와 어린 사자와 살진 짐승이 함께 있어 어린 아이에게 끌리며·암소와 곰이 함께 먹으며 그것들의 새끼가 함께 엎드리며 사자가 소처럼 풀을 먹을 것이며·젖 먹는 아이가 독사의 구멍에서 장난하며 젖

우연의 반복은 필연이다

뗀 어린 아이가 독사의 굴에 손을 넣을 것이라"

천년국이 되면 이와 같은 일이 일어난다는 말씀입니다. 세상이 새로운 창조 질서로 회복됩니다. 푸드 체인을 주님께서 끊으셨습니다. 이리 옆에 양이 있으면 이리가 바로 잡아먹을 것인데, 천년국 안에서는 이리와 양이 함께 산다고 합니다. 또한 사자가 소처럼 풀을 먹고 표범이 어린 염소와 함께 눕는다고 합니다.

저는 달걀을 좋아하고 닭가슴살도 좋아하는데 닭들을 그렇게 작은 통에 넣어서 기르는 것을 보면 먹는 것이 죄가 아닌가 싶을 때도 있습니다. 어떻게 사람이 이럴 수 있나 싶습니다. 간디도 "동물을 대하는 것을 보면 그 나라의 양심과 도덕 수준을 안다."라고 했습니다.

9절 "내 거룩한 산 모든 곳에서 해 됨도 없고 상함도 없을 것이니 이는 물이 바다를 덮음 같이 여호와를 아는 지식이 세상에 충만할 것임이니라"

하나님을 아는 지식이 세상에 충만해질 것이라고 합니다. 바다처럼 충만해질 때 생태계의 푸드 체인이 없어지듯이 우리 마음속의 늑대 같은 마음, 사자 같은 마음, 독사 같은 마음이 다 없어집니다.

10절 "그 날에 이새의 뿌리에서 한 싹이 나서 만민의 기치로 설 것이요 열방이 그에게로 돌아오리니 그가 거한 곳이 영화로우리라"

"한 싹이 나서 만민의 기치로 설 것이요"라는 말은 예수님을 가리키는 것입니다. 예수님은 우리의 깃발이신 분입니다(여호와 닛시). 천년국에 갈 사람은 예수님의 깃발을 보고 다 돌아옵니다. 앞으로 이 지구상에 핵 전쟁이나 무슨 전쟁이 일어나더라도 예수님이 깃발이시니 예수님 밑으로 다 모여야 합니다. "그가 거한 곳이 영화로우리라"고 이사야가 예언했습니다. 예수님 안에서 변화 받은 사람은 원자폭탄이 아무리 터져도 그 사이로 하늘나라를 향해 올라갑니다.

10절까지 읽었는데, 한글 성경에서는 1절에서 9절까지 한 주제로 묶어 놓고 10절부터는 또 다른 주제 밑에 넣어서 나누었습니다. 이것은 성경을 인쇄하는 사람과 신학자들이 문단을 나눈 것인데 잘못 나눈 것입니다. 9절이 아니라 10절까지 한 문단으로 묶었어야 했습니다. 1절과 10절이 수미상관(首尾相關)이기 때문입니다. 머리와 끝말에 같은 단어가 있으므로 이것은 한 주제 안에 들어가야 합니다.

맺는말

결론입니다. 우리는 성령 안에서 깨어 있으면서 재림 천년국에 대한 소망을 가져야 합니다. 성령 하나님 안에 있으면 종말의 때가 되어도 어디로 가라고 말씀해 주실 것이며, 영적인 깃발을 보라고 하실 것입니다. 새로운 생명으로 태어난 사람은 어떤 환경 속에서도 살아남아서 영원한 세계로 갑니다. 현재와 같은 위기 속에서 우리는 이러한 종말론적 신앙을 가지고 나아가야 할 것입니다.

우연의 반복은 필연이다

성령사역 3중주

2017. 10. 1.

요한복음 16장 7-11절

"그러나 내가 너희에게 실상을 말하노니 내가 떠나가는 것이 너희에게 유익이라 내가 떠나가지 아니하면 보혜사가 너희에게로 오시지 아니할 것이요 가면 내가 그를 너희에게로 보내리니 · 그가 와서 죄에 대하여, 의에 대하여, 심판에 대하여 세상을 책망하시리라 · 죄에 대하여라 함은 그들이 나를 믿지 아니함이요 · 의에 대하여라 함은 내가 아버지께로 가니 너희가 다시 나를 보지 못함이요 · 심판에 대하여라 함은 이 세상 임금이 심판을 받았음이라"

세계의 정황과 우리의 신앙

2017년 5~6월쯤 세계 천문 학회에서는 8월 22일 정도에 일식이 미국

전역을 통과할 것이라고 예측했습니다. 이에 대하여 '일식이 현재 지구 상에서 가장 큰 나라를 통과하는데, 성서적 관점에서 볼 때 미국이 전쟁에 휘말리거나 대재앙에 직면할 수도 있다'라는 글들이 인터넷에 많이 올라왔습니다. "밤에 서쪽 하늘을 보면 요한계시록 12장에 나오는 열두 별의 관을 쓴 여자가 별자리 모양으로 나타난다. 9월 23일이 되면 전쟁이 일어날 것이다."라고 정밀하게 해석하는 사람도 있었습니다.

어떤 일이 일어날지 저는 가만히 지켜보기만 했는데 8월 22일에 일식이 미국을 통과할 때 허리케인이 미국을 강타했습니다. 그러나 다행히 전쟁은 일어나지 않았습니다. 하지만 계시록 12장의 열두 별의 관을 쓴 여자 이야기를 하면서 "조금 있으면 계시록 13장으로 들어가서 천년왕국이 도래한다."는 말이 미국으로부터 계속 흘러나왔습니다. 인터넷을 검색하면 이런 내용이 나옵니다. 그런데 자칫하면 9월 23일에 실제로 한반도에서 전쟁이 일어날 뻔했습니다. 검은 백조라고 불리는 미국의 폭격기 B-1B 두 대가 23일 밤 11시 30분경 북한의 공해를 비행했는데, 한국도 북한도 몰랐습니다. 만약 북한에서 폭격기를 향해 미사일을 쏘았다면 전쟁이 났을 것입니다. 자칫하면 큰 문제가 생길 뻔했습니다.

요한계시록 12장에서의 별이 나타난 것이 9월 23일의 사건과 관계가 있다고 볼 수 있을까요? 아니면 우연의 일치일까요? 그리고 지구에는 '불의 고리'라는 지진대가 있는데 전 세계의 활화산과 휴화산의 75%가 이곳에 모여 있습니다. 지진이 발생하면 화산들이 영향을 받아 폭발하게 됩니다.

먼저 이런 말씀을 드리는 이유는 이와 같은 때에 우리의 신앙을 다시 돌아보며 구속사적 관점, 종말론적 관점으로 깨어 있어야 하기 때문입니다.[2] 그래서 이번 본문 말씀을 선택했습니다. 성령 하나님께서 죄와 의와 심판에 대하여 세상을 책망하실 때, 우리는 그 앞에 서서 죄 문제, 의 문제, 심판 문제에서 주님께 합격을 받아야 합니다.

보혜사 성령 하나님과 종말론적 신앙

요한복음 14장부터 16장까지는 예수님이 마지막으로 십자가에 죽으시기 전에 제자들을 모아놓고 유언한 고별 설교입니다. "나는 아버지께로 가야 한다. 내가 가야 또 다른 보혜사가 오신다."라고 말씀하셨습니다. 제1 보혜사는 예수님이고, 또 다른 보혜사는 성령 하나님이십니다. 예수님이 가시면 또 다른 보혜사가 오신다는 것입니다. 그리고 세 가지를 우리에게 요구하십니다. 죄와 의와 심판에 대해서입니다. 이 세 가지 부분에 합격해야 우리의 종말론적 신앙이 옳다고 할 수 있습니다.

예수님께서 설교하실 때 헬라어를 사용하셨을까요? 아니면, 히브리어나 아람어로 하셨을까요? 예수님께서는 당시에 아람어로 말씀하셨습니다. 현재 아람어는 사어(死語)가 되어 거의 남아 있지 않습니다. 예컨대

---

2) 에베소서 6장 10-18절 "끝으로 너희가 주 안에서와 그 힘의 능력으로 강건하여지고 · 마귀의 간계를 능히 대적하기 위하여 하나님의 전신 갑주를 입으라 · 우리의 씨름은 혈과 육을 상대하는 것이 아니요 통치자들과 권세들과 이 어둠의 세상 주관자들과 하늘에 있는 악의 영들을 상대함이라 · 그러므로 하나님의 전신 갑주를 취하라 이는 악한 날에 너희가 능히 대적하고 모든 일을 행한 후에 서기 위함이라 · 그런즉 서서 진리로 너희 허리띠를 띠고 의의 호심경을 붙이고 · 평안의 복음이 준비한 것으로 신을 신고 · 모든 것 위에 믿음의 방패를 가지고 이로써 능히 악한 자의 모든 불화살을 소멸하고 · 구원의 투구와 성령의 검 곧 하나님의 말씀을 가지라 · 모든 기도와 간구를 하되 항상 성령 안에서 기도하고 이를 위하여 깨어 구하기를 항상 힘쓰며 여러 성도를 위하여 구하라"

성경 속에서 "달리다 쿰"이라는 말이 아람어입니다. 예수님은 아람어로 말씀하셨지만 성경에는 헬라어로 번역되어 기록되었습니다. 원어에 대하여 인식하지 못하고 한문 성경만 보고 번역하거나 우리말 성경만 보고 해석하면 이해하기가 상당히 힘이 듭니다. 그래서 죄와 의와 심판에 대한 말씀도 원어를 참고해야 합니다.

성경은 구속사적인 관점으로 세상을 봅니다. 하나님께서 천지를 창조하셨는데, 인간과 만물이 타락했기 때문에 예수님께서 구원자로 이 땅에 오셔서 십자가에 죽으시고 부활하셨다는 것입니다. 예수님의 말씀을 듣고 믿는 생명은 모두 구원을 받습니다. 그런데 구원의 즉각성과 점진성이라는 말이 있듯이 믿고 완전해져야 합니다. 구원받고 단계적으로 노력해서 점차 완전해지는 것입니다. 불교의 돈오점수(頓悟漸修)와 비슷합니다. 깨닫고 나서 수련하는 과정이 필요한 것입니다. 일반적으로는 '구원의 즉각성과 점진성'이나 '돈오점수'를 상대적 개념으로 이해하지만 저는 연속적인 개념으로 생각합니다.

> 7절 "그러나 내가 너희에게 실상을 말하노니 내가 떠나가는 것이 너희에게 유익이라 내가 떠나가지 아니하면 보혜사가 너희에게로 오시지 아니할 것이요 가면 내가 그를 너희에게로 보내리니"

예수님께서는 이제 십자가 수난을 받고 승천하시려고 합니다. 제자들의 입장에서 보면 배운 것을 하나도 실천하지 못하고 있는데 지금 주님께서 가시면 안 됩니다. 그때 주님께서는 "내가 가는 것이 차라리 낫다. 내가 가야 또 다른 보혜사가 오신다."라고 하셨습니다. 예수님은 우리와

우연의 반복은 필연이다

같은 모습으로 이 땅에 오셨기 때문에 시공에 어느 정도 제약을 받으셨습니다. 그러나 또 다른 보혜사는 성령 하나님이시므로 전 세계적으로 영향을 미칩니다.

주님께서 지금 말씀하시는 뜻은 "나는 보혜사 1호로서 내 일을 다 했다. 이제 아버지에게로 가야 한다. 너희가 조금만 기다리면 전 세계적으로 하나님 나라의 백성을 찾아낼 성령께서 오신다."라는 것입니다. 성령께서는 특별한 다른 방식으로 오시는 것이 아니라 예수 이름을 믿고 성경 말씀을 믿으면 오십니다. 그때 전 세계적인 구원이 있습니다. 전 세계 어디서나 구원받을 사람들은 성령 체험을 합니다.

믿는 사람이 받는 세 가지 테스트

> 9-10절 "죄에 대하여라 함은 그들이 나를 믿지 아니함이요 · 의에 대하여라 함은 내가 아버지께로 가니 너희가 다시 나를 보지 못함이요"

보혜사 성령 하나님이 오셨을 때 믿는 사람이 받는 첫 번째 테스트는 죄에 대한 것으로서 예수 그리스도를 진정으로 믿는가 하는 것이고, 두 번째 테스트는 종말론적 관점에서 볼 때 공의로운 사람이 되어야 한다는 것입니다. 구약 성경의 가장 큰 목표도 공의로운 사람이 되라는 것입니다. "진실해지고 공의로워져라. 좀 불리하고 어려워도 그러해라."[3]고

---

3) 창세기 18장 19절 "내가 그로 그 자식과 권속에게 명하여 여호와의 도를 지켜 의와 공도를 행하게 하려고 그를 택하였나니 이는 나 여호와가 아브라함에게 대하여 말한 일을 이루려 함이니라"

합니다.

> 마태복음 6장 33-34절 "그런즉 너희는 먼저 그의 나라와 그의 의를 구
> 하라 그리하면 이 모든 것을 너희에게 더하시리라 · 그러므로 내일 일을
> 위하여 염려하지 말라 내일 일은 내일이 염려할 것이요 한 날의 괴로움
> 은 그 날로 족하니라"

이 말씀으로 우리를 되비쳐 봅시다. 예수님께서 "먼저 그의 나라와 그
의 의를 구하라"고 했는데, 우리에게 이것보다 먼저 구하는 것이 있지는
않습니까? 우리가 제일 먼저 구해야 할 것은 그의 나라와 그의 의입니다.
그러면 "이 모든 것을 너희에게 더하시리라"고 하셨습니다.

> 마태복음 6장 25절 "그러므로 내가 너희에게 이르노니 목숨을 위하여
> 무엇을 먹을까 무엇을 마실까 몸을 위하여 무엇을 입을까 염려하지 말
> 라 목숨이 음식보다 중하지 아니하며 몸이 의복보다 중하지 아니하냐"

우리는 하나님의 나라를 먼저 구하지 않습니다. 하나님의 의를 먼저
구하지 않습니다. 대신에 돈을 어떻게 벌지, 뭐 먹고 살지에 대해 계속 고
민합니다. 성령께서 오셔서 "의에 대해서 이야기해 봐라."라고 하실 때
"저는 돈 문제를 걱정하고, 먹고 사는 것만을 걱정했습니다."라고 하면
불합격입니다.

"이 모든 것을 너희에게 더하시리라"는 말씀은, 우리는 많은 것을 원하
지만 먼저 그것만을 이야기하지 말라는 뜻입니다. 몸이 살기 위해서는

우연의 반복은 필연이다

필요한 것들을 구해야 합니다. 그러나 눈만 뜨면 돈 문제, 먹는 문제, 병 문제만을 이야기하지 말라는 것입니다. 이방인들이나 그렇지 하나님 나라의 백성들은 그렇지 않다는 것입니다.

우리는 개인적으로, 또한 부모와 자식 관계에서나 부부 관계에서나 남녀 관계에 있어서 공의롭고 정의로워야 합니다. 정의롭지 못하면 항상 시끄럽습니다. 공평하고 편애가 없는 곳에는 싸움이 있을 수가 없습니다. 저는 성령 하나님께서 "너는 의를 위하여 교회에서 무엇을 하였나?" 라고 물으실 때 제일 두렵습니다. 우리는 공동체적으로 교회를 건강하게 유지해야 합니다. 하나님의 말씀을 바로 행하도록 해야 합니다. 교인 수는 중요하지 않습니다. 성령께서 의에 대한 문제를 따지실 때 합격하기 위하여 한 개인 개인이 자기를 먼저 돌아봐야 합니다.

요한복음 16장 11절 "심판에 대하여라 함은 이 세상 임금이 심판을 받았음이라"

세 번째 테스트는 세상에 대한 심판 문제인데, 두 가지가 심판의 대상입니다. 우선 이 세상은 이미 하나님의 말씀 안에서 심판되었습니다. 그 다음은 우리 속에 있는 세상입니다. 마음이 세상적 가치로 가득 차 있는 것을 세속적이라고 합니다. 세상의 모든 스펙과 기준과 지배 가치가 내 마음속에 다 들어와 있다면, 성령께서는 우리의 믿는 양심으로 그것을 심판하라고 하십니다. 이 세상 임금이란 사탄을 의미합니다. 사탄이 지배하는 세상은 이미 심판을 받았습니다. 성령께서 오셨기 때문입니다.

맺는말

이번 설교에서 제가 말씀드리는 것은 우리가 국제 문제에 대해서나 천문(天文)에 대해서 너무 깜깜하면 안 된다는 것입니다. 세계가 어떻게 돌아가는지 알아야 합니다.

이번에는 요한복음 16장을 종말론적으로, 구속사적인 관점에서 해석했습니다. 그래야 요한계시록과도 맞게 되어 있습니다. 종말론적인 관점을 생각하면서 구속사적인 지식에 대해서도 관심을 가져야 합니다. 이 세상에서 어떻게 잘 보일지 세속적인 관점만 가지고 있는 것은 믿는 사람의 자세가 아닙니다.

우연의 반복은 필연이다

4

영적 전쟁
·············

2017. 10. 15.

에베소서 6장 11-12절

"마귀의 간계를 능히 대적하기 위하여 하나님의 전신 갑주를 입으라 ·
우리의 씨름은 혈과 육을 상대하는 것이 아니요 통치자들과 권세들과
이 어둠의 세상 주관자들과 하늘에 있는 악의 영들을 상대함이라"

들어가는 말

믿는 사람은 지금 세계가 어떻게 돌아가는지, 사탄이 세계 정치가들
속에 들어가서 어떻게 궤계를 짜는지를 알고 있어야 합니다. '죽음의 백
조'로 불리는 미국의 B-1B 전략폭격기 2대가 2017년 10월 10일 야간에 한
반도 상공에 또 예고 없이 전개되었다는 뉴스를 보았습니다. 60톤이나
되는 무기를 싣고 2주에 한 번씩 북한의 군사분계선까지 가는데, 맞대응

을 하기만 하면 끝장을 내겠다는 뜻입니다. 바다에는 '침묵의 암살자'라 불리는 투싼이라는 잠수함이 다니는데 스텔스 기능이 있어 바닷속 어디를 다녀도 레이더에 잡히지 않습니다. 그러니 북한에서는 미국의 이 잠수함이 영해에 들어오는지 안 들어오는지도 모릅니다. 우리는 북한 땅에서 전쟁을 일으키려는 배후를 성경적으로 알아야 합니다. 그리고 왜 미국이 압도적으로 군사 우위에 있는지도 알고 있어야 합니다.

어제 신문을 보니 3차 대전을 일으킬 만한 위험한 인물 중 하나로 트럼프 대통령을 꼽았습니다. 3차 세계 대전이 일어나면 예수님께서 재림한다는 이야기를 어릴 때 듣고는 하였는데, 신앙적으로 날과 때를 정하기보다는 우리 마음속에 예수님의 재림을 항상 담고 살아가야 합니다. 일촉즉발의 상황 속에서도 믿음으로 주님 안에서의 평안을 누리고 있어야 참다운 신앙인입니다.[4]

저는 최근에 어금니 아빠라고 불리는 이영학을 보고 놀랐습니다. 사회적으로는 괜찮은 사람으로 보였는데 알고 보니 겉과 속이 다른 악한 인간이었습니다. 그는 딸의 친구를 성추행하고 죽였는데, 그런 사람을 뒤에서 조종하는 것이 사탄입니다. 북한의 김정은이 핵무기로 위협하는 것도 뒤에서 사탄이 조종하는 것입니다.

---

4) 요한복음 16장 33절 "이것을 너희에게 이르는 것은 너희로 내 안에서 평안을 누리게 하려 함이라 세상에서는 너희가 환난을 당하나 담대하라 내가 세상을 이기었노라"

우연의 반복은 필연이다

에베소 교회와 에베소서

이번에 우리가 위로받을 말씀은 에베소서 6장 11-12절입니다. 주님께서는 요한복음 8장에서 악한 바리새인들과 예수님을 거부한 사람들에게 "너희 아비가 살인자다."라고 하셨습니다. 에베소서 본문의 "마귀의 간계"란 속임수라는 말입니다. 마귀는 가장 상식적인 것으로 인간을 속입니다. 그래서 사람들이 실수를 합니다. 그 결과로 뉴스를 보면 정치·경제·문화·사회 모든 영역 속에 부정부패가 가득합니다.

당시 에베소도 그랬습니다. 에베소는 바닷가에 위치해 있어서 외국과의 무역으로 아주 부유해졌습니다. 그리고 그들은 그렇게 번 돈을 아데미 신전에 갖다 바쳤습니다. 아데미신은 로마의 신들 중에서 가슴이 수십 개가 달린 여자의 모습으로서 풍요와 생산을 상징하는 신입니다. 거대한 아데미 신전이 바닷가에 위치해 있었는데, 거기에는 방이 수천 개가 있었습니다. 외국에서 온 무역선들이 항구에 도착하면 돈을 얼마 내고 신전에 들어와서 아무 신이나 자기 신을 예배한 후에 여자들을 성매매해서 음행을 벌였습니다.

그래서 바울이 에베소 교회에 대하여 말할 때 풍요와 번영을 계속 언급하는데, 번영신학을 하는 사람은 예수를 믿음으로 오는 풍요와 번영을 중시하지만 바울은 그 속에서의 부패와 영적 전쟁에 대해서 이야기합니다. 특히 요즘에는 오히려 풍요로워서 영적 전쟁을 하지 않으면 발생하는 문제들이 많습니다.

11-12절 "마귀의 간계를 능히 대적하기 위하여 하나님의 전신 갑주를 입

으라 · 우리의 씨름은 혈과 육을 상대하는 것이 아니요 통치자들과 권세
들과 이 어둠의 세상 주관자들과 하늘에 있는 악의 영들을 상대함이라"

전신 갑주는 온몸에 무장한 옷을 말합니다. 바울이 이때 사용한 말은
로마 철기병들의 갑옷을 예로 든 것입니다. 12절에서 "우리의 씨름은"이
라고 번역했지만 여기서 씨름은 낭만적으로 모여서 운동경기를 하는 것
이 아닙니다. '전쟁'으로 번역을 바꿔야 합니다. 즉 이것은 우리의 영적
전쟁을 말합니다. 그리고 그것은 혈과 육을 상대하는 것이 아니라고 했
습니다.

통치자들과 권세들과 이 어둠의 세상 주관자들과 하늘에 있는 악의 영
들, 곧 사탄을 상대로 영적 전쟁을 벌여야 합니다. 정치가 타락하고 사회
에 부정부패가 만연하고 성추행과 살인을 저지르는 것은 전부 사탄이
뒤에서 조종하기 때문입니다. 사탄이 인간 세상에 내려와서 악을 행하게
하며 마지막 발악을 하는 것입니다.

오늘날의 영적 전쟁

그러면 오늘날 우리 사회의 형편은 어떻습니까? 예컨대, 포스트모더
니즘적인 풍조 속에서 절대적인 것은 없습니다. 다 상대적입니다. 그리
스도 안에서의 유일한 구원을 말하면 여기저기서 우리도 구원이 있다고
말합니다. 그것이 유명한 WCC(World Council of Churches) 같은 단체
입니다. 많은 종교인과 지식인들이 한국 교회가 썩었다고 말합니다. 현
대는 사탄이 교회 안으로 들어와서 "그저 많이만 모여라."라고 합니다.

우연의 반복은 필연이다

많이 모이면 진리인 것 같은 생각이 들고, 동료 의식도 생기고 친해져서 먹고살 길이 나온다는 것입니다.

오늘날 우리 형편이 에베소 교회와 비슷합니다. 풍요와 번영을 위주로 합니다. 그때 바울은 에베소 교회에 "마귀의 간계와 속임수에 맞서 영적 전쟁을 해라."라고 선포했습니다. 사탄은 상식을 활용해서 생명들을 죽이므로, 상식적인 것이라도 잘 분별해야 합니다. 납치 사건들도 내막을 보면 아는 사람을 따라갔다가 불행한 일을 겪는 경우가 많습니다.

"통치자들과 권세들과"라고 하듯이, 통치자의 뒤에서 악을 행하도록 조종하는 것도 사탄입니다. 박근혜 대통령 밑에서 못된 짓을 했던 많은 이들 중에는 한국에서 수재가 가장 많다는 서울대 출신들이 수두룩합니다.

"이 어둠의 세상 주관자들"에 대해서도 우리는 잘 알아야 합니다. 북한의 김정은도 사탄이 뒤에서 조종해서 공포 정치를 하게 하는 것입니다. 인류 역사에서 저렇게 악한 나라가 없습니다. 3대가 공포 정치를 하고 있습니다. 그런데 그런 통치를 받는 인민들도 어리석기 짝이 없어서 김정은이 방문하면 섬에 있는 사람들은 물로 뛰어들어서 엉엉 울면서 맞이하는 모습을 보았습니다. 북한은 앞으로도 핵무기를 몰래 만들 것입니다. 그런데 세계가 나서서 경제 봉쇄를 하니까 먹고살 길은 무기 장사뿐이라 뒤로는 이란에 무기를 팔고 있습니다.

예수 그리스도 안에서 평안을 누리자

그러나 예수님 안에 있는 사람들은 걱정 말고 그분 안에서 평안을 누려야 합니다. 예수님의 이름과 능력을 갖다 대면 공중권세 잡은 자도 꼼짝을 못 합니다.

예수 그리스도 안에서 평안을 누립시다. 우리의 삶과 죽음은 모두 하나님이 주관하십니다. 자기 생각대로 되는 것이 아닙니다. "세상에서는 너희가 환난을 당하나 담대하라 내가 세상을 이기었노라"고 주님께서 말씀하셨습니다. "내가 이미 다 이긴 세상이다"라고 말씀하셨으니 우리는 그 말씀을 믿기만 하면 마음이 평안해집니다.

우리나라 사람들이 제일 좋아하는 것이 이긴 축구 경기를 나중에 다시 보는 것이라고 합니다. 다시 볼 때는 전세가 아무리 불리해도 마음이 편합니다. 결국 이기기 때문입니다. 믿는 것도 마찬가지입니다. 우리는 예수님을 신앙하기 때문에 마음의 평안을 누리는 것입니다. 미국의 힘이 북한보다 우세해서 마음의 평안을 누리는 것이 아니라는 말입니다. 예수 안에서 마음이 평안해야 합니다. 그분 안에서 기도하고 있으면 하나님께서는 절대적 힘의 우위인 미국을 통해 그들을 응징하십니다. 이런 시국에 마음이 급해지고 불안해서 "어떻게 하지?"라고 염려하는 사람은 예수님을 믿는 사람이 아닙니다. 그리스도 안에서 마음을 편안히 가집시다. 주님께서 이겨 놓은 세상의 축구 경기를 다 같이 한번 구경합시다.

우연의 반복은 필연이다

5

양의 옷을 입은 거짓 선지자

2017. 10. 29.

마태복음 7장 13-23절

"좁은 문으로 들어가라 멸망으로 인도하는 문은 크고 그 길이 넓어 그리로 들어가는 자가 많고 · 생명으로 인도하는 문은 좁고 길이 협착하여 찾는 자가 적음이라 · 거짓 선지자들을 삼가라 양의 옷을 입고 너희에게 나아오나 속에는 노략질하는 이리라 · 그들의 열매로 그들을 알지니 가시나무에서 포도를, 또는 엉겅퀴에서 무화과를 따겠느냐 · 이와 같이 좋은 나무마다 아름다운 열매를 맺고 못된 나무가 나쁜 열매를 맺나니 · 좋은 나무가 나쁜 열매를 맺을 수 없고 못된 나무가 아름다운 열매를 맺을 수 없느니라 · 아름다운 열매를 맺지 아니하는 나무마다 찍혀 불에 던져지느니라 · 이러므로 그들의 열매로 그들을 알리라 · 나더러 주여 주여 하는 자마다 다 천국에 들어갈 것이 아니요 다만 하늘에 계신 내 아버지의 뜻대로 행하는 자라야 들어가리라 · 그 날에 많은 사람이 나더러 이르되 주여 주여 우리가 주의 이름으로 선지자 노릇 하며 주의 이름으로 귀신을 쫓아내며 주의 이름으로 많은 권능을 행하지 아니하였나이까 하리니 · 그 때에 내가 그들에게 밝히 말하되 내가 너희를 도무지 알지 못하니 불법을 행하는 자들아 내게서 떠나가라 하리라"

종교개혁 주일을 맞아

CBS 방송에서 현대의 거짓 선지자들을 주제로 한 내용의 다큐멘터리를 보았습니다. 대표적으로 6명 정도가 거론되었습니다. 그중에는 교회 건립 자금을 마련하려고 라스베이거스에 가서 도박을 하는 목사도 있었는데, 목사님이 돈을 잘 따게 해 달라고 교인들이 기도를 했다고 합니다. 또한 배임과 조세 포탈 혐의로 벌금 50억 원과 집행유예 5년의 판결을 받은 조○○ 목사에 대한 이야기도 있었습니다. 이렇게 대형 교회 목사들이 부정부패를 일삼고 있는데 교인들은 그것도 모르고 할렐루야를 외치고 있다고 말했습니다.

2천 년 전에 예수님께서는 다음과 같이 말씀하셨습니다.

13-15절 "좁은 문으로 들어가라 멸망으로 인도하는 문은 크고 그 길이 넓어 그리로 들어가는 자가 많고 · 생명으로 인도하는 문은 좁고 길이 협착하여 찾는 자가 적음이라 · 거짓 선지자들을 삼가라 양의 옷을 입고 너희에게 나아오나 속에는 노략질하는 이리라"

거짓 선지자들이 양의 옷을 입었지만 속은 늑대와 도적이라고 하셨습니다. 최근 기독교신문에서 '중세 교회는 면죄부를, 한국 교회는 예배당과 성도를 판다'라는 제목의 기사를 보았습니다. 교인 수를 세서 권리금을 받고 교회를 매매한다는 내용입니다. 또한 장로나 권사 직분에 취임하는 교인에게 헌금이나 헌물을 요구하는 등 임직 매매가 행해지는 내용도 담고 있습니다. 한국 교회가 타락해서 지금 종교개혁을 하지 않으면 큰일 난다고 말하고 있습니다.

요즘 '가나안 교인'이라는 단어가 있습니다. '가나안'을 거꾸로 하면 '안 나가'입니다. 즉, 교회에 나가지 않는 교인을 뜻합니다. 《종교에 죽고 예수와 살다》의 저자인 스카이 제서니(Skye Jethani) 목사는 신문 인터뷰에서 성도의 신앙을 키워 주기는커녕, 교회 내부 목표를 달성하느라 성도들이 지쳐 나가떨어지게 만드는 교회를 '뱀파이어 교회'라며 비판했습니다. 이는 교회에서 상처받고 떠난 채 떠돌면서 신앙을 유지하는 한국의 '가나안 성도'들이 늘어나는 현상과 맥락을 같이한다고 기사에 쓰여 있었습니다. 우리나라의 가나안 교인은 2백만 명 정도라고 합니다.

종교개혁 주일을 맞아 우리 신앙의 좌표를 바로 찾아보자는 뜻에서 이런 말씀을 먼저 드립니다.

성경 속의 거짓 선지자들

성경에서 제일 어려운 부분이 산상수훈으로 마태복음 5장부터 7장까지입니다. 5장 말씀의 핵심은 '팔복'입니다. 6장의 핵심 구절은 "너희는 먼저 그의 나라와 그의 의를 구하라"로 의식주보다 하나님의 나라를 더 중요시하라는 뜻입니다. 7장은 "좁은 문으로 들어가라 멸망으로 인도하는 문은 크고 그 길이 넓어 그리로 들어가는 자가 많고 · 생명으로 인도하는 문은 좁고 길이 협착하여 찾는 자가 적음이라"입니다.

엘리야 선지자가 "저밖에 없습니다."라고 했을 때 하나님께서 "너 외에 7천이나 남겨두었다."라고 말씀하신 내용이 있습니다. 이와 같이 곳곳에 살아 있는 교회들이 있을 수 있습니다. 그것은 하나님의 뜻입니다. 하지만 만약 5만 개의 교회 중에서 4만 5,000개 교회의 책임자들이 부정부패를 일삼고 있다면, 그리고 그들이 천국에 가지 못한다면 그들을 따르던 많은 교인들은 다 어떻게 될까요? 거짓 선지자들에 대한 프로그램을 기획한 방송에서는 그들이 천국에 가지 못하고 심판을 받을 것이라는 점을 시사했습니다.

> 16-20절 "그들의 열매로 그들을 알지니 가시나무에서 포도를, 또는 엉겅퀴에서 무화과를 따겠느냐 · 이와 같이 좋은 나무마다 아름다운 열매를 맺고 못된 나무가 나쁜 열매를 맺나니 · 좋은 나무가 나쁜 열매를 맺을 수 없고 못된 나무가 아름다운 열매를 맺을 수 없느니라 · 아름다운 열매를 맺지 아니하는 나무마다 찍혀 불에 던져지느니라 · 이러므로 그들의 열매로 그들을 알리라"

위 성경 구절에서 예수님께서는 거짓 선지자를 말씀하신 후에 갑자기 열매 이야기를 합니다. 이것은 셈족의 고유한 서술 방법으로 리듬 있게 표현하는 패턴입니다. 거짓 선지자를 이야기하시다가 참 선지자가 나오는 것이 아니라 다른 식으로 말씀하시는데, 열매 이야기를 통해 참 선지자와 거짓 선지자를 구분하여 알도록 말씀하시는 것입니다.

우연의 반복은 필연이다

21-23절 "나더러 주여 주여 하는 자마다 다 천국에 들어갈 것이 아니요 다만 하늘에 계신 내 아버지의 뜻대로 행하는 자라야 들어가리라·그 날에 많은 사람이 나더러 이르되 주여 주여 우리가 주의 이름으로 선지자 노릇 하며 주의 이름으로 귀신을 쫓아내며 주의 이름으로 많은 권능을 행하지 아니하였나이까 하리니·그 때에 내가 그들에게 밝히 말하되 내가 너희를 도무지 알지 못하니 불법을 행하는 자들아 내게서 떠나가라 하리라"

거짓 선지자들이 귀신도 쫓아내고 주의 이름으로 많은 권능을 행했지만 예수님께서는 "내가 너희를 도무지 알지 못하니 불법을 행하는 자들아 내게서 떠나라"고 하십니다. 여기서 불법을 행하는 자란 다니엘서와 요한계시록 등의 묵시문학에서 종말의 때에 나타나는 거짓 선지자를 지칭합니다.

맺는말

종교개혁 주일은 루터가 5백 년 전에 종교개혁을 한 것을 기념하는 날입니다.[5] 그는 돈으로 구원을 받는 것이 아니라 하나님의 은혜와 믿음으로 구원을 받는다며 목숨을 걸고 투쟁하였습니다. 루터처럼 우리도 좁은 길로 가는 교회로서의 당당함을 회복해야 합니다.

---

[5] 마르틴 루터가 1517년 10월 31일에 로마 가톨릭 교회의 면죄부 판매를 비판하며 비텐베르크 교회 문에 95개조 반박문을 게시한 사건으로서, 이날을 종교개혁기념일로 정해서 기념한다. - 편집자 주

엘리야가 바알을 섬기지 않는 사람으로서 오직 자기만 남았다고 할 때에 하나님께서 "그러나 내가 이스라엘 가운데에 칠천 명을 남기리니 다 바알에게 무릎을 꿇지 아니하고 다 바알에게 입 맞추지 아니한 자니라"(열상 19:18)고 말씀하셨습니다. 이처럼 한국에도 7천이나 되는 교회가 있을 수 있습니다. 요한계시록에서도 유대의 12지파밖에 없는 줄 알았는데 셀 수 없는 무리가 재림왕국에 들어가는 내용이 나옵니다.

종교개혁 주일을 기념하여 한국 교회의 현주소를 알고 자성하며 주위의 어려운 사람들을 살피는 사랑과 지혜가 있어야 하겠습니다.

우연의 반복은 필연이다

6

감사는 마스터키다

2017. 11. 5.

시편 100편

"온 땅이여 여호와께 즐거운 찬송을 부를지어다 · 기쁨으로 여호와를 섬
기며 노래하면서 그의 앞에 나아갈지어다 · 여호와가 우리 하나님이신
줄 너희는 알지어다 그는 우리를 지으신 이요 우리는 그의 것이니 그의
백성이요 그의 기르시는 양이로다 · 감사함으로 그의 문에 들어가며 찬
송함으로 그의 궁정에 들어가서 그에게 감사하며 그의 이름을 송축할지
어다 · 여호와는 선하시니 그의 인자하심이 영원하고 그의 성실하심이
대대에 이르리로다"

감사는 마스터키이다

나폴레옹은 유럽을 제패한 황제였지만 "내 생애 행복한 날은 황제가

되고 나서 6일밖에 없었다."라고 했다고 합니다. 반면 헬렌 켈러는 시각과 청각을 잃은 장애인이었지만 "내 생애 행복하지 않은 날은 단 하루도 없었다."라는 고백을 남겼습니다.

우리는 시편 100편을 통해 중요한 비밀을 알 수 있습니다. 그것은 우리가 감사해야 축복받은 것을 알게 된다는 것입니다. 감사하지 않으면 아무것도 없습니다. 감사할 일이 있어야 감사하는 것이 아니라 늘 감사해야 합니다.

이번 설교의 핵심은 감사입니다. 히브리어로 '감사'는 '토다'입니다. 신앙인으로서 자족하며 감사를 해야 마음이 열리고 인간관계가 열리고 하나님과의 관계를 열 수 있습니다. 그래서 감사는 마스터키입니다. 주님 안에서 감사하면 모든 것이 해결됩니다. 이제 히브리의 감사와 찬송의 신비로 들어가 보도록 하겠습니다.

1절 "온 땅이여 여호와께 즐거운 찬송을 부를지어다"

"온 땅이여"라고 하면서 전 인류가 여호와께 즐겁게 찬송하라고 합니다.

2절 "기쁨으로 여호와를 섬기며 노래하면서 그의 앞에 나아갈지어다"

"기쁨으로" 나아가라고 합니다. 우리는 좁은 길을 통해 천국에 가는 사람으로서 기쁘게 찬송하고 감사하며 살아야 합니다. 감사하면 마음이 열리고 '세로토닌(serotonin)'이라는 호르몬이 나옵니다. '나는 축복받은 사

우연의 반복은 필연이다

람'이라는 의식 속에서 감사할 일밖에 없습니다. 그다음은 인간관계의 축복이 옵니다. 좁은 길을 통해 천국에 가는 사람으로서 주위의 교인들과의 만남을 감사해야 합니다.

> 3절 "여호와가 우리 하나님이신 줄 너희는 알지어다 그는 우리를 지으
> 신 이요 우리는 그의 것이니 그의 백성이요 그의 기르시는 양이로다"

이렇게 창조주 하나님을 노래합시다. 그는 우리를 지으신 이요, 우리는 그의 백성이고 그의 기르시는 양입니다. 히브리에는 72개의 하나님의 이름이 있지만 우리 번역에는 '하나님'이라는 한 가지 이름밖에 없습니다. 창조주 하나님의 이름도 '뽀레', '오세뉴', '엘로힘' 등 이 세 가지를 많이 사용합니다. 목자로서 창조주 하나님의 이름은 '오세뉴'입니다.

그래서 3절을 묵상하면서 오세뉴 하나님의 이름을 부르며 기도했는데, 원문을 찾아보니 엘로힘 하나님이었습니다. '엘로힘'은 창세기 1장에서 천지를 창조하신 하나님의 이름입니다. '엘'은 단수인데, '힘'이 붙으면 복수가 되면서 '강하다', '능하시다'는 뜻이 됩니다. 이사야 45장 7절에서 "나는 빛도 짓고 어둠도 창조하며 나는 평안도 짓고 환난도 창조하나니 나는 여호와라 이 모든 일들을 행하는 자니라 하였노라"고 할 때의 하나님의 이름은 '뽀레'입니다.

> 4절 "감사함으로 그의 문에 들어가며 찬송함으로 그의 궁정에 들어가서
> 그에게 감사하며 그의 이름을 송축할지어다"

삶이 어려울 때 감사의 마스터키를 작동시켜야 합니다. 그러면 첫째로 마음이 열리고, 둘째로 인간관계가 열리고, 마지막에는 예수님과의 만남이 열립니다. 감사함으로 그의 문에 들어가고 즐겁게 찬송함으로 그의 궁정에 들어가서 예수님을 만날 수 있습니다.

5절 "여호와는 선하시니 그의 인자하심이 영원하고 그의 성실하심이 대대에 이르리로다"

'선하시다'는 말은 모든 일에 '의로우시다'는 뜻입니다. 하나님의 인격과 성품을 말해 줍니다. '인자하심'은 히브리어로 '헤세드'인데, '사랑'으로도 번역하여 "그의 사랑은 영원하고 그의 성실하심이 대대에 이릅니다."라고 하기도 합니다.

예배의 5가지 유형

구약은 두 가지 큰 기둥으로 이루어져 있습니다. 첫째 기둥은 '해라', '하지 마라'는 하나님의 명령으로 우리는 그 명령에 순종하면 됩니다. 둘째 기둥은 '언약'으로 하나님과 인간의 약속을 말합니다. 언약은 믿고 끝까지 변하지 않고 지키면 됩니다.

시편 전체는 모두 5권으로 나눌 수 있는데, 90편에서 106편까지는 4권에 해당되며, 모세오경에 대입하면 민수기에 해당됩니다. 민수기는 히브리어로 '베미드바르'라고 하며, '광야에서(명령한 것을 지키지 않고 애먹이다)'라는 뜻입니다. 시편 4권의 마지막인 106편에는 이스라엘 민족이 하나님을 배반한 내용이 실려 있습니다.

히브리에는 하나님을 찬양하고 경배하는 5가지 유형의 예배가 있습니다.

첫째는 할랄(halal) 예배입니다. 서서 "온 땅이여 여호와께 즐거운 찬송을 부를지어다." 하고 노래 부르며 찬양합니다.

둘째는 테힐라(tehillah) 예배입니다. 손을 올려 산 모양을 만들어서 "할렐루야흐, 할렐루야흐" 하고 노래 부르며 찬양합니다.

셋째는 야다(yada) 예배입니다. 팔을 최대한 높이 들고 노래 부르며 찬양합니다.

넷째는 바라크(barak) 예배입니다. 무릎을 꿇고 절하며 찬양합니다.

다섯 번째는 샤카(shachah) 예배입니다. 오체투지로 절하며 노래 부르며 찬양합니다. 찬양이 이렇게 다양합니다.

맺는말

설교를 정리하겠습니다. 감사를 해야 축복받은 것을 압니다. 감사가 없으면 불만, 불평밖에 없습니다. 감사를 해야 자족이 옵니다. 자족하면 남과 나누게 됩니다. 하나님께서는 이 시대의 가난하고 불행한 자들을 자기 백성이 어떻게 대우하는지를 보십니다.

이것이 마스터키(master key)의 비밀입니다. 그리고 예배의 5가지 유형을 알고 다양하게 찬양하도록 합시다. 기쁘고 즐겁게 노래 부르고 춤추며 찬양합시다.

7

감사하며 하나님 이름을 부르자

2017. 11. 19.

시편 136편

"여호와께 감사하라 그는 선하시며 그 인자하심이 영원함이로다 · 신들 중에 뛰어난 하나님께 감사하라 그 인자하심이 영원함이로다 · 주들 중에 뛰어난 주께 감사하라 그 인자하심이 영원함이로다 · 홀로 큰 기이한 일들을 행하시는 이에게 감사하라 그 인자하심이 영원함이로다 · 지혜로 하늘을 지으신 이에게 감사하라 그 인자하심이 영원함이로다 · 땅을 물 위에 펴신 이에게 감사하라 그 인자하심이 영원함이로다 · 큰 빛들을 지으신 이에게 감사하라 그 인자하심이 영원함이로다 · 해로 낮을 주관하게 하신 이에게 감사하라 그 인자하심이 영원함이로다 · 달과 별들로 밤을 주관하게 하신 이에게 감사하라 그 인자하심이 영원함이로다 · 애굽의 장자를 치신 이에게 감사하라 그 인자하심이 영원함이로다 · 이스라엘을 그들 중에서 인도하여 내신 이에게 감사하라 그 인자하심이 영

우연의 반복은 필연이다

원함이로다 · 강한 손과 펴신 팔로 인도하여 내신 이에게 감사하라 그 인자하심이 영원함이로다 · 홍해를 가르신 이에게 감사하라 그 인자하심이 영원함이로다 · 이스라엘을 그 가운데로 통과하게 하신 이에게 감사하라 그 인자하심이 영원함이로다 · 바로와 그의 군대를 홍해에 엎드러뜨리신 이에게 감사하라 그 인자하심이 영원함이로다 · 그의 백성을 인도하여 광야를 통과하게 하신 이에게 감사하라 그 인자하심이 영원함이로다 · 큰 왕들을 치신 이에게 감사하라 그 인자하심이 영원함이로다 · 유명한 왕들을 죽이신 이에게 감사하라 그 인자하심이 영원함이로다 · 아모리인의 왕 시혼을 죽이신 이에게 감사하라 그 인자하심이 영원함이로다 · 바산 왕 옥을 죽이신 이에게 감사하라 그 인자하심이 영원함이로다 · 그들의 땅을 기업으로 주신 이에게 감사하라 그 인자하심이 영원함이로다 · 곧 그 종 이스라엘에게 기업으로 주신 이에게 감사하라 그 인자하심이 영원함이로다 · 우리를 비천한 가운데에서도 기억해 주신 이에게 감사하라 그 인자하심이 영원함이로다 · 우리를 우리의 대적에게서 건지신 이에게 감사하라 그 인자하심이 영원함이로다 · 모든 육체에게 먹을 것을 주신 이에게 감사하라 그 인자하심이 영원함이로다 · 하늘의 하나님께 감사하라 그 인자하심이 영원함이로다"

감사의 비밀

본문 말씀인 시편 136편은 감사와 찬양의 시이면서 교차구조의 시입니다. 우리나라 민요 〈쾌지나 칭칭 나네〉처럼 메기고 받는 형식의 노래로 선창과 후창이 있습니다. 각 민족마다 이런 노래가 있지만 히브리 민족의 이 시편은 다릅니다. 감사절에 하나님의 이름을 부르라고 계시된 노래입니다. "여호와께 감사하라 그는 선하시며 그 인자하심이 영원함이로다" 하고 나서, "신들 중에 뛰어난 하나님께 감사하라 그 인자하심이 영원함이로다"라는 후렴구가 반복됩니다. 이 시에서 '감사하라'는 말이 모두 26번 나옵니다. 그러나 원문에는 감사를 뜻하는 히브리어 '호두'가 4번 나옵니다. 번역자가 절마다 후렴구로 감사를 넣은 것입니다.

타고날 때부터 감사를 잘하는 사람이 있습니다. 그는 늘 감사하기 때문에 여러 가지로 복을 받고 삶을 기쁘게 삽니다. 반면에 어떤 이는 "감사할 것이 있어야 감사하지." 하면서 늘 불평하며 불행하게 삽니다. 뇌과학적으로는 감사를 하면 '세로토닌'이라는 호르몬이 나온다고 합니다. 즉 감사는 태양을 보는 것과 같은 기능을 합니다.

시편 100편에서의 감사는 우러나오는 감사로서 히브리 원어로 '야다'라고 합니다. 시편 136편의 감사는 하나님께서 감사하게 하셔서 감사하는 것으로서 히브리 원어로 '호두'라고 합니다. 감사도 훈련해야 합니다. 전혀 감사하지 않는 사람은 "감사합니다."라고 의식적으로 훈련하는 것이 좋습니다. 이렇게 하면 모든 일이 좋아집니다.

감사하면서 하나님의 이름을 부르며 찬양하면 성전이 악기가 되어 하나님과 소통이 됩니다. 이스라엘 민족은 감사하면서 하나님의 이름을 부르며 찬양을 해서 하나님께 답을 얻었습니다. 여러분들도 감사의 신비를 배워서 가장 구하고 싶은 것을 구할 때 감사하면서 하나님의 이름을 불러 봅시다.

감사하면서 하나님의 이름을 부르자

이스라엘 민족의 첫째 비밀은 감사하면서 하나님의 이름을 부르는 것입니다. 한글 번역에는 감사가 26번 있지만 원문에는 감사가 4번 나온다고 말씀드렸습니다. 1절, 2절, 3절, 26절에서만 감사하며 하나님의 이름을 부르는데, 각 절에서 부르는 하나님의 이름이 각각 다릅니다.

1절 "여호와께 감사하라"에서 하나님의 이름은 '여호와', 즉 '야훼'입니다. 그런데 '야훼'는 너무 거룩한 이름이라 부르지 못하고 '나의 주님'이라는 뜻의 '아도나이'를 불렀습니다. '호두 야훼' 또는 '호두 아도나이'라고 한 후에 기도합니다.

2절 "신들 중에 뛰어난 하나님께 감사하라"의 하나님 이름은 '엘로힘 하나님'입니다. '엘' 뒤에 '힘'이 붙으면 복수가 되는데, '힘'은 능력을 뜻합니다. '호두 엘로힘'을 부르고 기도합니다.

3절 "주들 중에 뛰어난 주께 감사하라"에서 '주'는 '주인'을 의미하며, '아도나이 하나님'입니다. '호두 아도나이'를 부르고 기도합니다.

26절 "하늘의 하나님께 감사하라"에서 '하늘의 하나님'은 '샤마임'입니다. '호두 샤마임'을 부르고 기도합니다.

감사를 일상화했을 때 어떤 일이 일어나는지 예를 들어 말씀드리겠습니다. 돈이 꼭 필요한 어떤 사람이 있었습니다. 그가 감사하면서 하나님의 이름을 부르며 아침, 저녁으로 기도를 했습니다. 그랬더니 다음 날 돈이 필요하냐고 부모님께 전화가 왔습니다. 이것이 감사하며 하나님의 이름을 부른 데 대한 그분의 응답입니다. 하지만 그때 사탄은 "부모가 돈 빌려주는 것은 당연하지."라며 감사를 가로챕니다. 감사의 반대는 "당연하지"입니다. 감사가 없고 뭐든지 당연하다고 생각한다면 신앙의 맛이 없습니다. 하나님의 응답을 받지 못하고 사는 것처럼 여겨지기 때문입니다. 몸이 아플 때 라파 하나님의 이름을 부르며 감사하고 기도해서 병이 나았는데, "병원에 가서 나았지."라고 하거나 "나을 때가 되었으니까 나았지."라고 하는 것은 사탄의 작전입니다. 어떤 것도 당연하게 해석하지 말고 감사해야 합니다.

감사하면 영성이 열립니다. 영성이 열린 표시는 마음이 편안해지는 것입니다. 기쁨이 넘칩니다. 감사를 하지 않아서 영성이 닫혀 있으면 마음이 늘 괴롭습니다. 감사하기가 얼마나 어려운지 우주적 관점에서 볼 때 마치 블랙홀에 빠진 것과 같다고 합니다. 흑암의 권세는 우리에게 '감사하면 뭐 하나'라는 마음을 주면서 감사를 못 하게 합니다. 흑암의 권세에서 벗어나 사랑하는 아들의 나라로 옮겨 나와야 합니다. 즉, 블랙홀에서 화이트홀로 나와야 합니다. 감사를 못 하게 하는 귀신을 주님의 이름으로 쫓아내고 감사하는 사람이 되어야 합니다.

감사를 하면 자기가 복 받은 것을 압니다. 그러면 마음이 편안해지고 모든 생명이 사랑스러워 보입니다. 또 감사를 하면 자족하는 마음이 생겨서 여자로서, 남자로서 태어난 것을 감사합니다. 불평하는 마음은 감사하지 않은 데서 옵니다. 감사하지 않으면 부부간이나 부모 자식 간의 관계가 불행해질 수 있습니다.

존재 자체에 대한 감사

이제 한 단계 더 나아갑니다. 이 시편의 저자가 감사하는 것은 하나님이 그 이름을 가지고 존재하신다는 것입니다. "선하시다"는 것은 공의로 우시다는 것이고, "그 인자하심이 영원함이로다"에서 인자하심은 히브리어로 '헤세드'인데, 그 사랑이 영원하다는 것입니다. 하나님은 공의로 우시며 그 사랑이 영원합니다. 그리고 살아 계십니다. 그러니 감사하지 않을 수 없습니다. 존재한다는 것에 대한 감사입니다. 존재 자체가 좋은 것입니다. 아름다워서, 돈이 많아서가 아닙니다. 존재에 대한 감사는 있음에 대한 감사입니다. 하늘과 땅과 모든 인간관계에 있어서 모든 있음은 축복이고 감사입니다.

존재는 사실(fact) 속에서 가장 정확하게 나타납니다. 감사를 잘하면 존재 자체를 알게 되고 사실을 알게 됩니다. 사실을 알아야 핵심을 파악합니다. 사실을 모르면 핵심을 몰라서 엉뚱한 소리를 하며 돌아다닙니다. 그래서 '호두(감사)'하며 하나님의 이름을 불러야 합니다. 구약의 다니엘 선지자는 하나님께 감사하며 상황에 따라서 하나님의 이름들을 정확하게 불렀습니다. 우리도 하나님의 이름들을 알고 감사하며 불러야 합니다.

존재 자체에 대해서 감사하고 나면 자족해서 현실에 감사하게 됩니다. 사실을 알게 되고 핵심을 알게 됩니다. 감사하지 않으면 모르는 놀라운 비밀입니다. 존재에 대한 감사가 없으면 '나는 왜 이렇게 못났을까' 하며 자기가 자기를 부정합니다. 하나님이 살아 계심에 대해서, 하늘과 태양과 별과 달, 산과 강과 바다, 꽃과 식물과 동물과 여러분의 존재에 대해서, 가족과 이웃이 있음에 대해서 감사하도록 합시다.

구약의 말씀은 사람에게서 나온 것이 아니라 하나님께서 계시한 내용입니다. 감사하며 하나님의 이름을 부르면 다 이루어 주신다는 것입니다. 하나님은 여러 방식으로 답을 주십니다. 저는 항상 답을 얻으며 삽니다. 자기 부족을 알고 예수님의 십자가의 죽으심과 부활하심을 믿습니다. 그러면 계시 종교를 알게 되고 하나님으로부터 답을 얻으며 살게 됩니다.

맺는말

존재 자체에 대한 감사를 하도록 합시다. 가장 큰 존재인 하나님이 계시다는 것에 감사하는 것이 비밀입니다. 그리고 하나님의 성품과 인격을 안다면 노래하지 않을 수 없습니다. 그 인자하심이 영원하기 때문입니다.

8

예수님 말씀에 대한 베드로와 백부장의 태도 비교

2017. 12. 3.

누가복음 5장 1-11절

"무리가 몰려와서 하나님의 말씀을 들을새 예수는 게네사렛 호숫가에 서서 · 호숫가에 배 두 척이 있는 것을 보시니 어부들은 배에서 나와서 그물을 씻는지라 · 예수께서 한 배에 오르시니 그 배는 시몬의 배라 육지에서 조금 떼기를 청하시고 앉으사 배에서 무리를 가르치시더니 · 말씀을 마치시고 시몬에게 이르시되 깊은 데로 가서 그물을 내려 고기를 잡으라 · 시몬이 대답하여 이르되 선생님 우리들이 밤이 새도록 수고하였으되 잡은 것이 없지마는 말씀에 의지하여 내가 그물을 내리리이다 하고 · 그렇게 하니 고기를 잡은 것이 심히 많아 그물이 찢어지는지라 · 이에 다른 배에 있는 동무들에게 손짓하여 와서 도와 달라 하니 그들이 와서 두 배에 채우매 잠기게 되었더라 · 시몬 베드로가 이를 보고 예수의 무릎 아래에 엎드려 이르되 주여 나를 떠나소서 나는 죄인이로소이다 하니 · 이는 자기 및 자기와 함께 있는 모든 사람이 고기 잡힌 것으로 말미암아 놀라고 · 세베대의 아들로서 시몬의 동업자인 야고보와 요한도 놀랐음이라 예수께서 시몬에게 이르시되 무서워하지 말라 이제 후로는 네가 사람을 취하리라 하시니 · 그들이 배들을 육지에 대고 모든 것을 버려두고 예수를 따르니라"

누가복음 5장에 대한 스토리텔링

누가복음 5장을 스토리텔링으로 말씀드리겠습니다.

베드로는 고기를 잡는 어부로서 일반 사람들의 통용어인 아람어를 사용했으며, 바리새인과 랍비들에 비하면 무식한 사람이라고 할 수 있습니다. 그는 결혼을 하여 장모님을 모시고 살면서 아이들도 있기 때문에 매일 고기를 잡아 생계를 이어 가야 했습니다. 고기가 안 잡히면 말린 고기라도 팔아야 합니다. 그런데 하루는 새벽까지 그물을 내리고 있었는데도 고기가 한 마리도 잡히지 않았습니다. 집에 있는 식구들을 생각하며 '이 일을 어쩌나' 하고 걱정하면서 그물을 씻고 있는데, 저 멀리서 한 남자와 그 남자를 따르는 무리가 가까이 왔습니다.

성경에서 말하는 '무리'는 두 부류입니다. 본문에서의 무리는 '오클로스(ochlos)'로서 그들이 몰려와서 밖에서 말씀을 들었다고 했습니다. 밖에서 듣는 이유는 그들은 유대 사회에서 제일 낮은 천민 계층이라 회당에 들어가서 말씀을 들을 수가 없기 때문입니다. 그리고 글을 몰라서 구약을 읽을 수 없는 형편인데 예수님이 쉽게 비유로 말씀을 설명해 주시니 놀라워하며 따라다니면서 말씀을 들었습니다. 또 다른 무리는 '라오

우연의 반복은 필연이다

스(laos)'로서 이들은 회당에 들어가서 말씀을 들을 수 있었습니다.

다시 스토리텔링을 이어 가겠습니다. 무리가 따르는 남자가 베드로의 배에 오르더니 베드로에게 배를 육지에서 조금 떨어뜨려 달라고 부탁했습니다. 그러고는 배에 앉아서 모여 있는 무리에게 말씀을 가르쳤습니다. 그곳에서 일을 하고 있던 베드로와 요한, 야고보는 무슨 말인지 하나도 알아들을 수가 없었습니다. 대단한 말인 것 같기는 하지만 사람들과 같이 듣고 있을 형편이 안 됩니다.

그분이 말씀을 다 전하시더니 베드로에게 "배를 타고 깊은 데로 가서 그물을 내려 고기를 잡으라."고 하셨습니다. 베드로의 입장에서는 본인의 직업이 어부고, 밤이 새도록 그물을 내렸지만 고기를 하나도 못 잡았는데 고기를 잡는 것에 대해서는 잘 모르시는 분이 깊은 곳에 가서 그물을 내리라고 하시니 모순으로 느꼈을 것입니다. 고기는 새벽과 저녁에 잘 잡히는 데다 더구나 깊은 곳에서는 잘 잡히지 않습니다. 그런데 예수님은 이 오전에, 그것도 깊은 데로 가서 그물을 내리라고 말씀하십니다.

어부의 상식으로는 아니다 싶었지만 말씀을 전하시는 분이 하시는 말이니 믿어 보자 싶어서 예수님의 말씀대로 깊은 곳에 가서 그물을 내렸습니다. 그랬더니 고기가 너무 많이 잡혀서 그물을 들 수가 없었습니다. 이에 다른 배에 있는 동무들의 도움을 받아 양쪽 배에 고기를 가득 실었다고 성경은 말합니다.

베드로는 너무 놀라고 두려워서 예수님의 무릎 아래 엎드리어 "나를 떠나소서. 나는 죄인입니다."라고 말했습니다. 하지만 그때 예수님은 베드로에게 "지금부터 너는 나와 함께 고기 잡는 원리로 사람을 취하자."라고 하셨습니다. 이에 베드로가 모든 것을 버려두고 예수님을 따라갑니다.

베드로와 백부장, 그리고 우리

여기서 우리가 먼저 주목할 것은 베드로는 예수님이 어떤 사람인지 어떻게 알았을까 하는 것입니다.

> 누가복음 5장 1절 "무리가 몰려와서 하나님의 말씀을 들을새 예수는 게네사렛 호숫가에 서서"

"무리가 몰려와서 하나님의 말씀을 들을새"라고 했습니다. 누가는 예수님의 말씀을 하나님의 말씀, 창조주의 말씀이라고 했습니다. 그러나 베드로는 예수님이 하나님이신지 모릅니다.

창세기 1장 20절(하나님이 이르시되 물들은 생물을 번성하게 하라 땅 위 하늘의 궁창에는 새가 날으라 하시고)에 의하면 고기는 다섯째 날에 창조되었습니다. 예수님은 그날 갈릴리 호수에서 율법서(토라)에 대한 말씀을 하셨을 것입니다. 창조에 대한 말씀이기 때문입니다. 아마 하늘, 땅, 고기 등을 하나님께서 어떻게 창조했는지 말씀하시지 않았을까요? 그리고 예언자들의 예언에 대해서, 성문서에 대해서 말씀하셨을 것입니다. 그러나 베드로는 옆에서 그물을 씻으면서 이 말씀들을 전혀 이해하지 못했습니다. 이에 대비되는 사람으로 가버나움의 백부장이 있습니다.

> 누가복음 7장 7-8절 "그러므로 내가 주께 나아가기도 감당하지 못할 줄을 알았나이다 말씀만 하사 내 하인을 낫게 하소서 · 나도 남의 수하에 든 사람이요 내 아래에도 병사가 있으니 이더러 가라 하면 가고 저더러

오라 하면 오고 내 종더러 이것을 하라 하면 하나이다"

가버나움의 백부장은 예수님이 창조주 하나님이시라는 것을 알았습니다. 그래서 예수님이 오시지 않아도 되고 말씀만 하시면 된다고 합니다. 베드로에게 나타나신 예수님은 창조주로서 무한하시고 불가능이 없기 때문에 고기 잡는 것은 아무 문제가 없습니다. 하지만 베드로는 고기가 갑자기 너무 많이 잡히니 어떤 분인가 무서워서 떨기만 합니다. 예수님이 누구신지, 특히 그분이 하나님이시라는 것을 모르기 때문입니다.

로마의 백부장은 그분이 창조주 하나님이시라는 것을 알고 "말씀만 하소서." 하며 "황송해서 못 모십니다."라고 하는 수준입니다. 그런데 우리는 왜 백부장의 믿음만도 못할까요? 왜 성경의 말씀을 창조주 하나님의 말씀으로 받지 못할까요? 오랫동안 믿어도 나아지는 것이 별로 없습니다. 베드로는 차라리 몰라서 두려워 떨고 있지만 말입니다.

베드로는 밤이 새도록 그물을 쳤으나 고기가 한 마리도 잡히지 않은 그날 예수님을 만났습니다. 이것은 '인간의 유한성'입니다. 아무리 노력해도 안 될 때, 한계에 부딪힐 때가 있습니다. 이럴 때 하나님의 말씀을 찾거나 만나게 되어 "아, 하나님의 말씀이구나." 하며 깨닫습니다. 그러면 베드로처럼 만선을 하거나 백부장의 하인처럼 고침을 받을 수 있습니다.

복음을 하나님 말씀으로 받는 단계

이제 복음을 하나님의 말씀으로 받는 단계를 알아보겠습니다. 첫째,

삶에 문제가 생겼을 때 그 문제에 대한 해석과 의미가 달라집니다. 불신자는 원망만 하지만 믿는 사람은 '나를 연단시키기 위해 이런 어려움을 주셨구나' 하고 생각합니다. 둘째, 문제를 바라보는 관점입니다. 하나님의 말씀으로 받는 사람은 믿음의 눈으로 자기 부족을 보는 동시에 긍정적인 마인드로 대처합니다. 셋째, 회개의 눈물이 흐릅니다. 넷째, 영혼이 맑아져서 마음에 평안이 오고 겸허한 마음이 생깁니다. 다섯째, 기적이 일어납니다. 베드로처럼 고기가 많이 잡힐 수도 있습니다.

가버나움의 백부장은 예수님의 소문만 듣고도 메시아이신 하나님이 이 땅에 오셨음을 알고 종의 병을 고쳐 주기 위해 예수님을 찾아가서 "주님이 내 집에 오심을 감당하지 못합니다. 말씀만 하소서."라고 합니다. 그는 생명을 사랑했기 때문에 하찮은 종이지만 목숨을 구해 주려고 했습니다. "저는 죄인입니다."라고 하며 무서워 떠는 베드로보다 훨씬 성숙된 믿음입니다.

우리도 백부장처럼 예수님의 말씀을 '창조주 하나님의 말씀이구나'라고 생각하도록 합시다. 우리에게 어려운 문제가 생겼을 때 우리는 그것을 풀기가 불가능하지만 하나님에게는 불가능이 없으니 그분께 의뢰해서 말씀을 통해 은혜를 받도록 합시다. '창조주 하나님의 말씀이구나'라고 깨닫는 순간 문제가 해결됩니다.

종을 사랑하는 마음, 이웃을 사랑하는 마음도 본받도록 합시다. 백부장은 예수님께 "이스라엘에 이만한 믿음을 가진 사람은 만나보지 못하였노라"는 칭찬을 받은 사람입니다. 창조주 하나님 신앙을 가지고 백부장처럼 예수님을 생각합시다. 백부장의 믿음에까지 도달할 수 있도록 기도합시다.

우연의 반복은 필연이다

9

어떤 기도를 하고 있는가?

2017. 12. 17.

사사기 20장

"이에 모든 이스라엘 자손이 단에서부터 브엘세바까지와 길르앗 땅에서 나와서 그 회중이 일제히 미스바에서 여호와 앞에 모였으니 · 온 백성의 어른 곧 이스라엘 모든 지파의 어른들은 하나님 백성의 총회에 섰고 칼을 빼는 보병은 사십만 명이었으며 · 이스라엘 자손이 미스바에 올라간 것을 베냐민 자손이 들었더라 이스라엘 자손이 이르되 이 악한 일이 어떻게 일어났는지 우리에게 말하라 하니 · 레위 사람 곧 죽임을 당한 여인의 남편이 대답하여 이르되 내가 내 첩과 더불어 베냐민에 속한 기브아에 유숙하러 갔더니 · 기브아 사람들이 나를 치러 일어나서 밤에 내가 묵고 있던 집을 에워싸고 나를 죽이려 하고 내 첩을 욕보여 그를 죽게 한지라 · 내가 내 첩의 시체를 거두어 쪼개서 이스라엘 기업의 온 땅에 보냈나니 이는 그들이 이스라엘 중에서 음행과 망령된 일을 행하였기 때문이라 · 이스라엘 자손들아 너희가 다 여기 있은즉 너희의 의견과 방책을 낼지니라 하니라 · 모든 백성이 일제히 일어나 이르되 우리가 한 사람도 자기 장막으로 돌아가지 말며 한 사람도 자기 집으로 들어가지 말고 · 우리가 이제 기브아 사람에게 이렇게 행하리니 곧 제비를 뽑아서 그들을 치되 · 우리가 이스라엘 모든 지파 중에서 백 명에 열 명, 천 명에 백 명, 만 명에 천 명을 뽑아 그 백성을 위하여 양식을 준비하고 그들에게 베냐민의 기브아에 가서 그 무리가 이스라엘 중에서 망령된 일을 행한 대로 징계하게 하리라 하니라 · 이와 같이 이스라엘 모든 사람이 하나같이 합심하여 그 성읍을 치려고 모였더라 · 이스라엘 지파들이 베냐민 온 지파에 사람들을 보내어 두루 다니며 이르기를 너희 중에서 생긴 이 악행이 어찌 됨이냐 · 그런즉 이제 기브아 사람들 곧 그 불량배들을 우리에게 넘겨주어서 우리가 그들을 죽여 이스라엘 중에서 악을 제거하여 버리게 하라 하나 베냐민 자손이 그들의 형제 이스라엘 자손의 말을 듣지 아니하고 · 도리어 성읍들로부터 기브아에 모이고 나가서 이스라엘 자손과 싸우고자 하니라 · 그 때에 그 성읍들로부터 나온 베냐민 자손의 수는 칼을 빼는 자가 모두 이만 육천 명이요 그 외에 기브아 주민 중 택한 자가 칠백 명인데 · 이 모든 백성 중에서 택한 칠백 명은 다 왼손잡이라 물매로 돌을 던지면 조금도 틀림이 없는 자들이더라 · 베냐민 자손 외에 이스라엘 사람으로서 칼을 빼는 자의 수는 사십만 명이니 다 전사라 · 이스라엘 자손이 일어나 벧엘에 올라가서 하나님께 여쭈어 이르되 우리 중에 누가 먼저 올라가서 베냐민 자손과 싸우리이까 하니 여호와께서 말씀하시되 유다가 먼저 갈지니라 하시니라 · 이스라엘 자손이 아침에 일어나 기브아를 대하여 진을 치니라 · 이스라엘 사람이 나가 베

우연의 반복은 필연이다

냐민과 싸우려고 전열을 갖추고 기브아에서 그들과 싸우고자 하매 · 베냐민 자손이 기브아에서 나와서 당일에 이스라엘 사람 이만 이천 명을 땅에 엎드러뜨렸으나 · 이스라엘 사람들이 스스로 용기를 내어 첫날 전열을 갖추었던 곳에서 다시 전열을 갖추니라 · 이스라엘 자손이 올라가 여호와 앞에서 저물도록 울며 여호와께 여쭈어 이르되 내가 다시 나아가서 내 형제 베냐민 자손과 싸우리이까 하니 여호와께서 말씀하시되 올라가서 치라 하시니라 · 그 이튿날에 이스라엘 자손이 베냐민 자손을 치러 나아가매 · 베냐민도 그 이튿날에 기브아에서 그들을 치러 나와서 다시 이스라엘 자손 만 팔천 명을 땅에 엎드러뜨렸으니 다 칼을 빼는 자였더라 · 이에 온 이스라엘 자손 모든 백성이 올라가 벧엘에 이르러 울며 거기서 여호와 앞에 앉아서 그 날이 저물도록 금식하고 번제와 화목제를 여호와 앞에 드리고 · 이스라엘 자손이 여호와께 물으니라 그 때에는 하나님의 언약궤가 거기 있고 · 아론의 손자인 엘르아살의 아들 비느하스가 그 앞에 모시고 섰더라 이스라엘 자손들이 여쭈기를 우리가 다시 나아가 내 형제 베냐민 자손과 싸우리이까 말리이까 하니 여호와께서 이르시되 올라가라 내일은 내가 그를 네 손에 넘겨주리라 하시는지라 · 이스라엘이 기브아 주위에 군사를 매복하니라 · 이스라엘 자손이 셋째 날에 베냐민 자손을 치러 올라가서 전과 같이 기브아에 맞서 전열을 갖추매 · 베냐민 자손이 나와서 백성을 맞더니 꾀임에 빠져 성읍을 떠났더라 그들이 큰 길 곧 한쪽은 벧엘로 올라가는 길이요 한쪽은 기브아의 들로 가는 길에서 백성을 쳐서 전과 같이 이스라엘 사람 삼십 명가량을 죽이기 시작하며 · 베냐민 자손이 스스로 이르기를 이들이 처음과 같이 우리 앞에서 패한다 하나 이스라엘 자손은 이르기를 우리가 도망하여 그들을 성읍에서 큰 길로 꾀어내자 하고 · 이스라엘 사람이 모두 그들의 처소에서 일어나서 바알다말에서 전열을 갖추었고 이스라엘의 복병은 그 장소 곧 기브아 초장에서 쏟아져 나왔더라 · 온 이스라엘 사람 중에서 택한 사람 만 명이 기브아에 이르러 치매 싸움이 치열하나 베냐민 사람은 화가 자기에게 미친 줄을 알지 못하였더라 · 여호와께서 이스라엘 앞에서 베냐민을 치시매 당일에 이스라엘 자손이 베냐민 사람 이만 오천백 명을 죽였으니 다 칼을 빼는 자였더라 · 이에 베냐민 자손이 자기가 패한 것을 깨달았으니 이는 이스라엘 사람이 기브아에 매복한 군사를 믿고 잠깐 베냐민 사람 앞을 피하매 · 복병이 급히 나와 기브아로 돌격하고 나아가며 칼날로 온 성읍을 쳤음이더라 · 처음에 이스라엘 사람과 복병 사이에 약속하기를 성읍에서 큰 연기가 치솟는 것으로 군호를 삼자 하고 · 이스라엘 사람은 싸우다가 물러가고 베냐민 사람은 이스라엘 사람 삼십 명가량을 쳐 죽이기를 시작하며 이르기를 이들이 틀림없이 처음 싸움같이 우리에게 패한다 하다가 · 연기 구름이 기둥같이 성읍 가운데에서 치솟을 때에 베냐민 사람이 뒤를 돌아보매 온 성읍에 연기가 하늘에 닿았고 · 이스라엘 사람은 돌아서는지라 베냐민 사람들이 화가 자기들에게 미친 것을 보고 심히 놀라 · 이스라엘 사람 앞에서 몸을 돌려 광야 길로 향하였으나 군사가 급히 추격하며 각 성읍에서 나온 자를 그 가운데에서 진멸하니라 · 그들이 베냐민 사람을 에워싸고 기브아 앞 동쪽까지 추격하며 그 쉬는 곳에서 짓밟으매 · 베냐민 중에서 엎드러진 자가 만 팔천 명이니 다 용사더라 · 그들이 몸을 돌려 광야로 도망하였으나 림몬 바위에 이르는 큰 길에서 이스라엘이 또 오천 명을 이삭 줍듯 하고 또 급히 그 뒤를 따라 기돔에 이르러 또 이천 명을 죽였으니 ·

우연의 반복은 필연이다

이 날에 베냐민 사람으로서 칼을 빼는 자가 엎드러진 것이 모두 이만 오천 명이니 다 용사였더라 · 베냐민 사람 육백 명이 돌이켜 광야로 도망하여 림몬 바위에 이르러 거기에서 넉 달 동안을 지냈더라 · 이스라엘 사람이 베냐민 자손에게로 돌아와서 온 성읍과 가축과 만나는 자를 다 칼날로 치고 닥치는 성읍은 모두 다 불살랐더라"

어떤 기도를 하고 있는가?

예수님은 말씀이 육신이 되신 분입니다. 이때 말씀은 구약에 기록된 말씀입니다. 금년에는 제 설교의 방향을 구약 속에 어떤 말씀이 숨겨져 있는지 찾아보는 것에 집중하고자 합니다. "때가 차매" 말씀이 육신이 되시고 구약말씀을 하시고 신약말씀을 하셨습니다. 그런데 구약말씀 중에는 우리가 이해할 수 없는 내용도 많습니다. 이번에는 그중의 하나를 선택해 보았습니다. 설교의 제목은 '어떤 기도를 하고 있는가?'입니다.

이스라엘 자손이 베냐민 자손과 싸울 때 하나님께 기도를 하였더니 유다 지파가 올라가라고 답이 왔습니다. 그래서 올라갔는데 2만 명이나 죽었습니다. 이스라엘 자손이 울면서 또 베냐민 자손과 싸우러 가야 되느냐고 하루 종일 기도했더니 하나님께서 다시 올라가라고 하셨습니다. 그래서 다시 올라갔는데, 또 베냐민 지파에게 당했습니다. 기도의 응답이 와서 그렇게 했는데 다 죽어 버렸습니다. 어떻게 이럴 수가 있을까요?

우리도 기도의 응답을 받아서 그대로 해 보면 잘되기도 하고 못되기도 합니다. 만약 못되면 기도의 응답이 있어도 확신할 수 없게 되고, 응답이 없으면 당황합니다. 그래서 이번엔 본문을 통해서 왜 이러한 응답이 오며, 이와 같은 하나님의 응답을 어떻게 깨쳐 나가야 하는지에 대해서 말씀을 드리겠습니다.

이스라엘 민족의 첫 번째, 두 번째 기도에서는 하나님께서 응답을 하셨어도 전쟁에서 패했습니다. 그런데 28절의 세 번째 기도("우리가 다시 나아가 내 형제 베냐민 자손과 싸우리이까 말리이까?")에서는 "올라가라. 내일은 내가 그를 네 손에 넘겨주리라."고 하셨습니다. 그래서 전쟁에서 승리했습니다.

> 4-8절 "레위 사람 곧 죽임을 당한 여인의 남편이 대답하여 이르되 내가 내 첩과 더불어 베냐민에 속한 기브아에 유숙하러 갔더니 · 기브아 사람들이 나를 치러 일어나서 밤에 내가 묵고 있던 집을 에워싸고 나를 죽이려 하고 내 첩을 욕보여 그를 죽게 한지라 · 내가 내 첩의 시체를 거두어 쪼개서 이스라엘 기업의 온 땅에 보냈나니 이는 그들이 이스라엘 중에서 음행과 망령된 일을 행하였기 때문이라 · 이스라엘 자손들아 너희가 다 여기 있은즉 너희의 의견과 방책을 낼지니라 하니라 · 모든 백성이 일제히 일어나 이르되 우리가 한 사람도 자기 장막으로 돌아가지 말며 한 사람도 자기 집으로 들어가지 말고"

사사기 19장 내용

레위 지파는 하나님께 예배를 드리는 경건한 지파입니다. 19장을 보면 레위 지파 중의 한 사람이 베들레헴에 가서 첩을 얻었습니다(사사기 19:1 "이스라엘에 왕이 없을 그 때에 에브라임 산지 구석에 거류하는 어떤 레

　　　　　　　우연의 반복은 필연이다

위 사람이 유다 베들레헴에서 첩을 맞이하였더니"). 레위 지파에게는 있을 수 없는 일입니다. 그런데 이 첩이 이웃 사람과 간음하고 친정집으로 도망을 갔습니다. 그러자 레위인이 4개월 후에 첩을 찾으러 갔습니다. 거기서 대접을 잘 받고 집에 가려니까 장인이 붙들어서 지체하다가 여행길에 오릅니다. 당나귀 두 마리와 종 한 명과 첩과 함께 돌아오는 길입니다.

예루살렘에 가까이 왔는데 거기에는 여부스족이 살고 있고 그 옆에 베냐민 지파의 땅이 있었습니다. 베냐민 지파는 성을 이루어 약 4만 명이 주위에 살고 있었습니다. 레위인이 유숙할 곳을 찾으려고 광장에서 기다리고 있는데 집으로 돌아가던 노인이 와서 자기 집으로 가자고 했습니다. 거기는 베냐민이 관할하는 지역이고 베냐민의 특공대가 있는 기브아입니다. 베냐민 지파는 열두 지파 중에서 가장 전쟁을 잘하는 지파로 700명의 특공대가 있습니다. 그들은 물맷돌을 사용하는데 그 실력이 백발백중입니다.

노인의 초대를 받은 레위인 일행은 그 집에 가서 저녁을 먹고 편히 쉬고 있었습니다. 그때 불량배들이 몰려와서 이 집 손님을 내놓으라고 했습니다. 소돔과 고모라의 롯의 집에 천사들이 왔을 때의 상황과 비슷합니다. 노인이 말렸지만 막무가내여서 결국 레위인이 그의 첩을 그들에게 내주었습니다. 첩은 거의 죽을 지경까지 집단으로 윤간을 당해서 문 앞에 죽은 채로 쓰러져 있었습니다.

화가 난 레위인은 첩의 시체를 열두 토막 내어 이스라엘 모든 지파에게 보냈습니다. 이 여자의 시체를 본 이스라엘 민족은 분개하여 베냐민 지파의 불량배들을 처단하기로 합심하고 40만의 군인들을 동원해 전쟁을 하러 올라왔습니다. 베냐민 지파에게 가서 이 첩을 죽인 기브아의 불량배들을 내놓으라고 하니 그들은 이스라엘 백성의 말을 듣지 않고 오히려 싸울 채비를 했습니다. 40만 대 4만의 싸움이 되었습니다. 이때 이스라엘 민족이 하나님께 "우리 중에 누가 먼저 올라가서 베냐민 자손과 싸우리이까?"라고 물었고, 이후 앞에서 말씀드렸던 불행한 사태가 벌어졌습니다.

올바른 기도의 요건

우리는 이러한 사태를 어떻게 이해해야 할까요? 또 어떻게 해결해야 할까요? 이 사건의 핵심 문제는 "하나님, 우리가 베냐민 지파와 싸워야 할까요?"라는 기도도 없이 무조건 싸우기로 결정해 놓고 "어느 지파가 먼저 올라가서 싸울까요?"라고 기도한다는 점입니다. 이것이 바로 하나님 앞에 이스라엘 백성들이 처음부터 잘못한 점입니다. 악을 행한 불량배를 내놓지 않는 베냐민 지파도 잘못이지만 40만 군대를 조직한 나머지 지파들도 잘못이 있습니다. 첩을 두면 안 되는 죄를 범한 레위인의 잘못도 있습니다. 그런데 자세히 알아보지도 않고 이 레위인의 말만 듣고 형제 지파인 베냐민 지파와 무력으로 해결하려고 했습니다.

그들은 결정하기 전에 우선 하나님께 여쭈어야 했습니다. 자기들 마음대로 결정을 다 해 놓고 "어느 지파부터 올라가야 되겠습니까?"라고 여쭈니 하나님께서도 "그래, 유다 지파부터 올라가 봐라."라고 하셨는데, 전쟁에서 패했습니다. 기도를 했는데, 응답을 잘못 받은 것입니다. 두 번째도 올라가서 패했습니다. 세 번째 기도는 날이 저물도록 금식하고 번제와 화목제를 여호와 앞에 드린 후 "베냐민 자손과 싸우리이까 말리이까?" 하고 바른 기도를 합니다. 결정권을 하나님께 드리고 기도하였기 때문에 응답대로 전쟁에서 승리했습니다. 하나님께서는 기도를 바로 할 때까지 기다리십니다. 이스라엘 민족의 집단행동 속에서 기도의 내용을 잘 파악할 필요가 있습니다.

이스라엘 자손은 자기 잘못도 모르고 회개하지도 않고 "어느 지파가 올라가리이까?"라고 하였기 때문에 잘못된 기도의 응답으로 1차 전쟁과 2차 전쟁에서 패한 것입니다. 세 번째 기도에서는 번제와 화목제를 드린 후 하나님의 뜻을 묻는 바른 기도를 하였기 때문에 하나님은 그들이 전쟁에서 이기게 하셨습니다. 그리고 베냐민 지파도 잘못하였기 때문에 거의 멸절시키셨습니다.

우리는 사사기 20장 말씀을 통하여 기도에 대한 놀라운 깨달음을 얻었습니다. 베냐민 지파의 잘못도 있지만 그렇게 집단행동을 해도 되는지에 대해서 하나님께 기도하지 않고 이방인과 싸우라고 주신 힘을 자기 종족과 싸우려고 40만이나 되는 군대를 모은 이스라엘 열한 지파의 잘못을 봅니다. 또 악을 행한 불량배들을 감싸며 나머지 지파들과 대립한 베냐민 지파의 잘못을 봅니다. 결국 잘못에 대한 회개가 없는 기도의 잘못된 응답을 받고 이스라엘 열한 지파는 두 번이나 전쟁에서 크게 패했으며, 많은 희생을 통해 비로소 깨달았습니다. 이후 회개를 통한 바른 기도를 통해서 응답을 받고 잘못을 저지른 베냐민 지파를 전멸시켰습니다.

맺는말

이 사건을 통해서 우리가 크게 깨달을 점은 앞으로 우리가 무엇을 하든지 주님 앞에 자기 잘못부터 먼저 회개하고 하나님의 응답을 구하는 기도를 할 수 있어야 한다는 것입니다. 예컨대, 우리가 집을 사거나 여행을 갈 때에도 바른 응답을 받으려면 하나님의 뜻부터 먼저 여쭈어야 합니다. 마음을 비우고 기도를 해야 합니다. "할까요, 말까요?"라고 하나님의 뜻을 우선적으로 따르겠다는 용기와 결단의 기도를 해야 합니다. 먼저 하나님 앞에 우리의 잘못은 없는지, 경건한 삶을 살았는지부터 돌아보고 회개한 후 하나님께 결정권을 드린 기도에서 오는 답이 진정한 기도의 응답인 것입니다.

우연의 반복은 필연이다

10

죽음의 행렬에서 생명의 행렬로

2017. 12. 24.

누가복음 7장 11-17절

"그 후에 예수께서 나인이란 성으로 가실새 제자와 많은 무리가 동행하더니 · 성문에 가까이 이르실 때에 사람들이 한 죽은 자를 메고 나오니 이는 한 어머니의 독자요 그의 어머니는 과부라 그 성의 많은 사람도 그와 함께 나오거늘 · 주께서 과부를 보시고 불쌍히 여기사 울지 말라 하시고 · 가까이 가서 그 관에 손을 대시니 멘 자들이 서는지라 예수께서 이르시되 청년아 내가 네게 말하노니 일어나라 하시매 · 죽었던 자가 일어나 앉고 말도 하거늘 예수께서 그를 어머니에게 주시니 · 모든 사람이 두려워하며 하나님께 영광을 돌려 이르되 큰 선지자가 우리 가운데 일어나셨다 하고 또 하나님께서 자기 백성을 돌보셨다 하더라 · 예수께 대한 이 소문이 온 유대와 사방에 두루 퍼지니라"

나인성 과부와 예수님

예수께서 나인성으로 가실 때 제자들과 많은 무리가 동행했습니다. 갈릴리 바다 곁 다볼산 옆이 나인입니다. 갈릴리 지역에서 예루살렘으로 갈 때 반드시 이 지역을 지나가야 합니다. 나인이 있는 골짜기는 이스르엘 골짜기인데, '하나님께서 심으신다'는 뜻입니다.

예수님께서 예루살렘으로 가실 때 이 지역을 지나시게 되어 제자들과 많은 무리가 동행해서 가고 있었습니다. 성문에 가까이 왔는데, 장례 일행을 만났습니다. 죽은 자는 과부의 독자였습니다. 유대 나라는 남성 위주의 사회라서 여성들이 살기에는 아주 각박합니다. 그래서 남자가 없으면 먹고살 길이 없습니다. 그런데 이 과부는 남편도 죽고 하나 있는 아들마저 죽었으니 이제 살 길이 없습니다.

> 누가복음 7장 12절 "성문에 가까이 이르실 때에 사람들이 한 죽은 자를 메고 나오니 이는 한 어머니의 독자요 그의 어머니는 과부라 그 성의 많은 사람도 그와 함께 나오거늘"

남편도 죽고 이제 하나 있는 아들마저 죽어서 홀로 남은 과부는 유대나라의 상황에서 볼 때 별 볼 일 없는 사람입니다. 그러면 장례식을 할 때 아무도 가지 않습니다. 그런데 본문을 보면 그 성의 많은 사람이 죽은 아들의 어머니와 함께 울면서 따라 나옵니다. 여기서 상당한 의문이 생깁니다. 이 여인이 어떻게 살았기에 이렇게 많은 사람이 함께 울면서 따라 나오는가 하는 것입니다. 우리는 이 물음에 대해서 복음적으로 생각

우연의 반복은 필연이다

해 보아야 합니다.

본문에서 '나인'이란 말은 원어로 '즐거운', '기쁜', '아름다운'이라는 뜻입니다. 나인성은 구약에서 엘리사가 죽은 아이를 살린 놀라운 사건이 있었던 수넴과 지척에 있습니다. 본문의 배경을 이해하기 위해서 원형 사건이라 할 수 있는 엘리사와 수넴 여인의 에피소드를 살펴보겠습니다.

수넴 여인과 엘리사

열왕기하 4장 8-37절 "하루는 엘리사가 수넴에 이르렀더니 거기에 한 귀한 여인이 그를 간권하여 음식을 먹게 하였으므로 엘리사가 그곳을 지날 때마다 음식을 먹으러 그리로 들어갔더라 · 여인이 그의 남편에게 이르되 항상 우리를 지나가는 이 사람은 하나님의 거룩한 사람인 줄을 내가 아노니 · 청하건대 우리가 그를 위하여 작은 방을 담 위에 만들고 침상과 책상과 의자와 촛대를 두사이다 그가 우리에게 이르면 거기에 머물리이다 하였더라 · 하루는 엘리사가 거기에 이르러 그 방에 들어가 누웠더니 · 자기 사환 게하시에게 이르되 이 수넴 여인을 불러오라 하니 곧 여인을 부르매 여인이 그 앞에 선지라 · 엘리사가 자기 사환에게 이르되 너는 그에게 이르라 네가 이같이 우리를 위하여 세심한 배려를 하는도다 내가 너를 위하여 무엇을 하랴 왕에게나 사령관에게 무슨 구할 것이 있느냐 하니 여인이 이르되 나는 내 백성 중에 거주하나이다 하니라 · 엘리사가 이르되 그러면 그를 위하여 무엇을 하여야 할까 하니 게하시가 대답하되 참으로 이 여인은 아들이 없고 그 남편은 늙었나이다 하니 · 이르되 다시 부르라 하여 부르매 여인이 문에 서니라 · 엘리사가 이르되 한 해가 지나 이 때쯤에 네가 아들을 안으리라 하니 여인이 이르되 아니로소이다 내 주 하나님의 사람이여 당신의 계집종을 속이지 마옵소서 하니라 · 여인이 과연 잉태하여 한 해가 지나 이 때쯤에 엘리사가 여인에게 말한 대로 아들을 낳았더라 · 그 아이가 자라매 하루는 추수꾼들에게 나가서 그의 아버지에게 이르렀더니 · 그의 아버지에게 이르되 내 머리야 내 머리야 하는지라 그의 아버지가 사환에게 말하여 그의 어머니에게로 데려가라 하매 · 곧 어머니에게로 데려갔더니 낮까지 어머니의 무릎에 앉아 있다가 죽은지라 · 그의 어머니가 올라가서 아들을 하나님의 사람의 침상 위에 두고 문을 닫고 나와 · 그 남편을 불러 이르되 청하건대 사환 한 명과 나귀 한 마리를 내게로 보내소서 내가 하나님의 사람에게 달려갔다가 돌아오리이다 하니 · 그 남편이 이르되 초하루도 아니요 안식일도 아니거늘 그대가 오늘 어찌하여 그에게 나아가고자 하느냐 하는지라 여인이 이르되 평안을 비나이다 하니라 · 이에 나귀에 안장을 지우고 자기 사환에게 이르되 몰고 가라 내가 말하지 아니하거든 나를 위하여 달려가기를 멈추지 말라 하고 · 드디어 갈멜산으로 가서 하나님의 사람에게로 나아가니라 하나님의 사람이 멀리서 그를 보고 자기 사환 게하시에게 이르되 저기 수넴 여인이 있도다 · 너는 달려가서 그를 맞아 이르기를 너는 평안하냐 네 남편이 평안하냐 아이가 평안하냐 하라 하였더니 여인이 대답하되 평안하다 하고 · 산에 이르러 하나님의 사람에게 나아가서 그 발을 안은지라 게하시가 가까이 와서 그를 물리치고자 하매 하나님의 사람이 이르되 가만 두라 그의 영혼이 괴로워하지마는 여호와께서 내게 숨기시고 이르지 아니하셨도다 하니라 · 여인이 이르되 내가 내 주께 아들을 구하더이까 나를 속이지 말라고 내

우연의 반복은 필연이다

가 말하지 아니하더이까 하니 · 엘리사가 게하시에게 이르되 네 허리를 묶고 내 지팡이를 손에 들고 가라 사람을 만나거든 인사하지 말며 사람이 네게 인사할지라도 대답하지 말고 내 지팡이를 그 아이 얼굴에 놓으라 하는지라 · 아이의 어머니가 이르되 여호와께서 살아 계심과 당신의 영혼이 살아 계심을 두고 맹세하노니 내가 당신을 떠나지 아니하리이다 엘리사가 이에 일어나 여인을 따라가니라 · 게하시가 그들보다 앞서 가서 지팡이를 그 아이의 얼굴에 놓았으나 소리도 없고 듣지도 아니하는지라 돌아와서 엘리사를 맞아 그에게 말하여 아이가 깨지 아니하였나이다 하니라 · 엘리사가 집에 들어가 보니 아이가 죽었는데 자기의 침상에 눕혔는지라 · 들어가서는 문을 닫으니 두 사람뿐이라 엘리사가 여호와께 기도하고 · 아이 위에 올라 엎드려 자기 입을 그의 입에, 자기 눈을 그의 눈에, 자기 손을 그의 손에 대고 그의 몸에 엎드리니 아이의 살이 차차 따뜻하더라 · 엘리사가 내려서 집 안에서 한 번 이리저리 다니고 다시 아이 위에 올라 엎드리니 아이가 일곱 번 재채기하고 눈을 뜨는지라 · 엘리사가 게하시를 불러 저 수넴 여인을 불러오라 하니 곧 부르매 여인이 들어가니 엘리사가 이르되 네 아들을 데리고 가라 하니라 · 여인이 들어가서 엘리사의 발 앞에서 땅에 엎드려 절하고 아들을 안고 나가니라"

본문의 내용을 스토리텔링으로 말씀드리겠습니다. 수넴에 귀한 부인이 한 사람 있었습니다. 그 여인은 이따금씩 자기 문 앞으로 엘리사 선지자가 제자인 게하시를 데리고 예루살렘으로 올라가는 모습을 보았습니다. 여인은 하나님의 사람에게 휴식처와 식사를 제공하고 싶은 마음이 들어서 "하나님의 거룩한 사람이 지나갈 때 우리 집에서 쉬게 합시다. 방을 하나 만들어서 침대와 책상과 의자와 촛대를 둡시다."라고 남편에게 말했습니다. 남편도 그렇게 하자고 했습니다.

그 후로 엘리사가 예루살렘으로 올라갈 때마다 그 집에서 쉬고 대접을 잘 받았는데, 부인에게 무언가 사례를 해야겠다는 생각이 들었습니다. 그래서 게하시에게 부인을 데려오라고 하고는 혹시 원하는 것이 있는지 물었습니다. 부인은 없다고 대답하고는 돌아갔습니다. "그러면 무엇을 해 주면 좋을까?"라고 엘리사가 고민하고 있는데, 옆에서 게하시가 "남편은 늙었는데 부인에게 자식이 없습니다."라고 말했습니다. 그러자 엘리사가 부인을 다시 불러서 "내년 이맘때 아들이 있을 것이오."라고 했는데, 여인은 엘리사에게 감사한 것이 아니라 "그런 말씀은 하지 마십시오."라고 대답했습니다. 안 될 일을 괜히 이야기해서 잘못된 희망을 가지게 하지 말라는 것입니다.

그러나 1년 후에 엘리사의 말처럼 그 부인이 정말 아들을 낳았습니다. 그런데 아이가 어느 정도 자라서는 문제가 생겼습니다. 아버지가 추수하는 데 따라다니더니 머리가 아프다고 해서 엄마에게 데려다주었는데, 엄마가 안고 있을 때 그만 죽어 버렸습니다. 그러니 엄마의 마음이 어떠했겠습니까? "내가 자식에 대한 어떤 소망도 두지 않으려고 했는데 괜히 아들을 준다고 하더니 이렇게 데려가 버리시나?"라는 생각이 들지 않았겠습니까? 하지만 그 여인은 소망을 버리지 않습니다. 죽은 아이를 씻어서 엘리사가 머무는 방에 눕혀 두고, 사환 한 명을 데리고 나귀를 타고 쉬지 않고 갈멜산까지 갔습니다.

저 멀리서 수넴 여인이 나귀를 타고 오는 모습을 엘리사가 보았습니

우연의 반복은 필연이다

다. 엘리사가 게하시에게 가정이 두루 평안한지 물어보라고 시켰는데 여인이 평안하다고 말하더니 엘리사 앞에 와서 돌연 엘리사의 발을 안았습니다. 그러고는 "아들이 죽었습니다. 제가 언제 당신께 자식을 구했습니까? 구하지도 않은 자식을 주시더니 이렇게 뺏어 가시는 건 무슨 일입니까? 하나님께서는 왜 우리를 놀리십니까?"라고 비통한 심정으로 말했습니다. 이 여인의 마음을 이해해야 합니다.

그때 엘리사가 "아하, 하나님이 잠시 내게 이 일을 숨기셨구나."라고 하면서 게하시에게 "내 지팡이를 가지고 빨리 뛰어가서 그 아이의 얼굴에 지팡이를 놓아라."라고 말했습니다. 여인은 게하시가 떠났는데도 따라가지 않고 엘리사에게 "하나님의 살아 계심과 당신의 영혼의 살아 계심을 두고 당신이 같이 안 가시면 저도 가지 않겠습니다."라고 말했습니다. 그래서 엘리사가 여인과 같이 여인의 집으로 갔습니다.

한편 먼저 간 게하시가 아이 얼굴에 지팡이를 얹었지만 아이는 살아나지 않았습니다. 엘리사는 아이가 있는 방의 문을 닫고 하나님께 기도한 후에 아이의 몸 위에 올라가서 눈과 눈을 맞추고 입과 입을 맞추고 손을 맞대며 이중으로 누웠습니다. 그러자 죽은 아이의 몸이 따뜻해졌습니다. 엘리사의 독특한 방법입니다. 그다음에 아이 몸에서 내려와서 방 안을 이리저리 다니다가 또 그렇게 하니까 아이가 재채기를 일곱 번 하더니 눈을 떴습니다. 다시 살아난 것입니다. 엘리사가 여인을 불러 아들을 데리고 가라고 했습니다.

이러한 사건이 있었던 곳이 바로 수넴입니다. 수넴 여인이 자식을 얻었던 이유는 하나님의 사람인 엘리사에 대한 지극한 돌봄과 배려였습니다. 그래서 엘리사가 "네가 이같이 우리를 위하여 세심한 배려를 하는도다"라고 하면서 원하는 것을 물었던 것입니다. 결국 그 여인은 엘리사에 대한 배려로 인해 아들을 얻고, 위기도 잠시 있었지만 성경에 기록되는 대단한 삶을 살게 되었습니다.

다시 나인성으로

지금까지 수넴 여인의 에피소드를 본 이유는, 나인성 과부의 아들이 죽었을 때 많은 사람들이 함께 나왔다는 것은 그 여인도 그녀의 삶에서 많은 선행을 했다는 것을 추측하게 해 주기 때문입니다. 나인성 과부도 평소에 이웃을 돌보고 가난하고 불행한 자들을 많이 돌본 것이 아닐까요? 그러니 그 여인의 아들이 죽은 것에 대해서 많은 사람들이 그 여인과 같은 마음으로 함께 슬퍼하며 나온 것으로 추측할 수 있습니다. 마치 자기 동생이 죽은 것과 같고 자기 자식이 죽은 것과도 같은 마음이니 모두 다 울면서 함께 따라 나오는 것입니다. 이것이 참 중요합니다. 이런 사람에게는 기적이 일어납니다. 아들이 죽었는데 달랑 자기 혼자만 나왔다면 그 사람의 지나온 삶은 안 봐도 뻔합니다.

> 누가복음 7장 13-14절 "주께서 과부를 보시고 불쌍히 여기사 울지 말라 하시고 · 가까이 가서 그 관에 손을 대시니 멘 자들이 서는지라 예수께서 이르시되 청년아 내가 네게 말하노니 일어나라 하시매"

예수님께서 여자 옆에 오셔서 사랑으로 "울지 말라"고 말씀하셨습니다. "왜 자꾸 우나? 울지 말라."가 아니라, 그 여인을 사랑하시는 마음으

우연의 반복은 필연이다

로 "울지 말라"고 하셨습니다. 그렇게 해석한 주석이 있어서 드리는 말씀입니다. 그리고 관에 가까이 가셔서 손을 대시니 관을 멘 사람들이 깜짝 놀라 섰습니다. 왜냐하면 이것은 레위기 율법에 크게 문제가 되는 행동이기 때문입니다. 죽은 자와 접촉된 것을 만지면 같이 부정을 탄다고 여겼습니다.

그러나 예수님께서는 사랑으로 레위기 율법을 어기시고 관에 손을 대셨습니다. 그리고 아마도 본문에는 생략되어서 그렇지 "관 뚜껑을 열어라. 덮은 것을 벗겨라."라고 하셨을 것입니다. 덮개를 벗기고 나면 죽은 청년이 있습니다. 그리고 그 청년을 보고 "청년아, 내가 네게 말하노니 일어나라"고 하셨습니다. 이것은 예수님의 방법입니다. "청년아, 일어나라"고 일반적으로 말씀하시면 그 근방의 죽은 사람들이 다 일어나기 때문입니다. 그래서 "내가 네게 말하노니"라고 하신 것입니다.

> 15-16절 "죽었던 자가 일어나 앉고 말도 하거늘 예수께서 그를 어머니에게 주시니 · 모든 사람이 두려워하며 하나님께 영광을 돌려 이르되 큰 선지자가 우리 가운데 일어나셨다 하고 또 하나님께서 자기 백성을 돌보셨다 하더라"

죽은 자가 일어나 "여기가 어디지요?" 하고 말도 합니다. 예수께서 그를 어머니에게 주시니 모든 사람이 두려워하여 하나님께 영광을 돌리며 "큰 선지자가 우리 가운데 일어나셨다", "하나님께서 자기 백성을 돌보셨다"고 합니다. 그 소문이 온 유대와 사방에 두루 퍼졌습니다.

우리의 삶에서 죽음의 행렬을 극복하자

제가 여기서 드리고자 하는 말씀은 예수님이 공생애 때 행하신 놀라운 기적들의 의미입니다. 이와 같이 사랑으로 죽은 자를 살리시는 참으로 놀라운 일이 일어났습니다.

여기서 우리가 생각할 점은, 예수님이 없으면 이 행렬은 죽음의 행렬일 뿐이라는 것입니다. 그러나 예수님께서 손을 대시니 죽음의 행렬이 생명의 행렬로 바뀌었습니다. 저녁에 누웠을 때 돈이나 사람 때문에 걱정하고 온갖 문제 속에서 스트레스 받고 괴로워하면서 자면 그의 삶은 죽음의 행렬이라고 말할 수 있습니다. 그러나 우리가 예수님을 통해 기쁨을 회복하고 감사하며 살면 생명의 행렬로 바뀝니다.

우리는 모두 삶에서 죽음의 행렬을 체험하고 있습니다. 어떤 사람은 나이 때문에, 병 때문에, 돈 때문에, 삶 자체가 괴로움입니다. 그 삶은 죽음의 행렬이고, 그 끝은 죽음입니다. "이렇게 허무해서 어떻게 살지?"라는 생각뿐입니다. 창조주 하나님을 알아야만 허무를 극복할 수 있습니다. 그러나 안 믿는 사람들을 보면 끝까지 허무해하면서도 "내가 교회에 나가나 봐라."면서 고집을 부립니다.

우리의 삶에서 죽음의 행렬을 극복합시다. 우리는 다 죽음의 행렬에 찌들어 있습니다. 병과 교만 속에서, 특히 예수님을 하나님으로 믿지 않는 불신을 가지고 죽었다가 살았다가 하는 행렬입니다. 계속 죽어 있다가 설교를 들으면 잠시 살다가 또 죽어 버립니다. 의심의 행렬입니다. 그러나 예수님이 이 땅에 오셔서 관에 손을 대는 순간, 즉 우리 삶에 손을 대는 순간 우리의 삶은 생명의 행렬로 바뀝니다.

이번 설교의 주요 포인트는 나인성 과부의 아들이 죽어서 울며 나올 때 많은 사람이 같이 나왔다는 것입니다. 이 내용을 한 번 더 강조합니다. 남편도 없고 독자까지 죽은 마당에 유대 나라에서는 아무도 같이 안 나옵니다. 죄 때문에 이런 불행이 생긴다고 생각하기 때문입니다. 그냥 집안에서 "저 여자는 어떻게 살아갈까?" 하고는 끝입니다. 그런데 그녀가 주위 사람을 돕고 이웃을 자기 몸처럼 사랑하는 삶을 살았기 때문에 모든 사람들이 같이 나왔던 것이고 그녀의 삶을 예수님이 아십니다. 그러니 관에 손을 대신 것입니다. 관을 앞세운 죽음의 행렬인데 예수님이 오시자 죽은 아이가 일어나서 말을 합니다. 죽음의 행렬이 생명의 행렬로 바뀌었습니다. 우리 삶도 그래야 합니다.

나인성 과부의 아들, 회당장 야이로의 딸, 나사로

신약에서는 모두 세 명이 죽었다가 살아났습니다. 첫째는 나인성 과부의 아들이고, 둘째는 나사로입니다. 나사로가 죽었는데 예수님께서는 일부러 시체가 썩어서 냄새가 날 때까지 기다리셨습니다. 아주 놀라운 이야기입니다. 그분이 하나님이심을 보이기 위해서 일부러 늦추신 것입니다. 늦춰서 오시니 마르다가 "주님께서 조금만 일찍 오셨으면 우리 오빠가 살았을 것입니다."라고 말했습니다. 그러나 주님께서는 "네 오빠가 살 것이다. 걱정 마라."라고 하셨습니다. 그리고 무덤 앞에 가셔서 돌을 옮기라고 하시니 마르다가 "죽은 지 3일이 넘어서 냄새가 납니다."라고 말했습니다. 그래도 예수님은 "내 말이 네가 믿으면 하나님의 영광을 보리라 하지 아니하였느냐?"라고 하시며 무덤을 막은 돌을 치우라고 하셨습니다.

우리의 삶에서 죽음의 행렬이 생명의 행렬로 바뀌려면 돌을 치워야 합니다. 똥고집이나 되지도 않은 생각들이 바로 돌입니다. 주님께서 "돌을 옮겨라. 내가 나사로를 불러내겠다. 죽어서 썩고 있는 나사로를 살리겠다."고 하시며 돌을 옮기라고 명령하셨습니다. 그리고 돌을 옮기자 기도하시고 "나사로야 나오라. 사망권세를 이기고 나오라."고 하시니 나사로가 염을 한 상태로 풀풀 뛰어서 나왔습니다. 죽음으로 끝난 삶인데 주님께서 생명으로 불러낸 것입니다. 우리도 주님 안에서 죽으면 이들처럼 부활합니다.

셋째는 회당장 야이로의 딸입니다. 야이로가 와서 "우리 막내딸이 죽어 가는데 오셔서 살려 주세요."라며 간곡히 부탁해서 예수님께서 가시는데, 주위에 사람들이 많았습니다. 그때 어떤 여자가 예수님 뒤에 와서 옷자락을 잡는 사건으로 예수님께서 그 여자와 이야기를 하고 있으니 야이로는 답답해 죽습니다. 가뜩이나 늦어졌는데 '이 여자가 왜 이러나' 싶은 것입니다. 그 여자도 예수님의 옷자락만 잡았는데 병이 낫고 생명성이 살아났습니다. '세상에 어떻게 이런 일이 있나' 하는 감격과 그 여자에 대한 칭찬 속에서 시간이 지체되어 야이로의 딸이 그만 죽어 버렸습니다. 그러면 이제 "제 딸이 죽었답니다. 오실 필요가 없습니다." 하고 끝입니다. 하지만 예수님께서는 "두려워하지 말고 믿기만 해라."고 하셨습니다. 예수님에게 있어서 죽음은 잠입니다. 예수님이 야이로의 집에 가시니 동네 사람이 전부 모여서 울고 있었습니다. 예수님께서 이 소녀는 죽은 것이 아니라 자는 것이라고 하시니 사람들이 입을 삐쭉거리면서 "뭐라구요? 잔다구요?"라며 비웃었습니다. 예수님은 그들을 다 쫓아내시고 제자 몇 사람과 소녀의 부모만 데리고 들어가서 "달리다 쿰" 하며

　　　　　　　　　　　우연의 반복은 필연이다

그 아이를 일으키셨습니다. 죽은 아이를 살리신 것입니다.

맺는말

예수께서 이 땅에 오신 목적은 우리의 생명적인 삶을 위함입니다. 그래서 우리는 성탄을 축하해야 합니다. 예수님의 사랑을 받을 수 있도록 이웃과 모든 사람을 위해 선한 일을 해야 합니다. 그리고 예수님을 만나야 합니다. 그래야 죽음의 행렬이 생명의 행렬로 바뀝니다.

11

야곱이 자신을 알다

....

2018. 1. 7.

창세기 32장

"야곱이 길을 가는데 하나님의 사자들이 그를 만난지라 · 야곱이 그들을 볼 때에 이르기를 이는 하나님의 군대라 하고 그 땅 이름을 마하나임이라 하였더라 · 야곱이 세일 땅 에돔 들에 있는 형 에서에게로 자기보다 앞서 사자들을 보내며 · 그들에게 명령하여 이르되 너희는 내 주 에서에게 이같이 말하라 주의 종 야곱이 이같이 말하기를 내가 라반과 함께 거류하며 지금까지 머물러 있었사오며 · 내게 소와 나귀와 양 떼와 노비가 있으므로 사람을 보내어 내 주께 알리고 내 주께 은혜 받기를 원하나이다 하라 하였더니 · 사자들이 야곱에게 돌아와 이르되 우리가 주인의 형 에서에게 이른즉 그가 사백 명을 거느리고 주인을 만나려고 오더이다 · 야곱이 심히 두렵고 답답하여 자기와 함께한 동행자와 양과 소와 낙타를 두 떼로 나누고 · 이르되 에서가 와서 한 떼를 치면 남은 한 떼는 피하

우연의 반복은 필연이다

리라 하고 · 야곱이 또 이르되 내 조부 아브라함의 하나님, 내 아버지 이삭의 하나님 여호와여 주께서 전에 내게 명하시기를 네 고향, 네 족속에게로 돌아가라 내가 네게 은혜를 베풀리라 하셨나이다 · 나는 주께서 주의 종에게 베푸신 모든 은총과 모든 진실하심을 조금도 감당할 수 없사오나 내가 내 지팡이만 가지고 이 요단을 건넜더니 지금은 두 떼나 이루었나이다 · 내가 주께 간구하오니 내 형의 손에서, 에서의 손에서 나를 건져내시옵소서 내가 그를 두려워함은 그가 와서 나와 내 처자들을 칠까 겁이 나기 때문이니이다 · 주께서 말씀하시기를 내가 반드시 네게 은혜를 베풀어 네 씨로 바다의 셀 수 없는 모래와 같이 많게 하리라 하셨나이다 · 야곱이 거기서 밤을 지내고 그 소유 중에서 형 에서를 위하여 예물을 택하니 · 암염소가 이백이요 숫염소가 이십이요 암양이 이백이요 숫양이 이십이요 · 젖 나는 낙타 삼십과 그 새끼요 암소가 사십이요 황소가 열이요 암나귀가 이십이요 그 새끼 나귀가 열이라 · 그것을 각각 떼로 나누어 종들의 손에 맡기고 그의 종에게 이르되 나보다 앞서 건너가서 각 떼로 거리를 두게 하라 하고 · 그가 또 앞선 자에게 명령하여 이르되 내 형 에서가 너를 만나 묻기를 네가 누구의 사람이며 어디로 가느냐 네 앞의 것은 누구의 것이냐 하거든 · 대답하기를 주의 종 야곱의 것이요 자기 주 에서에게로 보내는 예물이오며 야곱도 우리 뒤에 있나이다 하라 하고 · 그 둘째와 셋째와 각 떼를 따라가는 자에게 명령하여 이르되 너희도 에서를 만나거든 곧 이같이 그에게 말하고 · 또 너희는 말하기를 주의 종 야곱이 우리 뒤에 있다 하라 하니 이는 야곱이 말하기를 내가 내 앞에 보내는 예물로 형의 감정을 푼 후에 대면하면 형이 혹시 나를 받아 주리라 함이었더라 · 그 예물은 그에 앞서 보내고 그는 무리 가운데서 밤을 지내다가 · 밤에 일어나 두 아내와 두 여종과 열한 아들을 인도하여 얍복 나루를 건널새 · 그들을 인도하여 시내를 건너가게 하며 그의 소유도 건너가게 하고 · 야곱은 홀로 남았더니 어떤 사람이 날이 새도록 야곱과 씨름하다가 · 자기가 야곱을 이기지 못함을 보고 그가 야곱의 허벅지 관절을 치매 야곱의 허벅지 관절이 그 사람과 씨름할 때에 어긋났더라 · 그가 이르되 날이 새려 하니 나로 가게 하라 야곱이 이르되 당신이 내게 축복하지 아니하면 가게 하지 아니하겠나이다 · 그 사람이 그에게 이르되 네 이름이 무엇이냐 그가 이르되 야곱이니이다 · 그가 이르되 네 이름을 다시는 야곱이라 부를 것이 아니요 이스라엘이라 부를 것이니 이는 네가 하나님과 및 사람들과 겨루어 이겼음이니라 · 야곱이 청하여 이르되 당신의 이름을 알려 주소서 그 사람이 이르되 어찌하여 내 이름을 묻느냐 하고 거기서 야곱에게 축복한지라 · 그러므로 야곱이 그곳이름을 브니엘이라 하였으니 그가 이르기를 내가 하나님과 대면하여 보았으나 내 생명이 보전되었다 함이더라 · 그가 브니엘을 지날 때에 해가 돋았고 그의 허벅다리로 말미암아 절었더라 · 그 사람이 야곱의 허벅지 관절에 있는 둔부의 힘줄을 쳤으므로 이스라엘 사람들이 지금까지 허벅지 관절에 있는 둔부의 힘줄을 먹지 아니하더라"

야곱이 자기 자신을 인정하기까지

야곱 사건은 창세기의 원형 사건이라 모두가 익숙합니다. 그런데 오늘 이 말씀을 강조하는 데에는 특별한 의미가 있습니다. 인간은 살면서 자기 잘못을 알지 못하기 때문에 언제나 많은 문제가 생깁니다. 타고난 버릇이나 특성을 알지 못하고 인정도 잘 하지 않습니다.

야곱은 부드러운 성격을 가진 사기꾼입니다. 형의 장자권을 팥죽 한 그릇에 사고, 어머니와 짜고 형의 옷을 입고 형을 대신하여 아버지에게 장자의 축복을 받아 내었습니다. 화가 난 형이 죽이려고 하니 외가로 도망갔는데, 거기서 더 큰 사기꾼인 외삼촌한테 걸려서 20년 동안 고생을 합니다. 야곱은 자신이 사기꾼임을 모르므로 끝까지 온갖 고생을 다합니다. 그리고 돌아오지만 20년 동안 헤어져 살았던 어머니는 돌아가셔서 만나지도 못했습니다.

야곱이 집으로 돌아오는 길은 세 곳이 있는데 그중에서도 사람이 다니지 않는 바깥으로 도는 길을 택했습니다. 그 옆은 세일산으로, 형 에서가 부족장으로 버티고 있는 곳이었습니다. 에서는 야곱이 돌아온다는 소식을 듣고 특공대 400명을 모았습니다. 큰 사기꾼 외삼촌을 피해 겨우 도망 나왔는데 이제는 형이 죽이려고 기다리고 있는 것입니다.

엄마 리브가의 자궁 속에 있을 때부터 하나님께서 "큰 자가 작은 자를 섬길 것이다"라고 하셨으므로 야곱은 가만히 있어도 하나님께서 축복을 하실 것인데 사기를 쳐서 형의 장자로서의 축복을 모두 뺏었습니다. 사기를 친 결과 거의 전 생애를 고생하면서도 야곱은 자기 자신을 전혀 알지 못합니다.

인간에게 있어서 가장 큰 성장은 자기 자신을 아는 것입니다. 자기 자신을 알고 내 잘못이 무엇인지 알 때 인간은 껑충 성장합니다. 모든 문제의 원인이 자신에게 있음을 인정할 때 많은 문제가 해결됩니다. 심리학에서도 가장 큰 성장은 자기 성찰이라고 합니다.

야곱은 형이 400명의 특공대를 거느리고 자기를 만나러 온다는 소식을 듣고 겁이 나서 예물부터 미리 보냅니다. 에서가 특공대와 함께 계속 전진해 온다는 소식을 들은 야곱은 일행의 무리를 두 팀으로 나눕니다. 앞쪽 팀에는 종들과 레아의 식구들을 두고 뒤쪽 팀에는 사랑하는 라헬 식구들을 두었습니다. 그리고 본인은 형이 어느 한 팀을 공격하면 도망 치려고 팀 속에는 들어가지 않고 강가에 숨어서 정찰하고 있습니다. 형 에게 당장 달려가서 20년 묵은 잘못을 빌어도 모자랄 판에 1차로 예물을 보내고도 안 되니까 무리를 두 팀으로 나누고 본인은 강가에 숨어서 혼 자서 도망칠 궁리를 합니다. 그때 기도하지 않던 야곱이 답답하니까 "주 께서 전에 명하시기를 네 고향, 네 족속에게로 돌아가라. 내가 네게 은혜 를 베풀리라 하셨나이다."라고 하나님께 기도합니다.

다음 장면에는 천사가 와서 야곱과 밤새 씨름을 하는 내용이 있습니 다. 야곱과 천사가 엎치락뒤치락하며 씨름을 하다가 새벽이 되어 천사가 가야 한다고 하자 야곱은 자신을 축복해 달라며 천사를 끝까지 물고 늘 어졌습니다. 그러자 천사가 "네 이름이 무엇이냐?"고 물었습니다. 야곱 은 "제 이름은 야곱이니이다"라고 대답했습니다. 야곱이라는 이름은 '뒤 를 쫓는 자', '발뒤꿈치를 잡은 자', '사기꾼'이라는 뜻을 가지고 있습니다. 여기서 야곱이 사기꾼이라는 뜻의 자기 이름을 말한다는 것은 처음으로 사기꾼으로서의 자신의 과거의 삶을 인정한 것으로 중의적으로 해석할 수 있습니다. 그러자 천사가 "드디어 네가 사기꾼임을 알았구나. 그러면 네가 이겼다."고 하며 축복해 주고 떠납니다.

창세기 32장에서는 제일 뒤에 숨어 있던 야곱이 33장에서는 앞장섭니 다. 야곱이 천사 앞에서 자기가 어떤 사람임을 스스로 인정하였을 때 천 사가 "너는 이제 야곱이 아니다. 이스라엘이라 부를 것이다."라고 합니

우연의 반복은 필연이다

다. '이스라엘'은 엘 하나님과 겨루어서 이겼다는 뜻입니다.

창세기 33장 1-10절

"야곱이 눈을 들어 보니 에서가 사백 명의 장정을 거느리고 오고 있는지라 그의 자식들을 나누어 레아와 라헬과 두 여종에게 맡기고 · 여종들과 그들의 자식들은 앞에 두고 레아와 그의 자식들은 다음에 두고 라헬과 요셉은 뒤에 두고 · 자기는 그들 앞에서 나아가되 몸을 일곱 번 땅에 굽히며 그의 형 에서에게 가까이 가니 · 에서가 달려와서 그를 맞이하여 안고 목을 어긋맞추어 그와 입 맞추고 서로 우니라 · 에서가 눈을 들어 여인들과 자식들을 보고 묻되 너와 함께한 이들은 누구냐 야곱이 이르되 하나님이 주의 종에게 은혜로 주신 자식들이니이다 · 그 때에 여종들이 그의 자식들과 더불어 나아와 절하고 · 레아도 그의 자식들과 더불어 나아와 절하고 그 후에 요셉이 라헬과 더불어 나아와 절하니 · 에서가 또 이르되 내가 만난 바 이 모든 떼는 무슨 까닭이냐 야곱이 이르되 내 주께 은혜를 입으려 함이니이다 · 에서가 이르되 내 동생아 내게 있는 것이 족하니 네 소유는 네게 두라 · 야곱이 이르되 그렇지 아니하니이다 내가 형님의 눈앞에서 은혜를 입었사오면 청하건대 내 손에서 이 예물을 받으소서 내가 형님의 얼굴을 뵈온즉 하나님의 얼굴을 본 것 같사오며 형님도 나를 기뻐하심이니이다"

자기 자신을 인정한 야곱의 변화

"저는 야곱입니다." 하고 자기 자신을 사기꾼이라고 인정하였을 때 그는 앞장설 수 있었습니다. 제일 뒤에 숨어 있던 사람이 이제 제일 앞에 가서 형에게 일곱 번이나 절을 합니다. 야곱이 천사를 만난 장소가 '브니엘'인데, '브니'는 히브리어로 얼굴이란 뜻이고 '엘'은 '하나님'이라는 뜻이므로 브니엘은 '엘 하나님의 얼굴'이라는 말입니다.

에서가 야곱에게 달려와서 맞이해 주며 서로 끌어안고 엉엉 웁니다. 에서가 "이 많은 소떼와 양떼가 무엇이냐."라고 물으니 야곱이 예물이라고 하면서 받으라고 합니다. 에서가 예물을 안 받으려고 했지만 억지로 떠넘깁니다. "형님의 얼굴을 보니 하나님의 얼굴을 본 것 같습니다."라고 하였는데 이것은 잘못된 번역입니다. "형님의 얼굴이 점점 엘 하나님의 얼굴로 변합니다."[6]라고 번역해야 합니다. 에서가 너무 반가워서 함께 가자고 하지만 양떼와 소떼가 있어서 걸음이 느리다며 거절합니다. 에서가 "그러면 나의 군인들을 좀 남겨서 인도해 주겠다."라고 하니까 그것도 거짓말로 둘러대며 거절합니다.

맺는말

야곱은 자기 자신밖에 모르는 현대인과 가장 유사합니다. 기독교의 가장 큰 가르침은 겸손하게 자기를 돌아보고 남을 돌아보는 것입니다. 이

---

6) '엘'은 중근동에서 일반적으로 불렀던 하나님(신)의 이름으로서, 구약의 하나님의 이름에 혼용해서 사용하였다. - 편집자 주

우연의 반복은 필연이다

번 설교의 메시지는 야곱과 같이 여러분도 하나님 앞에 나의 잘못이 무엇인지, 사람들과의 관계에서 자기 잘못이 무엇인지 깨달아야 한다는 것입니다. 자기 자신의 잘못을 몰라서 20년 동안 고생하는 야곱을 타산지석으로 삼아서 우리 자신을 성찰해야 합니다.

12

예수님의 선택적 우선
·····························

2018. 1. 21.

요한복음 8장 1-11절

"예수는 감람산으로 가시니라 · 아침에 다시 성전으로 들어오시니 백성이 다 나아오는지라 앉으사 그들을 가르치시더니 · 서기관들과 바리새인들이 음행 중에 잡힌 여자를 끌고 와서 가운데 세우고 · 예수께 말하되 선생이여 이 여자가 간음하다가 현장에서 잡혔나이다 · 모세는 율법에 이러한 여자를 돌로 치라 명하였거니와 선생은 어떻게 말하겠나이까 · 그들이 이렇게 말함은 고발할 조건을 얻고자 하여 예수를 시험함이러라 예수께서 몸을 굽히사 손가락으로 땅에 쓰시니 · 그들이 묻기를 마지 아니하는지라 이에 일어나 이르시되 너희 중에 죄 없는 자가 먼저 돌로 치라 하시고 · 다시 몸을 굽혀 손가락으로 땅에 쓰시니 · 그들이 이 말씀을 듣고 양심에 가책을 느껴 어른으로 시작하여 젊은이까지 하나씩 하나씩 나가고 오직 예수와 그 가운데 섰는 여자만 남았더라 · 예수께서 일어나

　　　　　　　　　　우연의 반복은 필연이다

사 여자 외에 아무도 없는 것을 보시고 이르시되 여자여 너를 고발하던 그들이 어디 있느냐 너를 정죄한 자가 없느냐 · 대답하되 주여 없나이다 예수께서 이르시되 나도 너를 정죄하지 아니하노니 가서 다시는 죄를 범하지 말라 하시니라"

공평하고 정의로워야 한다

우리가 보통 '하나님을 섬기면 오래 살고 정의롭지 못한 자는 망한다'고 말하는데 이명○ 씨나 김기○ 씨 등이 나이 들어서도 정정하게 잘 지내는 것을 보고 '좀 안 맞네'라는 생각이 들었습니다. 그런데 요즘 와서 보니 '감옥에 가서 죗값을 다 치르고 죽으라고 장수하는구나' 하는 생각이 듭니다.

구약의 하나님께서 가장 원하는 것은 공평과 공의입니다. 히브리어로는 '미슈파트', '체데크'입니다. 아브라함에게 계시하실 때도 늘 "정의로워라", "공의로워라" 하고 말씀하셨습니다(창세기 18장 19절 "내가 그로 그 자식과 권속에게 명하여 여호와의 도를 지켜 의와 공도를 행하게 하려고 그를 택하였나니 이는 나 여호와가 아브라함에게 대하여 말한 일을 이루려 함이니라"). 신앙을 바로 하고 성경을 많이 읽으면 참으로 정의로워집니다. 어떤 상황에도 불법과 타협하지 않는 구별의 은혜를 가집니다. 우리 교회가 일제강점기 때 신사참배, 동방요배를 하지 않은 것처럼 말입니다.

신약에 와서 예수님께서도 하나님 나라와 의에 대하여 92회 정도 말씀하셨습니다. 우리의 개인 문제나 가정과 사회 문제에 대해서 우리도 예수님을 닮아서 정의로워야 합니다. 이번에는 요즘같이 복잡하고 어려운 상황에서 믿는 사람으로서 어떻게 정의를 세울 것인가에 대해서 말씀을 드리겠습니다.

예수님의 선택적 우선을 배우자

예수님께서 감람산에 가셨는데 성전의 제사장과 짜고 부정부패를 일삼던 바리새파와 사두개파 유대인들이 예수님을 죽이려고 함정을 놓았습니다. 예수님께서 성전에 들어가시니 많은 백성들이 말씀을 듣기 위해 옵니다. 이때 서기관들과 바리새인들이 음행 중에 붙잡힌 여자를 끌고 와서 "모세 율법에는 이러한 여자를 돌로 치라고 하는데 당신은 어떻게 할 것입니까?"라고 묻습니다. 여기서 예수님께서는 신학에서 '선택적 우선'이라고 말하는 놀라운 결정을 보여 주시는데 우리는 이것을 배워야 합니다.

레위기 20장 10절("누구든지 남의 아내와 간음하는 자 곧 그의 이웃의 아내와 간음하는 자는 그 간부와 음부를 반드시 죽일지니라")을 보면 누구든지 남의 아내와 간음하는 자는 남자와 여자를 모두 죽이라고 되어 있습니다. 약혼한 여자가 강간을 당했을 때 소리를 지르면 죄가 없고 소리를 지르지 않으면 둘 다 돌로 쳐서 죽입니다. 유부녀가 간음을 하면 남자와 여자 모두 죽이는데 특히 여자는 목을 매달아 죽입니다. 그런데 지금 예수님께 와서 묻는 자들은 간음한 남자를 데리고 오지 않았으니 이것은 속임수입니다. 그러고는 "모세의 율법인 레위기와 신명기에는 돌로 치라고 하는데 당신은 어떻게 하시겠습니까?"라고 묻습니다. 공평과 공의의 하나님의 아들로서 한번 판단을 해 보시라고 종용합니다.

이때 예수님께서 만약 용서해 주라고 하면 "왜 율법을 어겼는데 용서해 줍니까?"라고 할 것이고, 율법에 따라 죽이라고 하면 사랑이 없다고 트집을 잡을 것입니다. 예수님께서 바로 답을 안 하시니 빨리 답을 하라고 채근하는데, 예수님께서 손가락으로 땅에 무엇인가를 쓰신 후에 일어나서 둘러보시며 "너희 중에 죄 없는 자가 먼저 돌로 치라"고 하셨습니다.

그때 능력의 말씀의 빛이 그들을 비추어 양심이 움직였는지 모두 죄인들이라 돌을 던질 수가 없었습니다. 양심의 가책을 느끼자 어른부터 젊은이까지 모두 나가고 오직 예수와 여자만 남았습니다. 예수님께서 여자에게 "너를 고발하던 자들이 있느냐?"고 물으시니 여자가 없다고 대답했습니다. 그러자 예수님께서 "나도 너를 정죄하지 않을 것이니 다시는 죄를 짓지 말거라."라고 하셨습니다. 용서해 준 것이 아닙니다. 죄의 대가는 치를 것입니다. 그러나 그것은 하나님께서 하실 일입니다.

여기서 예수님의 선택적 우선을 살펴보겠습니다. 이 문제에 대해서 양비론과 양시론으로 판단할 수 있습니다. 양비론은 둘 다 잘못이라는 이론입니다. 율법을 어기고 간음한 여자도 잘못이고 사랑이 없이 벌을 주려는 유대인도 잘못이라는 것입니다. 양시론은 둘 다 옳다는 이론입니다. 간음한 여자는 삶이 어려우니 사랑으로 용서해 주고 종교 국가에서 사회 질서를 지키기 위해 율법을 지키려는 유대인도 옳다는 것입니다. 하지만 예수님은 양비론도 양시론도 아닙니다. 중립주의도 아닙니다.

이 여인이 사는 유대 사회는 불평등 사회입니다. 사회가 양극화되어서 사람들이 너무 가난하거나 너무 부자인 사회입니다. 그래서 예수님은 우선 소외계층인 여자의 편을 드셨는데, 죄를 용서해 주신 것이 아니라는 것을 알아야 합니다. 이것이 예수님의 선택적 우선입니다. 예수님의 선택적 우선이 나타나는 다른 본문을 하나 더 보겠습니다.

요한복음 2장 13-22절

"유대인의 유월절이 가까운지라 예수께서 예루살렘으로 올라가셨더니 · 성전 안에서 소와 양과 비둘기 파는 사람들과 돈 바꾸는 사람들이 앉아 있는 것을 보시고 · 노끈으로 채찍을 만드사 양이나 소를 다 성전에서 내쫓으시고 돈 바꾸는 사람들의 돈을 쏟으시며 상을 엎으시고 · 비둘기 파는 사람들에게 이르시되 이것을 여기서 가져가라 내 아버지의 집으로 장사하는 집을 만들지 말라 하시니 · 제자들이 성경 말씀에 주의 전을 사모하는 열심이 나를 삼키리라 한 것을 기억하더라 · 이에 유대인들이 대답하여 예수께 말하기를 네가 이런 일을 행하니 무슨 표적을 우리에게 보이겠느냐 · 예수께서 대답하여 이르시되 너희가 이 성전을 헐라 내가 사흘 동안에 일으키리라 · 유대인들이 이르되 이 성전은 사십육 년 동안에 지었거늘 네가 삼 일 동안에 일으키겠느냐 하더라 · 그러나 예수는 성전된 자기 육체를 가리켜 말씀하신 것이라 · 죽은 자 가운데서 살아나신 후에야 제자들이 이 말씀하신 것을 기억하고 성경과 예수께서 하신 말씀을 믿었더라"

하나님 나라에서 제일 중요한 것은 정의입니다. 2장 본문에서는 예수님이 예루살렘 성전에서 분노하셔서 채찍을 들었습니다. 우리는 이 사건을 어떻게 이해하면 좋을까요?

우연의 반복은 필연이다

유대 나라는 제사장 중심의 나라로서, 성전 중심의 사두개인과 회당 중심의 바리새인으로 나누어져 있습니다. 예수님이 예루살렘 성전에 가셨는데 안에서는 장사하느라 난리입니다. 로마에는 두 종류의 화폐가 있는데 황제의 얼굴이 그려진 돈과 황제의 얼굴이 없는 돈이 있습니다. 그런데 황제의 얼굴이 있는 돈을 가지고는 제사나 헌금을 할 수가 없습니다. 우상숭배이기 때문입니다. 그래서 성전에서는 황제의 얼굴이 없는 돈을 사용해야 합니다.

만약 시골에서 사람들이 제물로 바칠 소나 양을 성전에 가지고 오면 입구에서 사두개인과 제사장들이 불합격시킵니다. 그러면 가지고 온 소나 양을 우선 싸게 팔아야 하고, 황제의 얼굴이 그려진 돈을 그려지지 않은 돈으로 환전하면서 2배나 되는 돈을 더 지불해야 합니다. 그리고 다시 그 돈으로 성전 안에서 파는 소나 양을 사거나 헌금을 해야 합니다. 성전 안에서 사는 제물이 성전 밖에서 일반적으로 파는 가격에 비해 터무니없이 비싸다는 말입니다. 지금 제사장들과 장사꾼들이 짜고 성전 안에서 이러한 부정부패를 저지르고 있는 것입니다.

예수님께서 이런 광경을 보시고는 분노하셔서 채찍으로 소와 양을 내쫓으시고 돈 바꾸는 사람들의 상을 엎으셨습니다. 성전 안이 순식간에 아수라장이 되었습니다. 이에 유대인들이 "당신이 이런 일을 행하니 우리에게 무슨 표적을 보일 것인가?"라고 하자 예수님께서 "이 성전을 헐어라. 내가 사흘 동안에 일으키리라."고 대답하셨습니다. 그러자 "46년 동안 지은 성전을 사흘 만에 일으킨다고?"라며 유대인들이 빈정거렸는데, 실제로 이 성전은 이후에 몇십 년을 더 지어서 총 83년 만에 완공되었습니다.

요한은 예수님의 이 말씀을 성전 된 자기 육체를 가리키신 것으로서 사흘 만에 부활하신 것으로 해석합니다. 예수님께서 "내 아버지의 집으로 장사하는 집을 만들지 말라"고 하신 부분은 구약에서 예레미야가 유대 나라가 멸망하기 전에 성전에 얼마나 부정부패가 많은지를 질책하는 내용을 인용하셔서 하신 말씀입니다.[7]

이 본문에서 예수님의 행동도 그분의 선택적 우선입니다. 예수님의 모든 정의는 선택적 우선입니다. 신약에서 '정의'라는 말은 헬라어로 '디카이오시네'입니다. 이 말은 죄의식에 싸여 있다가 예수님의 십자가에 죽으심으로 죄 사함을 받는 것과 법적으로 죄를 벗는다는 의미를 가지고 있습니다. 예수님의 공생애 기간 동안에 일어났던 35회의 이적과 선포 사건은 모두 '디카이오시네'로서 그분의 선택적 우선이 지배합니다.

이 성전 사건을 양시론으로 판단하면 예수님께서 유대인들에게 "여기서 장사하지 마라. 먹고살기 위해 꼭 해야 한다면 적당히 해라."라고 타일러야 합니다. 만약 양비론으로 판단한다면 성전 안에서 장사를 한 유대인들도 잘못이고, 예수님도 지나치게 분노하셨다고 볼 수 있습니다. 그저 중립적이기만 하면 그들이 성전 안에서 장사를 하건 말건 아무 상관이 없습니다. 그러나 우리는 이 사건을 양시론이나 양비론이나 중립적 입장으로 판단하면 안 됩니다.

---

7) 예레미야 7장 3-7절 "만군의 여호와 이스라엘의 하나님께서 이와 같이 말씀하시되 너희 길과 행위를 바르게 하라 그리하면 내가 너희로 이곳에 살게 하리라 · 너희는 이것이 여호와의 성전이라, 여호와의 성전이라, 여호와의 성전이라 하는 거짓말을 믿지 말라 · 너희가 만일 길과 행위를 참으로 바르게 하여 이웃들 사이에 정의를 행하며 · 이방인과 고아와 과부를 압제하지 아니하며 무죄한 자의 피를 이곳에서 흘리지 아니하며 다른 신들 뒤를 따라 화를 자초하지 아니하면 · 내가 너희를 이곳에 살게 하리니 곧 너희 조상에게 영원무궁토록 준 땅에니라"

예수님은 유대 사회에 오셔서 가난하고 불행한 자들을 먼저 선택하셨습니다. 그들의 편에서 "독사의 새끼들아, 화 있을 것이다."라고 성전에서 분노하시며 채찍을 휘두르셨습니다.

맺는말

우리는 예수님의 선택적 우선을 배워야 합니다. 어려운 형제부터 먼저 돌보아야 합니다. 한국 교회의 문제점이 가난하고 어려운 사람들을 돌보지 않는다는 점입니다. 어떤 상황에서도 정의를 선택해야 합니다. 이와 같은 정의가 선포되는 곳에 천국이 임합니다. 천국 속에서 생명이 살아납니다.

박종철, 이한열 열사가 죽고 난 후 그 정신이 촛불집회로 이어졌습니다. 박근○, 이명○도 정의롭지 못하였기 때문에 그들의 부정부패가 다 뒤집어졌습니다. 정의는 편협하게 나타납니다. 진리도 편협하게 나타납니다. 사랑을 가진 편협성입니다. 우리는 그러한 편협성을 가지고 이 세상을 살아가야 할 것입니다.

13

마귀를 이겨야 세상을 이긴다

2018. 2. 4.

요한복음 16장 33절

"이것을 너희에게 이르는 것은 너희로 내 안에서 평안을 누리게 하려 함
이라 세상에서는 너희가 환난을 당하나 담대하라 내가 세상을 이기었
노라"

그리스도 안에서 세상을 이기도록 부름 받은 성도

세상에서 우리는 번번이 지고 있습니다. 그러나 우리는 세상을 이기고
싶습니다. 성도는 그리스도 안에서 세상을 이기도록 부름을 받았기 때문
입니다. 부르심을 받은 성도가 늘 지기만 하면 안 된다는 말입니다. 그렇
다면 "세상에서는 너희가 환난을 당하나 담대하라 내가 세상을 이기었
노라"고 하신 예수님은 세상을 어떻게 이기셨을까요?

우연의 반복은 필연이다

이번 설교의 제목은 '마귀를 이겨야 세상을 이긴다'입니다. 예수님께서 시험을 받으시면서 마귀를 이기시는 내용을 다시 한번 생각해 보면서 우리가 세상을 이길 수 있는 전략을 찾아내야 합니다. '나도 세상을 이길 수 있다. 어떻게 이길까?' 하는 것이 이번 설교의 주제입니다.

하나님께서는 말 속에 비밀을 숨겨 두었다는 이야기가 있습니다. 작가 고은정 씨의 《하루 한 줄 마음산책》이라는 책이 있는데, 그 책에서도 보면 "말을 한번 거꾸로 해 보라."라고 합니다. 예컨대 '자살'을 거꾸로 하면 '살자'입니다. 우리가 '하지 마'라고 할 때 영어로 'NO'라고 하는데, 그것을 거꾸로 하면 'ON'으로 '이제 시작하자'는 뜻이 됩니다. '문전박대'는 거꾸로 하면 '대박전문'입니다. 마귀라는 뜻의 'EVIL'을 거꾸로 하면 'LIVE' 곧 생명입니다. 하나님께서는 역으로 뒤집으시는 분이므로 이런 단어들 속에 비밀을 넣어 놓았다는 재미난 이야기입니다.

입춘(立春)에서 '입'은 '들어올 입'이 아니라 '세울 입'입니다. '추위 속에서 봄기운을 세운다'는 뜻입니다. 이번 말씀을 통해 우리의 삶도 어려운 때일수록 한번 뒤집어 볼 수 있는 기회가 되면 좋겠습니다.

본문 해설 : 예수님의 세례와 시험 받으심

제가 이 설교를 여러 번 했습니다. 이번엔 신학자 크레이머가 최근에 주장한 내용을 여러분에게 소개해 드리고자 합니다. 하지만 그 전에 먼저 알아야 할 것은 본문의 내용입니다. 스토리텔링으로 말씀드리겠습니다.

먼저 예수님께서 세례를 받으실 때 하늘에서는 독특한 세 가지 일이 있었습니다.[8] 첫째는 하늘 문이 열렸습니다. 둘째는 성령이 비둘기처럼 임하셨습니다. 셋째는 "너는 내 사랑하는 아들이라"는 말씀으로 하나님께서 예수님의 메시아 되심을 증거하셨습니다. 그때 마귀가 "메시아라고?" 하며 옆에서 들었습니다. 당시에 마귀는 수천 명의 유대인들이 세례를 받는 곳에 와 있었습니다. 그때 하늘이 캄캄하게 닫혀 있었는데, 예수님이 세례를 받고 올라오니 하늘이 열리고 성령이 비둘기처럼 내려오시고 하나님의 아들이심이 증거되었습니다. 그때 그 소리를 예수님과 세례 요한이 들었고, 마귀도 옆에서 들었다는 말입니다.

이제 예수님께서는 하나님의 나라를 전하셔야 하는데, 그 전에 광야에서 40일을 금식하시며 마귀에게 시험을 받으셨습니다. 이스라엘 사람들이 출애굽 한 후 광야를 휘돈 기간이 40년입니다. 정확하게는 38년인데 보통 40년이라고 합니다. 예수님께서 40일을 광야에 계시며 시험을 받으신 것은 출애굽 세대가 광야를 휘돌며 패배한 40년을 완성하시고 종결지으셨다는 뜻입니다. 그때 마귀를 이기신 말씀이 모두 신명기 말씀입니다.

예수님께서 하나님의 나라를 전하기 위하여 마귀에게 시험을 받으셔야 한다는 말은, 하나님의 나라를 세상에 전하려면 먼저 세상을 이겨야 한다는 뜻입니다. 예수님께서 40일 동안 금식하실 때는 시장했다는 말이 없는데 40일을 금식하시고 나니 시장했다고 본문에 되어 있습니다. 그런데 누구에게 이끌리어 시험을 받았다고 합니까? "성령에 이끌리어"

---

8) 누가복음 3장 21-22절 "백성이 다 세례를 받을새 예수도 세례를 받으시고 기도하실 때에 하늘이 열리며 · 성령이 비둘기 같은 형체로 그의 위에 강림하시더니 하늘로부터 소리가 나기를 너는 내 사랑하는 아들이라 내가 너를 기뻐하노라 하시니라"

입니다. 잘 알아야 합니다. 마귀에게 이끌린 것이 아닙니다. 성령에 이끌리어 광야로 가셨다는 것은 구속사적인 맥락 안에서 볼 때 우리에게 너무나 큰 모범이며 은혜입니다.

아까 마귀가 "하나님의 아들 메시아"라는 소리를 들었다고 했습니다. 그 당시에 통용되었던 메시아 전승이 있습니다. "메시아는 바로 이런 사람."이라는 것입니다. 구약성서를 아람어로 번역한 타르굼(targum) 성경[9]이 있습니다. 앗수르와 바벨론 포로 생활 이후에 돌아온, 히브리어를 모르는 유대인들을 위한 번역본입니다. 번역은 본문에 대한 새로운 해석을 의미합니다. 따라서 타르굼 성경은 히브리어 구약 성경과는 다른 편집관을 가지고 있습니다. 예를 들어 타르굼에서의 메시아는 우리가 생각하는 수난의 그리스도가 아닙니다. 그 안에서의 메시아는 탈무드와 유대 전승에서 전해지는 메시아관, 즉 '첫째, 메시아는 돌로 떡을 만들 수 있다. 그는 창조주이므로 명령만 하면 되기 때문이다. 둘째, 메시아는 아무리 높은 곳에서 뛰어내려도 천사들이 사뿐히 받아 주기 때문에 다치지 않는다. 셋째, 메시아는 천하를 지배하는 새로운 천국을 임하게 하는 사람이다'라는 내용의, 능력의 그리스도입니다. 그리고 이런 전승을 마귀가 이

---

9) 히브리어 성서 전체나 일부를 아람어로 번역한 몇몇 역본들을 가리키는 말. 타르굼 역본들은 히브리어로 된 《구약성서》를 읽을 줄 모르던 유대인들을 위해 제작되었다. 회당에서 성서를 큰 소리로 낭독할 때는 '메투르게만', 즉 직업적인 해석가(여기서 타르굼이라는 말이 생겼음)가 회중이 알아듣도록 그것을 큰 소리로 번역해 주었다. 번역자는 될 수 있는 대로 원문에 가깝게 옮기려고 노력했지만, 성서 본문을 알아들을 수 있도록 전달하는 데 목적이 있었기 때문에 타르굼들은 결국 직역보다는 의역과 주석의 성격을 띠게 되었다. '메투르게만'은 오해를 방지하기 위해 불명확한 것에는 부연설명을 덧붙였고, 과거의 사건들을 후대의 개념에 맞게 조정했다. 또한 성서 이야기에서 배울 수 있는 도덕 교훈들을 강조했고, 성서에 나오는 규율과 법령을 당대의 상황과 필요에 맞게 고쳤다. - 다음 백과

미 알고 이용하고 있습니다.

40일을 금식하셔서 주린 예수님께 마귀가 와서 "네가 하나님의 아들이라면, 네가 메시아라면 돌로 떡을 만들어 봐라. 그런 전승이 있잖아?" 합니다. 만약 예수님이 사탄의 속셈에 휘말렸다면 "어디 이게 날 시험하나? 그것 하나 못 만들까 봐." 하고 만드실 수도 있습니다. 그러나 예수님께서는 마귀의 말을 근원적으로 차단하시고 "기록된 바 사람이 떡으로만 살 것이 아니요 하나님의 입으로부터 나오는 모든 말씀으로 살 것이라 하였느니라"고 신명기 8장 3절 말씀으로 답하십니다.

출애굽 세대가 광야를 휘도는 생활을 하면서 먹을 것이 없다고 했을 때 하나님의 말씀으로 산다는 표로 새벽마다 만나를 내려 주었습니다. 예수님께서는 이 사건을 인용하셔서 "사탄아, 사람이 떡으로만 사는 것이 아니야. 하나님의 백성은 하나님의 입에서 나오는 말씀으로 사는 거야."라고 말씀하셨습니다. 그러나 마귀는 대답도 안 하고 또 자기 말만 합니다.

> 누가복음 4장 5-7절 "마귀가 또 예수를 이끌고 올라가서 순식간에 천하
> 만국을 보이며 · 이르되 이 모든 권위와 그 영광을 내가 네게 주리라 이
> 것은 내게 넘겨준 것이므로 내가 원하는 자에게 주노라 · 그러므로 네가
> 만일 내게 절하면 다 네 것이 되리라"

누가 마귀에게 천하만국을 주었습니까? 아무도 준 사람이 없습니다. 이것은 속임수를 쓰는 것입니다. 그런데도 마귀는 "내가 세상을 넘겨받았다."라고 합니다. 그리고 "타락한 세상이니 내가 지배하는데, 나에게

우연의 반복은 필연이다

절만 하면 너에게 다 주겠다."라고 합니다.

> 누가복음 4장 8절 "예수께서 대답하여 이르시되 기록된 바 주 너의 하나
> 님께 경배하고 다만 그를 섬기라 하였느니라"

여기서 "기록된 바"는 신명기 말씀입니다. 오직 하나님만 섬겨야 한다는 말씀입니다. 마태복음 28장에서 주님께서 승천하기 직전에 "아버지께서 하늘과 땅의 모든 권세를 내게 주셨으니"라고 하셨습니다. 십자가에 죽으시고 부활하심으로써 세상을 완전히 이기셨다는 것입니다. 그러므로 우리는 오직 삼위 하나님만을 섬겨야 합니다.

> 누가복음 4장 9-11절 "또 이끌고 예루살렘으로 가서 성전 꼭대기에 세우고 이르되 네가 만일 하나님의 아들이어든 여기서 뛰어내리라 · 기록되었으되 하나님이 너를 위하여 그 사자들을 명하사 너를 지키게 하시리라 하였고 · 또한 그들이 손으로 너를 받들어 네 발이 돌에 부딪치지 않게 하시리라 하였느니라"

이제 마귀는 예수님을 예루살렘의 성전 꼭대기에 세웁니다. 그리고 "네가 만일 하나님의 아들이라면", "메시아라고 했으니 거기서 뛰어내려 보라"는 것입니다. 그러면서 성경의 기록에서 시편을 인용하면서[10] 답을

---

10) 시편 91장 11-12절 "그가 너를 위하여 그의 천사들을 명령하사 네 모든 길에서 너를 지키게 하심이라 · 그들이 그들의 손으로 너를 붙들어 발이 돌에 부딪치지 아니하게 하리로다"

요구합니다. "메시아는 천사들이 와서 손으로 받들어 주니까 안 다친다고 했잖아?"

누가복음 4장 12절 "예수께서 대답하여 이르시되 주 너의 하나님을 시험하지 말라 하였느니라"

이스라엘 민족의 출애굽 세대가 맛사에서 하나님을 시험했기 때문에 모세는 신명기 6장 16절에서 "너희가 맛사에서 시험한 것같이 너희의 하나님 여호와를 시험하지 말라"고 하였습니다. 그때 이스라엘 민족의 마음은 "하나님이 안 계시지 싶다. 만약 계신다면 우리를 이렇게 고생시키겠나." 하는 것이었습니다. 이 말씀을 예수님이 인용하시면서 "주 너의 하나님을 시험하지 말라"고 대답하신 것입니다.

누가복음 4장 13절 "마귀가 모든 시험을 다 한 후에 얼마 동안 떠나니라"

마귀가 모든 시험을 다 한 후에 얼마 동안 떠났다고 했습니다. 얼마 동안만 떠난 것입니다. 마귀는 예수님의 공생애 시작 때부터 승천하실 때까지 끝까지 따라붙어서 트집을 잡고, 예수님이 제자들을 힘들게 교육해 놓으면 주님의 말씀을 잊어버리게 만들곤 했습니다.

신학자 크레이머의 새로운 해석

그런데 신학자 S.N. 크레이머는 이 본문의 사건에 대해 새로운 해석을

우연의 반복은 필연이다

내놨습니다.

1) 돈 문제

"네가 하나님의 아들이어든 이 돌들로 떡덩이가 되게 하라"는 것은 경제 문제, 즉 돈에 대한 시험이라는 것입니다. 돈 문제를 극복하지 못하면 항상 세상에 지게 됩니다. 특히 우리는 자본주의 시대를 살기 때문에 자칫하면 "돈돈돈" 하면서 돈을 하나님으로 생각할 수 있습니다.

그 신학자가 하는 말이 믿는 사람이 대통령이 되면 그 나라는 이미 부정부패로 망한 것이라고 합니다. 참 통쾌합니다. 이명○ 전 대통령이 서울 대형 교회의 장로였습니다. 모두가 MB의 부정을 보고 어떻게 저렇게 큰 도둑일 수가 있나 싶었을 것입니다. 선거 당시에는 "교회 장로인데 잘하지 않겠나." 싶어서 그에게 투표한 사람이 꽤 있었습니다. 그런데 알고 보니 부정부패 덩어리입니다. 하지만 그렇게 도적질을 잘 하는데도 치명적인 블라인드 스폿이 있었습니다. 측근 관리를 못한다는 것입니다. 지금 "이명○은 도둑"이라고 증거하는 사람들은 본래 다 그의 측근들입니다. 저는 "이명○ 씨는 팔십 세가 되어서도 빤질빤질하니 잘 지내는구나." 싶었는데 이런 일들을 보면서 "결국에는 감옥에 가겠구나."라는 생각을 했습니다. 이번에 평창 올림픽이 끝나면 검찰청에 들어가기 전에 포토라인에 설 것입니다. 그런데 포토라인은 거짓말 라인입니다. 포토라인에 섰을 때 기자들이 "그렇습니까?"라고 하면 "절대 그런 적이 없습니다."라고 대답하기 때문입니다.

지금 한국에서 제일 부정부패가 많은 사람들이 종교인들입니다. 서지

○ 검사 성추행 사건에서 안태○ 전 검찰국장이 서 검사를 성추행하고는 서 검사가 바른말을 한다고 끊임없이 불이익을 주다가 이번에 돈 봉투 사건 때문에 쫓겨났습니다. 그러고는 부인 따라 교회에 가서 사랑을 외칩니다. 공의가 없는 사랑은 값싼 은혜라서 못 씁니다. 그런 사람이 교회에 가서 자기 이야기를 하고 울먹이며 말하니까 부장 검사 출신이라고 교인들이 환호합니다. 성추행 사건에 대해서는 말도 하지 않고 진정으로 회개하지 않습니다. 그가 "약관에 고시가 되어서 오만했습니다." 하니까 모두가 감격합니다. 이 영상을 서 검사가 보고 너무 분해서 바른말을 하기 시작했습니다. "교회가 면죄부를 주나? 성추행을 했으면 당사자인 나에게 와서 잘못했다고 해야지 왜 교회에 가서 죄 없다는 말을 하고 있는가." 하는 것입니다.

유명한 조용○ 목사도 감옥에서 형을 살고 벌금을 내는 형편이 되었는데도 모두가 모여서 "할렐루야" 합니다. 우리가 잘 생각해야 합니다. 잘못하면 십자가를 손에 들고 지옥에 갈 수 있습니다. 우리는 자본주의 시대에 살기 때문에 끊임없이 우리 속에서는 "돈이냐? 하나님이냐?"가 싸우고 있습니다. 무슨 일을 하더라도 움직이기만 하면 돈이 듭니다. 그러니까 하나님보다 더 필요한 것이 돈이라고 생각해서 다들 "돈돈돈" 하는 것입니다.

'터널효과'라는 것이 있습니다. 터널 속에 들어가면 멀리 있는 빛밖에 안 보입니다. 옆은 캄캄하고 거기로 내려가면 절벽으로 떨어질 수도 있는데 그것은 보이지 않습니다. 돈과 권력을 추구하는 사람들이 터널 종점에 보이는 빛만 보고 출세했다 싶어서 터널로 들어갔다가 결국에는 다 절벽으로 떨어집니다.

우연의 반복은 필연이다

믿는 사람들도 아주 조심해야 합니다. 특히 예수님처럼 마귀를 이기려면 돈 문제를 확실히 해야 합니다. 그러기 위해서는 첫째로 경제적인 활동을 열심히 해야 합니다. 최선의 노력을 해서 돈을 벌면 하나님의 나라 운동을 위하여 헌금도 해야 합니다. 또 어려운 소외계층에게 사랑을 나누고 돈을 나눠야 합니다. 이것을 하지 않으면 갈수록 캄캄한 터널로 미끄러집니다. "돈돈" 하다가 인생이 끝납니다.

예수님께서 마귀의 시험에 "사람이 떡으로만 살 것이 아니요"라고 하시며 마귀의 말을 안 듣는 것 자체가 이미 돈 권세를 이겼다는 뜻입니다. 예수님께서 세상을 이기셨다는 것은 돈 권세를 이기셨다는 의미입니다.

현대 자본주의적인 세상 속에서 돈 권세는 더욱 팽배해 있습니다. 돈을 먼저 보면 사람이 보이지 않습니다. 하지만 우리는 먼저 사람이 되어야 합니다. 특히 믿는 사람은 다른 사람을 나와 타자의 관계로 인식하면 안 됩니다. 나, 그리고 다른 사람들은 타인이 아니라 서로가 관계하는 존재입니다. 그러므로 "나는 나고 남은 남이고, 남은 경쟁 상대이다."라고 생각해서는 안 됩니다. 하나님만이 초월적 존재로서 절대 타자이십니다.

사람에 대한 사랑이 없으면 무정해지고 비인간화됩니다. 오직 돈이 되나 안 되나, 돈을 얼마나 버는가에 대해서만 관심을 가지면 결국 영성과 인간관계가 파괴됩니다. 하나님께서는 인간에게 벌어지는 그런 불행을 막으시기 위해서 사람은 떡으로만 살 것이 아니라 하나님의 말씀으로 사는 것이라는 말씀을 하신 것입니다.

2) 권력 문제

둘째로, 마귀가 높은 산꼭대기에서 예수님께 천하만국을 보이면서 "내가 받은 것인데 내게 절만 하면 너에게 주겠다."라고 했습니다. 마귀에게 천하만국의 권세를 준 사람이 아무도 없는데 마귀가 사기를 칩니다. 그러자 예수님은 "주 너의 하나님께 경배하고 다만 그를 섬기라 하였느니라"고 말씀하셨습니다. 하나님만이 경배의 대상이라는 것입니다. 이 세상 안에는 경배의 대상이 없습니다. 신학자 크레이머는 이것을 '정치권력의 문제'로 해석했습니다.

오늘날 그 많은 똑똑한 사람들이 죽어라 애쓰는 것은 권력을 얻기 위해서입니다. 권력이 있으면 돈도 생기고 모든 것이 생기기 때문입니다. 그래서 우리 믿는 사람들은 정치권력으로부터 자유로워야 합니다. "내가 출세해서 뭔가 해 보겠다."라는 것은 믿는 사람으로서 이미 끝난 것입니다. 그런 생각은 하면 안 됩니다. 권력을 추구하는 사람의 말로가 어떻게 되는지는 뻔한 것입니다. 김기○을 보면 압니다. 유신체제 때부터 공안 검사로 무고한 사람들을 공산주의로 몰아서 수많은 젊은이들을 고생시킨 그 사람은 지금 감옥 속에서 죽어가고 있습니다.

이번에 사법부에서 블랙리스트 파동이 일어났습니다. 어떤 사람이 대법관으로 올라갔는데 한 양심적인 판사가 "그 사람은 박종철 고문치사 사건을 재판한 사람이다. 그런 사람이 어떻게 대법관을 하나?"라고 했다고, 우병○와 양승○ 등이 주도해서 특정 정치 성향을 가지고 있는 법관들의 블랙리스트를 작성했습니다. 이들은 특히 국정원장을 어떤 식으로든지 집행유예 시키려고 끊임없이 판사를 바꿔 넣고 조작하려 했습니다.

우연의 반복은 필연이다

조금 있으면 사법부가 다 뒤집어집니다. 이미 뒤집어지고 있습니다. 이런 것이 전부 인간이 하나님을 추구하지 않고 권력을 추구했기 때문입니다. 그런 인간은 결국 비참해집니다.

3) 종교 문제

세 번째로 마귀는 "성전 꼭대기에서 뛰어내려라. 천사들이 와서 받들어 줄 것이다."라고 합니다. 크레이머는 이를 '종교 권력의 문제'로 보았습니다. 교회에 갔는데 예수님 이야기는 안 하고 종교적인 이야기만 합니다. 말씀을 모르는 사람은 교회에 다녀오면 그저 마음만 편합니다. "목사님께서 무슨 설교를 하셨지요?" 하면 그저 웃고 "다 그런 것 아닙니까?" 하고 끝납니다.

종교 행위에 속지 말아야 합니다. 예배드리고 기도하는 것은 다 종교 행위입니다. 실제 내 마음 속에 예수님이 계시는가, 말씀이 무엇인가에 관심을 가져야 합니다. 서울에 대형 교회를 세우면 사람들이 너무 많이 와서 돌려보내야 할 지경입니다. 실제로 몇몇 교회는 문 앞에 사찰 집사를 두고 "오늘은 여기까지만 들어오세요."라고 한다고 합니다.

그래서 세 번째가 종교 문제입니다. 종교 문제를 극복하지 못하면 쇼와 같은 예배나 보고, 실제로는 성경 말씀도 믿지 않으면서 마음만 위로받고 편하게 지냅니다. 마치 극장에 다녀오는 것처럼 대형 교회에 가서 익명성 속에 그저 있다가 오면 되니 참 편합니다.

맺는말

예수님께서 마귀를 이기셨고 세상을 이기셨습니다. 우리에게도 이것이 도전입니다. 첫째로 돈 앞에 내가 어떤 신앙을 가지고 있는가? 둘째로 정치권력에 대해서 권력자들과 어떻게든 친해 보려 하고 나도 좀 그렇게 되려고 하지는 않는가? 셋째로 말씀의 뜻도 모르고 그저 종교 행위만 하고 있지는 않은가? 이 세 가지에 대해 스스로 돌아봐야 합니다.

우리 모두 '나도 예수님처럼 세상을 이겨야겠다'고 결심합시다. 그러기 위해서는 먼저 마귀를 이겨야 합니다. 돈 권세를 이겨야 합니다. 정치권력에 휩싸이지 않아야 합니다. 종교 행위에만 그치는 문제를 극복해야 합니다. 이것이 바로 예수님께서 요한복음에서 말씀하신 "너희가 세상에서 환난을 당하나 담대하라"는 말씀입니다. 예수님께서 2천 년 전에 이미 세상을 이겨 놓으셨습니다. 그러므로 우리도 그분을 따라 마귀를 이기고 세상을 이깁시다.

14

불행한 사람을 어떻게 위로할 것인가

2018. 2. 18.

욥기 42장 1-9절

"욥이 여호와께 대답하여 이르되 · 주께서는 못 하실 일이 없사오며 무슨 계획이든지 못 이루실 것이 없는 줄 아오니 · 무지한 말로 이치를 가리는 자가 누구니이까 나는 깨닫지도 못한 일을 말하였고 스스로 알 수도 없고 헤아리기도 어려운 일을 말하였나이다 · 내가 말하겠사오니 주는 들으시고 내가 주께 묻겠사오니 주여 내게 알게 하옵소서 · 내가 주께 대하여 귀로 듣기만 하였사오나 이제는 눈으로 주를 뵈옵나이다 · 그러므로 내가 스스로 거두어들이고 티끌과 재 가운데에서 회개하나이다 · 여호와께서 욥에게 이 말씀을 하신 후에 여호와께서 데만 사람 엘리바스에게 이르시되 내가 너와 네 두 친구에게 노하나니 이는 너희가 나를 가리켜 말한 것이 내 종 욥의 말같이 옳지 못함이니라 · 그런즉 너희는 수소 일곱과 숫양 일곱을 가지고 내 종 욥에게 가서 너희를 위하여 번제

를 드리라 내 종 욥이 너희를 위하여 기도할 것인즉 내가 그를 기쁘게 받

으리니 너희가 우매한 만큼 너희에게 갚지 아니하리라 이는 너희가 나

를 가리켜 말한 것이 내 종 욥의 말같이 옳지 못함이라 · 이에 데만 사람

엘리바스와 수아 사람 빌닷과 나아마 사람 소발이 가서 여호와께서 자

기들에게 명령하신 대로 행하니라 여호와께서 욥을 기쁘게 받으셨더라"

구약에는 난제들이 많습니다. 인간 의식 이상의 초월적 내용을 다루기 때문입니다. 성경은 과학을 넘어서 있으므로 현대 과학이 발전해도 이해하지 못하는 내용들이 많습니다. 그중에서도 가장 이해하기 어려운 내용 중의 하나가 욥기입니다.

이번 설교의 주제는 '불행한 사람을 어떻게 위로할 것인가?'입니다. 오늘날 사회가 복잡해지고 교통이 혼잡해지니 사고가 많이 납니다. 세월호 사건도 그렇고 곳곳에서 화재도 많이 납니다. 이러한 불행한 일들을 겪고 있는 사람들을 위로함에 있어서 욥기는 우리에게 큰 지혜를 줍니다. 특히 위로하려는 사람이 '내가 위로하는 방식이 과연 옳은가?'에 대해서만 깊이 생각해도 고통을 겪고 있는 사람들에게 스트레스를 덜 줍니다. 어떤 분들을 보면 남을 위로한다고 하면서 스트레스만 왕창 주기 때문입니다. 이런 내용들을 생각하면서 이번 설교를 들으시기 바랍니다.

예수님의 선택적 우선

우리는 보통 '논의'는 잘 못하고 '논쟁'은 잘합니다. 논쟁은 목소리를 높여서 자기주장만 잘하면 됩니다. 교통사고가 나도 목소리가 큰 사람이

이긴다는 말이 있듯이 자기 잘못이 없다고 고함을 지르고 그럽니다. 그러나 우리는 논의를 하고 협의를 하는 훈련을 해야 합니다. 그리고 대화를 해야 합니다. 자기 말만 계속 하는 것은 대화가 아니라 독백입니다.

어떤 논쟁이 있을 때 "둘 다 틀렸다"는 것은 '양비론'입니다. "둘 다 맞다"는 것은 '양시론'입니다. 예수님은 이 땅에 오셔서 양비론도 아니고 양시론도 아니고 '선택적 우선'을 취하셨다고 이전 설교에서 말씀드렸습니다. 이것은 신학에서 말하는 것입니다. 간음한 여인에 대해 판단할 때도 예수님께서는 "너희 중에 죄 없는 자가 먼저 돌로 치라"고 하신 후 "나도 너를 정죄하지 않는다"고 하셨습니다. 옳고 그름의 문제라기보다 먼저 소외계층의 편을 드셨습니다. 그러나 값싸게 용서하고 은혜를 베푼 것은 아닙니다. "나도 너를 정죄하지 않는다"고 하셨지 "너를 용서한다"고 말씀하지 않으셨습니다. 간음한 대가는 치러야 합니다.

그러나 타락한 세상에서는 운동장이 이미 기울어져 있기 때문에 희생되는 사람은 받쳐 올리고 약한 사람은 강하게 해야 합니다. 그것이 선택적 우선입니다. 한국 사회에서는 강하고 권력이 있는 곳에 가서 어떻게든지 줄을 대려고 하니 부정부패가 만연해집니다.

그런가 하면 양극의 중심에서 산술적 평균으로 기계적 중립만 취하는 '극중주의'도 가짜입니다. 예수님께서는 '진실한 문제가 무엇인가?', '희생되고 있는 세대가 누구인가?'에 포인트를 두고 판단하셨습니다.

욥과 세 친구

이제 욥의 비참한 삶을 위로하는 친구들을 봅시다. 욥은 너무나 처참한 상황에 떨어졌습니다. 이 세상의 기준으로 우리에게 중요한 복은 재산, 자식, 건강인데 욥에게 이 세 가지 복이 순식간에 날아갔습니다. 본문상으로 보면 욥의 잘못이 아닙니다. 하나님께서 사탄과 내기를 하셨는데 욥은 그것을 모릅니다.

욥은 너무 괴롭고 억울한 상황인데, 멀리서 엘리바스, 빌닷, 소발, 이 세 명의 친구가 욥을 위로하러 왔습니다. 머리에 티끌을 날리고 눈물을 흘리며 일주일 동안 욥이 불쌍해서 바라보고 있었습니다. 그런데 이들은 뒤로 갈수록 점점 더 욥을 괴롭게 하고 약을 올리는 상황이 됩니다. 우리가 아픈 사람에게 병문안을 가서도 자칫하면 스트레스만 줄 수 있습니다. 지혜로워야 합니다. 말하는 법도 알아야 하고 상황도 알아야 합니다. 자기 식대로 말하고 "기도 많이 하고 회개하세요."라고 하는 것은 위로가 아닙니다.

욥의 친구들은 욥의 불행에 대해서 인과론적으로 접근합니다. 네가 불행해진 것은 하나님께 무엇인가 잘못을 했기 때문에 그렇다는 것입니다. 동양에는 '천벌사상'이 있습니다. 마음에 죄책감이 있는 사람은 번개만 쳐도 두려움이 생기듯이 동양인은 천벌사상을 좋아합니다. 이 세 친구도 그러한 사상을 가지고 욥을 들볶습니다. 너의 잘못 때문에 이렇게 되었으니 하나님께 항복하라는 것입니다. 위로를 하는 것이 아니라 염장을 지릅니다. 31장에 이르기까지 친구들은 욥에게 계속 스트레스를 줍니다. 도움이 하나도 안 됩니다. 결국 욥이 화를 내면서 "나는 잘못이 없고 의롭다."라고 고함을 지르고, 친구들은 "욥이 왜 저러나." 하는 형편이 되었습니다.

우연의 반복은 필연이다

욥과 엘리후

이때 하나님께서 '짠' 하고 나타나셔서 판단을 해 주시면 좋은데 아직 안 나타나십니다. 대신 뒤에서 이 네 사람의 토론을 보고 있던 엘리후라는 젊은 사람이 나옵니다. 엘리후를 잘 주목해야 합니다. 엘리후라는 이름의 뜻은 '여호와는 하나님이시다'라는 말입니다. 이 사람은 32장부터 37장까지 무려 여섯 장에 걸쳐 자기의 논지를 폅니다. 그런데 그 내용을 읽어 봐도 무슨 말을 하는지 쉽게 와 닿지 않습니다. 우리도 조심해야 할 것은 위로하러 가서 너무 자기 말을 많이 하는 것입니다. 엘리후가 말이 너무 많습니다. 이제 그가 나서는 내용을 살펴봅시다.

첫째로 그는 중심에 서서 양비론으로 먼저 접근합니다. "세 명의 친구들, 당신들은 어떻게 위로를 그렇게 합니까? 결국 욥은 위로도 못 받고 더 교만해졌지 않습니까? 자기가 의롭다고 고함지르고 있지 않습니까? 그러니 당신들은 실패했습니다. 내 말을 들어 보세요."라고 합니다. 엘리후는 너무 말을 하고 싶은데 참느라 혼났습니다. 그리고 욥에게도 말합니다. "욥, 당신도 친구들이 좋은 뜻으로 와서 일주일이나 옆에 앉아서 함께 애를 썼는데, 친구들 이야기도 좀 들어야지, 왜 당신이 의롭다는 말만 합니까? 당신도 문제가 많습니다." 엘리후는 그런 식으로 먼저 양비론적 관점에서 접근하면서 양쪽을 갈라치기 합니다.

엘리후는 그다음으로 '하나님의 관점'에서 욥의 문제에 대하여 새롭게 접근합니다. 이는 '새로운 관점으로의 전환'입니다. 혁신과 개혁에서 제일 중요한 것은 새로운 관점입니다. 지금까지 세 명의 친구들은 욥을 대상으로 하여 인과관계를 따졌는데 엘리후는 하나님의 관점을 말합니다.

이것을 '관점의 변화'라고 합니다. 창조적 혁신에서 매우 중요한 4단계의 시작입니다. 관점을 전환시키고 나면 새로운 관점에 기반한 패턴이 나옵니다. 관점의 변화를 통해 시야가 넓어지면, 자기 성찰과 피드백으로 갑니다. 엘리후는 창조적 혁신에서 1~3단계는 맞았는데 4단계인 자기 성찰과 피드백이 없습니다. 그래서 자신의 위로가 최고인 줄 압니다. 참 안타깝습니다. 그러나 엘리후가 새로운 관점으로 전환시키고 새로운 패턴을 제시해서 시야를 넓어지게 한 것은 좋습니다.

여기서 엘리후의 논법은 이것입니다. "욥, 당신이 의롭다는 말은 좋습니다. 친구들도 이제 그만하기 바랍니다. 괜히 욥이 스트레스만 받습니다. 제가 욥과 이야기를 하겠습니다. 욥, 당신은 자신이 의롭다고 했습니다. 그런데 불행하다고 했습니다. 그러면 하나님은 의로운 사람을 불행하게 했으니 하나님이 불의하신 분입니까? 아무리 하나님께 기도해도 들어주지 않으신다고 하고, 당신의 의를 하나님이 팽개치셨다고 하는데, 우리가 수준이 없어서 하나님의 뜻을 못 듣는 것이 아닙니까? 하나님은 우리의 모든 고백과 기도를 들으시는 분인데, 당신은 하나님이 자신의 기도를 무시하고 듣지 않으신다고 하니, 그러면 욥 당신에게 있어 하나님은 귀머거리가 아닙니까?"

엘리후의 말에 욥은 할 말이 없습니다. 그런데 기분이 나쁩니다. 상대가 옳은 말을 하는데 기분이 나쁩니다. 좋은 말도 상황에 맞춰서 해야지, 그저 좋은 말이고 옳은 말이라서 하면 듣기가 싫습니다. 옳은 말도 정말 필요할 때 상황이 무르익었을 때 삶으로 보여 줘야지, 말로만 계속하면 안 됩니다. 그러면 자칫 귀한 말들이 잔소리가 되고 맙니다.

엘리후의 말을 읽어 보면 하나님의 관점에서 욥을 공격합니다. "하나

　　　　　　　　　우연의 반복은 필연이다

님은 전지전능하신 분이지요? 그런데 당신은 하나님이 당신의 불행을 모른다고 합니다. 그러면 당신이 말하는 하나님은 하나님이 아니시네요? 전능하신 분께서는 상처를 내시지만 치료도 하시는데 당신이 말하는 하나님은 능력이 없으시네요? 욥, 당신이 얼마나 오만한지 보세요. 당신의 주장이 하나님의 능력과 그의 절대적인 속성을 완전히 부순다는 사실을 알고 있습니까?"

엘리후는 여섯 장에 걸쳐서 옳은 말을 계속 해댑니다. 엘리후가 이렇게 말하는 것을 '무조건적 하나님 편들기'라고 합니다. 하나님만 계속 예찬하면서 "욥, 당신이 뭔데 오만하게 그럽니까? 불행에 떨어졌으면 겸손해야지요. 그래야 자신이 무엇을 잘못했는지 깨닫게 되지요. 왜 그렇게 끝까지 고집합니까?"라고 욥을 달달 볶으면서 끝까지 갑니다. 마지막 37장에 가서는 창조주 하나님의 모든 능력들을 노래하듯이 말합니다. 욥은 다 듣고 있습니다. 독자들도 읽으면서 엘리후가 무슨 판단을 해줄 줄 알았는데 그렇지 않습니다. 엘리후는 '무조건적 하나님 편들기'로 일관합니다.

그 사람의 입장 되기

엘리후의 말에서 빠진 것은 무엇입니까? 바로 인간의 '진실한 마음'이 빠졌습니다. 위로의 가장 큰 핵심은 그 사람의 입장이 되는 것입니다. 그 사람이 불행하면 그의 불행을 공감하고, 그 사람이 울면 같이 울고, 그 사람이 웃으면 같이 웃는 것입니다. 엘리후가 자기 성찰과 피드백이 안 된다는 것은 그가 자기 화법의 잘못이 무엇인지 모른다는 것입니다. 만약 엘리후가 "나도 문제야. 욥의 진실보다는 맹목적으로 하나님 편만 들었네."라고 한다면 금상첨화인데, 그는 자기 확신에 빠져 있습니다. 자기가 주장하는 쪽으로만 계속 갖다 붙입니다. 욥의 의문과 고민은 자기의 진실과 하나님 사이의 문제인데, 엘리후는 욥과 논쟁만 하니 위로가 전혀 안 됩니다.

가장 큰 위로는 '그 사람의 입장 되기'입니다. 만약 그 사람의 입장이 되지 못하겠으면 차라리 가만히 옆에 앉아 있다가 기도한 후에 "고생하십니다."라고 하는 것이 낫습니다. 괜히 성경을 갖다 대고 온갖 좋은 말과 옳은 말을 하는 것은 전혀 위로가 되지 않습니다. 《위대한 개츠비》라는 작품을 보면, 아버지가 아들에게 "누군가를 비판하고 싶을 때는 이 점을 기억해 두는 게 좋을 거다. 세상의 모든 사람이 다 너처럼 유리한 입장에 서 있지는 않다는 것을."이라고 말하는 장면이 있습니다.

불행한 사람 옆에 가서 분위기가 되었을 때 자기의 불행을 이야기하는 것이 조금은 도움이 됩니다. 그런데 거기서 자기 자랑을 하는 사람도 있습니다. 또 원하지도 않는데 찬송가를 자꾸 불러대고 종교적인 이야기를 마구 하는 사람도 있습니다. 저도 병원에 있어 봤지만, 그런 위로는 전부 물리쳤습니다. 다만 혼자서 주님께 저의 부족에 대해 기도했습니다.

우리가 남의 불행에 대해서 어떻게 위로할 것인가 하는 문제에 있어서 욥기를 통해 답을 찾아봐야 합니다. 잘 모르겠으면 그리스 3대 비극을 보는 것도 하나의 방법입니다. 고대 그리스의 비극 시인들 중에 소포클레스나 에우리피데스 등이 있습니다. 그들은 극장에 모인 그리스 시민들에게 왕후장상들의 불행한 삶을 보여 주었습니다. 그러면 사람들이 자신의 삶이 너무 어렵고 괴로워서 죽겠다고 하다가, 왕들의 불행한 삶을 보고

"왕들도 저렇게 불행하구나. 내 삶은 그래도 괜찮네." 하고 카타르시스를 느꼈습니다.

맺는말

욥의 세 친구는 참 억울합니다. 일주일이나 같이 있으면서 함께 울고 머리에 티끌도 날리고 했는데 밉상이 되어 돌아가니 말입니다. 하나님께서 38장에서 폭풍우 가운데 나타나셨을 때 "무지한 말로 생각을 어둡게 하는 자가 누구냐?"고 하셨습니다. 42장에서 욥이 "무지한 말로 이치를 가리는 자가 누구입니까?"라고 한 것은 하나님의 말씀을 반복한 것입니다. 욥은 "나는 깨닫지도 못한 일을 말하였고 스스로 알 수도 없고 헤아리기도 어려운 일을 말하였나이다"(욥 42:3)라고 대답합니다.

행동하지 않으면서 말만 완벽하게 하는 사람이 있는데 그것은 사기입니다. 예컨대 교회에 와서 말로는 "교회 청소는 깨끗이 해야 합니다. 이것은 이렇게 해야 하고, 저것은 저렇게 해야 합니다."라고 하면서 자기는 하나도 행하지 않는다면 그의 말은 아무 가치가 없습니다. 바울은 쓸데없는 말을 천 마디 하는 것보다 깨달은 말 다섯 마디가 더 유익하다고 했습니다.

이 세상에는 알 수 없는 것이 정말 많습니다. 모르면 모른다고 이야기하면 됩니다. 그런데 사람들은 자기가 능력이 없는 사람처럼 보일까 봐 모르는 것을 겁냅니다. 그러나 모르는 것은 모르는 것입니다. 저는 "나는 모른다."라는 말을 잘 합니다. 자기 삶에서 실천도 못 하면서 TV 프로그램에 논객으로 나와서 떠드는 사람들은 불행한 사람들입니다. 행동하지 못한 좋은 말들은 전부 부메랑이 되어 자기에게로 되돌아옵니다. 깨닫지 못한 말, 경험하지 않은 말은 해서는 안 됩니다.

욥과 네 친구의 토론이 끝나고 38장 이후로는 하나님께서 나섭니다.

> 7절 "여호와께서 욥에게 이 말씀을 하신 후에 여호와께서 데만 사람 엘리바스에게 이르시되 내가 너와 네 두 친구에게 노하나니 이는 너희가 나를 가리켜 말한 것이 내 종 욥의 말같이 옳지 못함이니라"

하나님이 보셨을 때 욥의 세 친구는 틀렸고 욥이 옳았습니다. 여기서도 역시 하나님의 '선택적 우선'을 볼 수 있습니다. 욥은 진실했습니다. 나머지는 진실하지 못한 말을 너무 많이 했습니다. 하나님께서는 "욥이 옳다"고 하셨습니다. 구약의 하나님도 예수님과 같이 선택적 우선을 보여 주십니다. 하나님은 진실한 사람의 편을 드십니다.

하나님께서는 욥의 세 친구에 대해 "내 종 욥의 말과 같이 옳지 못하다"고 하셨습니다. 결론적으로 생각해야 하는 것이 이것입니다. 우리가 어려운 사람들을 위로할 때 욥기를 꼭 생각합시다. 위로하러 가서 괜히 밉상이 되거나 상대를 기분 나쁘게 하지 맙시다. 실컷 남에게 스트레스 주는 이야기를 하고 와서 자기 딴에는 잘한 것처럼 생각하지 맙시다.

우연의 반복은 필연이다

15

예수님의 포사이트(FORESIGHT)

2018. 3. 4.

누가복음 19장 28-44절

"예수께서 이 말씀을 하시고 예루살렘을 향하여 앞서서 가시더라 · 감람
원이라 불리는 산 쪽에 있는 벳바게와 베다니에 가까이 가셨을 때에 제
자 중 둘을 보내시며 · 이르시되 너희는 맞은편 마을로 가라 그리로 들어
가면 아직 아무도 타 보지 않은 나귀 새끼가 매여 있는 것을 보리니 풀
어 끌고 오라 · 만일 누가 너희에게 어찌하여 푸느냐 묻거든 말하기를 주
가 쓰시겠다 하라 하시매 · 보내심을 받은 자들이 가서 그 말씀하신 대
로 만난지라 · 나귀 새끼를 풀 때에 그 임자들이 이르되 어찌하여 나귀
새끼를 푸느냐 · 대답하되 주께서 쓰시겠다 하고 · 그것을 예수께로 끌
고 와서 자기들의 겉옷을 나귀 새끼 위에 걸쳐 놓고 예수를 태우니 · 가
실 때에 그들이 자기의 겉옷을 길에 펴더라 · 이미 감람산 내리막길에 가
까이 오시매 제자의 온 무리가 자기들이 본 바 모든 능한 일로 인하여 기

뻐하며 큰 소리로 하나님을 찬양하여·이르되 찬송하리로다 주의 이름으로 오시는 왕이여 하늘에는 평화요 가장 높은 곳에는 영광이로다 하니·무리 중 어떤 바리새인들이 말하되 선생이여 당신의 제자들을 책망하소서 하거늘·대답하여 이르시되 내가 너희에게 말하노니 만일 이 사람들이 침묵하면 돌들이 소리 지르리라 하시니라·가까이 오사 성을 보시고 우시며·이르시되 너도 오늘 평화에 관한 일을 알았더라면 좋을 뻔하였거니와 지금 네 눈에 숨겨졌도다·날이 이를지라 네 원수들이 토둔을 쌓고 너를 둘러 사면으로 가두고·또 너와 및 그 가운데 있는 네 자식들을 땅에 메어치며 돌 하나도 돌 위에 남기지 아니하리니 이는 네가 보살핌 받는 날을 알지 못함을 인함이니라 하시니라"

시사 문제

요즘 '미투 운동'이라고 해서 성희롱과 성폭력을 당한 여성들의 폭로로 한국 사회가 시끌벅적합니다. 특히 서지○ 검사가 아주 용기 있는 행동을 했습니다. 남성 중심 사회에서 여성들이 희생된 것이 많습니다. 지금이라도 늦지 않았으니 회복시켜야 합니다. 하나님께서 일남일녀를 창조하셨다고 하셨으니 남녀가 동등합니다. 미투 운동과 함께 '어려움을 겪는 당신들과 함께한다'는 의미에서 '위드유 운동'도 있습니다.

미국의 트럼프가 북한에 대해 제2단계 작전으로 들어갈 수 있다는 말을 했습니다. 하와이에 미국 특전사령관들이 모여서 전쟁 연습을 하고 있다고 합니다. 미국 측에서는 북한과 미국의 전쟁이 급박한 것으로 알고 있습니다. 이럴 때 외교가 가장 어려운데, 그래도 문 대통령이 외교

우연의 반복은 필연이다

를 잘하고 있습니다. 북한의 김정은이 남한에 미사일을 쏘지 못하게 어떤 식으로든 좋게 달래야 합니다. 미국은 북한이 비핵화를 안 하면 이 땅에서 없앤다고 합니다. 시리아도 미국에게 미사일 폭격을 당하고 있습니다. 우리는 국내와 국제 문제에 대해서 경건하게 기도해야 합니다. 그것이 믿는 사람으로서의 도리입니다.

예수님의 예견력을 배우자

본문 말씀은 우리가 잘 아는 말씀으로 설교 제목을 '예수님의 포사이트(foresight)'라고 정했습니다. 예수님의 예견력입니다. 예견하는 능력은 예수님의 전 공생애 동안 있었습니다. 우리는 이런 부분에 대해서 그분은 하나님이시니 당연한 일이라고 생각하지만, 인간적으로도 교훈을 받고 귀한 내용들을 얻을 수가 있습니다.

> 35-40절 "그것을 예수께로 끌고 와서 자기들의 겉옷을 나귀 새끼 위에 걸쳐 놓고 예수를 태우니 · 가실 때에 그들이 자기의 겉옷을 길에 펴더라 · 이미 감람산 내리막길에 가까이 오시매 제자의 온 무리가 자기들이 본 바 모든 능한 일로 인하여 기뻐하며 큰 소리로 하나님을 찬양하여 · 이르되 찬송하리로다 주의 이름으로 오시는 왕이여 하늘에는 평화요 가장 높은 곳에는 영광이로다 하니 · 무리 중 어떤 바리새인들이 말하되 선생이여 당신의 제자들을 책망하소서 하거늘 · 대답하여 이르시되 내가 너희에게 말하노니 만일 이 사람들이 침묵하면 돌들이 소리 지르리라 하시니라"

예수님의 포사이트, 즉 예견력을 요즘 현대인들처럼 3D로 이야기해 보겠습니다. 과거, 현재, 미래를 삼각으로 삼아서 입체적으로 설명하면 예수님을 적절하게 설명할 수 있습니다.

첫 번째 포인트

먼저 두 가지 포인트를 생각해야 합니다. 예수님께서 나귀를 타고 예루살렘에 입성하시는데 모두가 나와서 옷을 길에 펴면서 찬송한다는 것이 첫 번째 포인트입니다. 열왕기하에 이와 비슷한 내용이 있습니다.

> 열왕기하 9장 11-13절 "예후가 나와서 그의 주인의 신복들에게 이르니 한 사람이 그에게 묻되 평안하냐 그 미친 자가 무슨 까닭으로 그대에게 왔더냐 대답하되 그대들이 그 사람과 그가 말한 것을 알리라 하더라 · 무리가 이르되 당치 아니한 말이라 청하건대 그대는 우리에게 이르라 하니 대답하되 그가 이리 이리 내게 말하여 이르기를 여호와의 말씀이 내가 네게 기름을 부어 이스라엘 왕으로 삼는다 하셨다 하더라 하는지라 · 무리가 각각 자기의 옷을 급히 가져다가 섬돌 위 곧 예후의 밑에 깔고 나팔을 불며 이르되 예후는 왕이라 하니라"

하루는 선지자 엘리사가 자기 종을 불러서 "내가 왕에게 기름을 붓는 감람유를 줄 것이니 길르앗 라못으로 급히 가서 그곳의 최고 대장인 예후를 만나라. 그 사람에게 둘만 보자고 한 후 그의 머리에 기름을 붓고, 하나님이 당신을 이스라엘의 왕으로 세웠다고 말하고는 뒤도 돌아보지

우연의 반복은 필연이다

말고 도망가거라."고 하였습니다. 종이 길르앗 라못으로 가니 장군들이 여러 명 앉아 있는데, 예후에게 할 말이 있다고 하며 그를 따로 불러냈습니다. 그러고는 예후의 머리에 기름을 붓고 "당신을 이스라엘의 하나님이 왕으로 세웠다."고 하고는 도망갔습니다.

예후가 나오니 다른 장군들이 "그 미친 자가 무슨 말을 하던가요?"라고 물었습니다. 예후가 "당신들도 그가 말한 것을 알 것이다."라고 하자 그들은 "우리가 그것을 어떻게 안단 말입니까? 모르니까 빨리 이야기해 주세요."라고 대답했습니다. 그제야 예후가 "이스라엘의 하나님이 나를 왕으로 세웠다고 하더라."라고 말했고, 그 말을 듣자마자 그곳에 있던 장군들이 자기들의 옷을 예후 밑에 깔고 "예후는 왕이다."라고 선포했습니다. 옷을 까는 것은 '우리는 생명을 바쳐 당신을 위해 충성하겠다'는 뜻입니다.

두 번째 포인트

두 번째 포인트는 주님이 성을 보시고 우셨다는 것입니다.

41절 "가까이 오사 성을 보시고 우시며"

앞 절들에 비해 41절의 내용은 너무나 대칭됩니다. 지금 모두가 예수님이 오신다고 찬양하고 박수 치는데 주님은 우십니다. 이게 무슨 일일까요? "찬송하리로다. 주의 이름으로 오시는 왕이여."라는 말은 '안나 호시아나 멜라킴 이스라엘 다비드', 직역하면 "다윗 왕의 이름으로 오시는 이여 찬송할지어다."라는 말입니다. 즉 그들은 정치적 메시아를 말합니다. 이 메시아는 우리를 로마의 학정으로부터 이기게 할 수 있는 승리의 메시아라는 말입니다. 그런데 예수님께서는 우십니다. 그리고 우시면서 하시는 말씀이 42절입니다.

> 42절 "이르시되 너도 오늘 평화에 관한 일을 알았더라면 좋을 뻔하였거니와 지금 네 눈에 숨겨졌도다"

이 말씀은 "너희들이 평화가 뭔지도 모르고 나를 정치적 메시아로 보면서 기뻐하는데 나는 통곡의 눈물이 난다."라는 것입니다.

> 43-44절 "날이 이를지라 네 원수들이 토둔을 쌓고 너를 둘러 사면으로 가두고 · 또 너와 및 그 가운데 있는 네 자식들을 땅에 메어치며 돌 하나도 돌 위에 남기지 아니하리니 이는 네가 보살핌 받는 날을 알지 못함을 인함이니라 하시니라"

이스라엘 백성들은 기뻐하고 찬송하며 다윗의 이름으로 정치적 메시아가 왔다고 난리인데, 예수님께서는 우시며 "종말의 날이 온다. 적들이 와서 토둔을 쌓고 너희들을 사면으로 가두어 둘러쌀 것이다. 너희 아이들을 죽이는데 칼도 쓰지 않고 땅에 내쳐서 죽일 것이다."라고 말씀하십니다. 예수님이 그 일을 생각하시니 너무나 눈물이 나는데, "너희가 어떻게 그것도 모르고 지금 이럴 수 있느냐?"는 것입니다.

예수님이 지금 성에 들어가시는 때는 주후 30년 정도입니다. 티투스

우연의 반복은 필연이다

장군이 들어와서 토둔을 쌓고 유대 나라가 망할 때가 70년입니다. 그러면 약 40년의 차이가 있습니다. 그런데 예수님께서는 그 성을 보시고 이미 로마에게 처참하게 당할 것을 읽으셨습니다. 이것이 예수님의 예견력, 즉 포사이트입니다. 그러면 예수님은 어떤 사인을 보시고 이와 같이 40년 후에 일어날 일을 말씀하실 수 있었을까요? 본문을 통해 찾아보겠습니다.

세 가지 평화

예수님께서는 "너도 오늘 평화에 관한 일을 알았더라면 좋을 뻔하였다."고 하셨습니다. 이 말씀의 뜻은 "너희들의 평화는 틀렸고, 너희가 평화를 몰라서 그렇게 찬송하고 있다."라는 말입니다.

여기서 세 가지 평화에 대해서 생각해 봅시다. 첫 번째 평화는 예수 그리스도 안에서 하나님이 주시는 평화입니다. 두 번째 평화는 사두개인과 바리새인들의 평화입니다. 사두개인들의 평화는 예루살렘 성전을 중심으로 세계인들이 전부 자기들에게 찾아오고 경배하기 때문에 자기들은 온갖 부정부패를 하면서 잘 먹고 잘 산다는 평화입니다. 바리새인들의 평화는 회당 예배를 중심으로 유대 나라를 비롯하여 세계 곳곳의 회당들이 다 연합해서 로마를 이기는 평화입니다. 세 번째 평화는 그 당시에 활동했던 열심당(Zealots)들의 평화입니다. 그들의 평화는 로마를 무력으로 물리치고, 거기에 유대 제국을 세워서 세계를 지배하는 데서 오는 평화입니다.

두 번째, 세 번째의 평화는 전부 분파적 평화입니다. 그래서 국제 정세가 어떻게 돌아가는지, 로마가 어떤 나라인지도 알지 못하는 평화입니다. 예수 그리스도 안에서 죄 사함을 받고 서로 용서하는 사랑의 평화도 모르면서 '호시아나'를 외치는 분파적 평화입니다. 이 평화는 때가 되면 로마에 의해 파괴되는 평화입니다. 이룰 수가 없는 평화입니다. 그러니까 예수님께서 40년 전에 그 성을 보시고 "너희가 평화를 알았더라면 얼마나 좋았겠나." 하며 우신 것입니다. 지정학적으로 예루살렘은 평화가 올 수 없는 지역입니다. 하나님께서 큰 제국인 이집트와 바벨론 사이에 이스라엘을 두셨습니다. 오직 주님을 중심으로 두는 삶이어야 참된 평화가 옵니다. 분파적 평화, 곧 자기 형편도 알지 못하고 자존심만 세우는 평화는 이룰 수 없는 평화입니다.

남한산성과 예루살렘 점령의 유사점

〈남한산성〉이라는 영화가 있습니다. 홍타시가 청나라 제국을 일으켜서 조선을 침략했는데, 인조가 한양에서 남한산성으로 도망가서 숨었습니다. 청나라 대군에 조선의 군대는 절대적인 열세였습니다. 조선 군인이 4천 명이면 청나라 군인은 40만이니 막을 수가 없습니다. 그런데 남한산성에서 버팁니다. 또 안에서는 두 정파가 싸우고 있었습니다. 척화파는 '끝까지 목숨 걸고 한 사람이 남더라도 싸우자'고 하고, 주화파는 '지금 우리는 안 된다. 일단 항복해서 줄 것은 주고 나중에 힘을 기르자.' 고 합니다. 그렇게 나뉘어서 싸우는 사이에 백성들은 다 굶어 죽습니다. 밖에서 포위를 해서 나갈 수도 없고 들어갈 수도 없습니다. 심지어 아이가 죽으면 굶주림을 해결할 수 있어서 좋아합니다.

우연의 반복은 필연이다

예루살렘에서도 40년 후에 그와 같은 일이 벌어졌습니다. 로마의 티투스 장군이 예루살렘에 입성한 것이 A.D. 70년입니다. 예루살렘 옆에 높은 토둔을 쌓고 예루살렘을 내려다보며 활을 쏩니다. 예루살렘이 초토화가 되었습니다. 남은 사람들이 도망가서 마사다로 갔지만, 그때도 로마가 토둔을 쌓아서 결국 모두 죽었습니다. 이때 유대 전쟁으로 죽은 유대인들이 110만 명이라고 합니다.

로마가 볼 때 유대 나라는 골칫거리였습니다. 자꾸 저항군이 일어나니 골치가 아픕니다. 특히 네로 왕 말기에 정신이 이상해져서 백성들을 죽이고 할 때, 그 틈을 타서 유대 나라가 또 반기를 들었습니다. 그러자 네로가 아프리카에 있는 명장 베스파시아누스를 파견해 "예루살렘에 있는 것들이 항복하지 않으면 몽땅 죽여라."라고 명령했습니다. 그런데 베스파시아누스가 예루살렘을 포위하고 있는 사이에 네로가 죽어 버려서 아들인 티투스에게 자기 자리를 위임하고 로마로 갔습니다. 네로 이후에 갈바, 오토 장군 등이 황제를 했지만 몇 달 못 했습니다. 결국 베스파시아누스가 황제가 되었습니다.

베스파시아누스가 로마로 가자 맏아들인 티투스가 예루살렘을 공격했습니다. 그리고 동생도 있었는데, 그가 도미티아누스 황제입니다. 티투스는 예루살렘 성벽을 완전히 포위해서 막았습니다. 성안에는 물도 없고 음식도 없습니다. 하나님이 그 해에 큰 흉년을 내려서 먹을 것이 없었기 때문입니다. 누가 죽으면 굶주림을 해결할 수 있어서 좋다고 할 지경이었습니다. 요세푸스의 전쟁사를 보면 시체를 갖다 먹고 나니 자기 자식이었다는 말도 있습니다. 완전히 지옥과 같았습니다.

예수님의 포사이트, 그 이후

예수님께서는 40년 후의 그와 같은 상황을 포사이트로 보시고 우시는 것입니다. 그때 성안에 그리스도인은 1만 2천 명 정도 있었습니다. 예수 믿는 사람들 사이에서는 이와 같은 난이 일어난다는 말이 있었고, 그때 "산으로 도망가라"고 했지만 성안에서는 산으로 도망갈 수가 없습니다. 산으로 도망가기 위해서는 성을 나와야 하는데 그러면 다 죽습니다. 그래서 기도만 하고 있었는데, 어느 날 아침에 일어나니 갑자기 포위가 풀리고 로마 군인들이 다른 곳으로 가서 자기들끼리 음식을 먹는 것입니다.

학자들은 그때 아버지인 베스파시아누스 황제가 아들 티투스에게 왕위를 넘기는 정치적 이벤트가 있었다고 봅니다. 무려 일주일이나 포위를 풀었습니다. 그때 그리스도인 1만 2천 명 중에서 약 절반은 시리아로 도망가고 나머지는 세계로 흩어졌습니다. 예멘이나 다른 쪽으로 흩어졌는데 아직 정확하게 근거지가 밝혀지지 않았습니다. 시리아로 도망간 사람들의 자취가 지금도 거기에 남아 있는데, 시리아 정교회는 예수님이 평상시 말씀하신 언어인 아람어로 된 성경을 가지고 있습니다. 세계 신약학회가 깜짝 놀랐습니다. 국보 중의 국보입니다. 거기와 인접한 곳이 IS입니다. 미국이 시리아에 폭격을 퍼붓는 이유 중의 하나가 미국의 모든 교계가 나서서 시리아 정교회를 지켜야 한다고 하기 때문입니다. 이렇게 예수를 믿는 1만 2천 명은 생명을 건졌고, 일주일쯤 후에 로마군이 다시 포위를 했습니다.

영화 〈남한산성〉에 척화파와 주화파가 나오듯이, 예루살렘성 안에서

우연의 반복은 필연이다

도 토론이 오고 갔는데, 목숨 걸고 끝까지 싸우자는 강경파들이 너무 득세해서 다른 사람들은 이야기도 못 꺼냅니다. 유대교의 온화한 랍비들 몇 사람이 "이래서는 안 된다."고 말해도 어림도 없습니다. 대개가 다 강경파인데, "이래서는 안 된다. 살아남아야 한다."는 사람들 중에 '요하난 벤 자카이'라는 랍비가 있었습니다.

그는 아무리 사람들에게 이야기를 해도 안 되어서 자기 제자들을 불러서 몰래 "내가 베스파시아누스를 만나야겠다."고 말했습니다. 강경파인 열심당원들이 성문을 지키면서 나가지 못하게 했기 때문에 아무도 성문을 통과해서 나가지 못했습니다. 설사 통과한다고 하더라도 나가면 로마인에게 바로 붙들립니다. 그래서 이 랍비가 꾀를 내었습니다. 연로한 랍비였으므로 먼저 몹쓸 병에 걸렸다고 소문이 나게 했습니다. 그래 놓고는 며칠 후에 죽었다고 공표를 했습니다. 그리고 전염병이 돌지 않기 위해 장례를 예루살렘 외곽에서 지내기를 원한다는 소문을 내고는 죽은 척하고 관에 들어가서 성문을 통과했습니다. 성문을 지키던 열심당원이 "진짜 죽었습니까? 거짓말 아니지요? 창으로 찔러도 되지요?"라고 했을 때 모두가 얼마나 불안했는지 모릅니다. 그때 제자 중 한 사람이 "큰 스승이 죽었다고 하는데 창으로 찌르는 일도 다 있나?"라고 해서 우선 성문을 통과했습니다. 그다음으로 로마 수비병들을 통과하려고 하자 그들 역시 진짜 죽은 것이 맞는지 창으로 찔러 봐야겠다고 했지만 제자들이 "우리는 칼 하나 없이 장례를 치르러 나왔습니다. 로마에서는 장군이나 유명한 스승이 죽어서 장례를 치를 때 창으로 찔러 봅니까?"라고 항의했고, 수비대장은 이들을 통과시켜 주었습니다. 무사히 밖으로 나온 후 베스파시아누스의 막사로 가서 즉시 병졸에게 "나는 벤 자카이다. 장군을 만나게 해 달라."고 해서 베스파시아누스와 만나게 되었습니다.

베스파시아누스는 벤 자카이를 만나 "황제가 씨를 말리라고 했기 때문에 이번에 당신들은 모두 전멸할 것이다."고 했습니다. 그러자 벤 자카이는 "그것은 신의 뜻이고 우리가 어쩔 수 없는 일이다. 그러나 내가 여기 나와 있듯이 안에는 전쟁을 하지 말자는 온건파도 있다. 그리고 당신의 상을 보니 앞으로 황제가 될 상이다."라고 하면서 황제에게 예를 하듯이 했습니다. 자신이 황제가 될 것이라는 말에 은근히 기분이 좋아진 베스파시아누스는 "당신이 원하는 것이 무엇인가?"라고 물었습니다. 벤 자카이는 베스파시아누스가 황제가 되면 자신들이 예루살렘 근처에서 유대 경전을 공부할 수 있는 조그만 학교를 세울 수 있게 허락해 달라고 요청했습니다. 베스파시아누스는 만약 벤 자카이의 예언이 이루어지면 호의를 베풀기로 약속했습니다. 그리고 그는 후에 로마의 황제가 되었고, 예루살렘성을 포위하고 있는 아들 티투스에게 약속을 지킬 것을 명령했습니다. 그 약속이 지켜져서 파멸된 예루살렘에서 가까운 도시에 유대 학교 '예시바'가 세워졌다고 합니다. 벤 자카이가 죽을 때 한 말은 이렇습니다. "회당만 살아남으면 유대는 살아남는다." 성서와 율법이 있기 때문입니다.

맺는말

예수님께서 베드로가 배반하기 4시간 전에 "네가 닭 울기 전에 나를 세 번 부인할 것이다"고 하셨습니다. 이렇게 미래를 예측하는 능력이 바로 포사이트입니다. 그리고 '예수 안의 평화'가 우리의 답입니다. 인간은

'예수 없는 평화'를 말하고 '예수 없는 자기 자신'을 말하지만 그것은 되지 않습니다. 유대인들이 그와 같이 하다가 큰 실패를 했습니다. 우리는 특히 '하인리히 법칙(Heinrich's law)'을 기억해야 합니다. 하인리히 법칙은 한 번의 큰 재해가 있기 전에, 그와 관련된 작은 사고나 징후들이 먼저 일어난다는 법칙입니다. 하나의 큰 사건이 나기 전에 정신을 차려야 합니다. 우리 믿는 사람들은 예수님의 포사이트를 통해 이런 지혜를 배울 수 있습니다.

16

가을 절기와 예수 재림

2018. 3. 18.

사도행전 1장 6-11절

"그들이 모였을 때에 예수께 여쭈어 이르되 주께서 이스라엘 나라를 회복하심이 이 때니이까 하니 · 이르시되 때와 시기는 아버지께서 자기의 권한에 두셨으니 너희가 알 바 아니요 · 오직 성령이 너희에게 임하시면 너희가 권능을 받고 예루살렘과 온 유대와 사마리아와 땅 끝까지 이르러 내 증인이 되리라 하시니라 · 이 말씀을 마치시고 그들이 보는데 올려져 가시니 구름이 그를 가리어 보이지 않게 하더라 · 올라가실 때에 제자들이 자세히 하늘을 쳐다보고 있는데 흰 옷 입은 두 사람이 그들 곁에 서서 · 이르되 갈릴리 사람들아 어찌하여 서서 하늘을 쳐다보느냐 너희 가운데서 하늘로 올려지신 이 예수는 하늘로 가심을 본 그대로 오시리라 하였느니라"

우연의 반복은 필연이다

데살로니가전서 4장 16-17절

"주께서 호령과 천사장의 소리와 하나님의 나팔 소리로 친히 하늘로부터 강림하시리니 그리스도 안에서 죽은 자들이 먼저 일어나고 · 그 후에 우리 살아남은 자들도 그들과 함께 구름 속으로 끌어 올려 공중에서 주를 영접하게 하시리니 그리하여 우리가 항상 주와 함께 있으리라"

마태복음 24장 36절

"그러나 그 날과 그 때는 아무도 모르나니 하늘의 천사들도, 아들도 모르고 오직 아버지만 아시느니라"

가을 절기에 오시는 예수님

이스라엘에는 7대 절기가 있습니다. 봄의 절기가 있고 가을의 절기가 있는데, 여름과 겨울의 절기는 없습니다. 가을 절기에는 나팔절, 속죄절, 장막절이 있습니다. 이번 설교의 핵심은 가을 절기에 예수님께서 오신다는 말을 이해하는 것입니다. 구속사적 관점에서 가을 절기에 예수님께서 오신다는 말씀이 성경에 있습니다. 예수님께서 "그 날과 그 시는 모른다" 라고 말씀하셨는데 왜 나팔절, 속죄절, 장막절에 예수님께서 재림하신다는 것일까요? 그것은 몇 년 몇 월에 예수님이 오신다는 말이 아니라 해마다 돌아오는 이스라엘의 절기에 깊은 뜻이 있다는 것입니다.

우선 예수님께서는 이 땅에 오셔서 봄 절기를 모두 완성하셨습니다.

유월절 양을 잡을 때 예수님께서 십자가에서 죽으셨습니다. 그리고 죄 없는 분으로서 누룩을 넣지 않은 빵을 먹는 무교절에 무덤 속에 계셨고, 첫 열매를 하나님 앞에 바치는 초실절에 인류 최초로 부활하셨습니다. 그리고 40일 후에 승천하시면서 약속하신 것이 오순절입니다. 이처럼 예수님께서는 유대의 봄 절기 4개를 완성하시고 가셨습니다.

남은 것은 가을 절기인 나팔절, 속죄절, 장막절입니다. 예수님에 대해서 우리가 알 때에도 '언제 재림하시는가'에 대한 날짜를 받는 것이 아니라, 해마다 돌아오는 절기에 우리가 '어떻게 깨어 있어야 하는가'가 중요합니다. 가을 절기에 예수님께서 재림하시므로 우리가 깨어서 매일을 살자는 것이 이번 주제입니다.

둠스데이 클락과 한반도 정세

둠스데이 클락(Doomsday Clock)이라는 것이 있습니다. '운명의 날 시계', '지구 종말의 시계' 등으로 불리며 1947년에 미국 시카고대학 핵물리학자회가 중심이 되어 만들었습니다. 둠스데이 클락은 처음에는 자정 7분 전에 맞춰졌습니다. 자정이란 인류의 파멸을 가져올 전면적인 핵전쟁 발발을 의미합니다. 그러니 시계가 자정에 가까울수록 위험한데, 둠스데이 클락은 2018년 들어 23시 58분을 가리켰습니다. 트럼프와 김정은 때문입니다.

왜 학자들은 종말의 시간이 이렇게 가까워지는 것으로 계산할까요? 지금 지진이 계속 나고 있고 환경 파괴가 말도 못 하기 때문입니다. 그중에서도 제일 핵심은 핵전쟁인데 미국은 이미 전쟁 준비가 끝났습니다.

우연의 반복은 필연이다

북한 가까이에 함대와 함께 미국 병사들이 다치면 치료하는 병원선도 준비되어 있습니다. 북한의 해안포대를 향해 토마호크 미사일을 장전하고 있는데, 북한은 그들에게 미사일을 못 쏩니다. 멀리 가는 핵무기만 연구하다 보니 가까운 곳으로 쏘는 무기가 거의 없습니다. 트럼프의 작전은 미치광이 작전입니다. 상대가 보기에 비합리적으로 보여서 두려움을 줍니다. 어느 날 나 몰라라 하고 핵 단추를 누르면 북한은 지구상에서 완전히 사라지는 것입니다.

토마호크 미사일을 발사하고 나면, 그다음에는 북한 전체의 전기나 스마트폰, 무전을 한 번에 마비시키는 폭탄을 터뜨립니다. 그러면 북한에서는 서로 연락이 하나도 안 되고 그야말로 캄캄한 암흑천지가 됩니다. 그리고 참수 작전에 들어갑니다. 북한의 수뇌부를 죽이기 위해 지하 60미터에 있는 콘크리트 구조물까지 폭파할 수 있는 폭탄으로 융단폭격을 가합니다. 아침이 되면 거의 전멸하는 것입니다. 김정은도 이것을 압니다. 그런데 미국은 압박과 제재가 먼저이고, 대화에는 별로 관심이 없습니다. 트럼프가 대화를 하자고 말하지만 실제로는 그렇지 않습니다. 김정은의 입장에서 북한은 경제적으로도 어렵고 본인은 언제 테러 당할지 모르니까 항상 술 마시고 폭식을 하니 몸무게가 엄청 늘어나고 있습니다. 북한은 그만큼 위기에 몰려 있습니다. 그래서 남한의 도움을 얻기 위해 우리와 대화할 수밖에 없습니다.

트럼프는 최근 한국에 대해서 가장 잘 알고 북한과 대화하려고 하는 국무장관을 해임시키고 강경파를 임용했습니다. 북한과 조금만 대화해보고 안 되면 끝장내자는 것입니다. 미국의 제2의 작전입니다. 다른 옵션은 없습니다. 전쟁 외에는 답이 없다는 것입니다. 미국에서는 곧 중간 선거가 있기 때문에 북한과 전쟁을 하든지 한판 크게 만들어야 지지율이 오른다고 트럼프는 생각하고 있습니다.

　중국은 정치적으로 30년 뒤로 후퇴한 국가가 되었습니다. 지금 시진핑은 모택동 때처럼 장기 집권을 하려고 하고 있습니다. 인간의 한계를 모르고 설치는 것입니다. 북한은 3대를 세습하면서 되지도 않는 체제를 유지하려 하고, 실제로는 인민을 생각하지 않습니다. 일본의 아베는 헌법을 고쳐서 군국주의를 부활시키려고 합니다. 미국은 전쟁에 앞장서는 매파를 국무장관으로 앞세우더니, 자국 무역의 보호를 말하면서 다른 나라는 어떻게 되든지 말든지 관세를 올리고 있습니다. 그러면 한국과 중국이 미국에 철강을 팔아도 이윤이 남지 않습니다. 뉴스를 보니 지금 한국 주위의 국가들이 모두 정신이 없는 사람들이 책임자가 되어서 걱정이라고 말합니다.

　세계가 이런 판국입니다. 이런 판국에 우리 믿는 사람은 깨어 있어야 합니다. 연월일시를 예언하는 시한부 종말론을 이야기하는 것이 아닙니다. 매일 종말론적으로 깨어서 살아갈 때 가장 중요한 것이 이스라엘의 절기들입니다. 이제 절기를 이야기하는 이유를 알 것입니다.

에녹서 이야기

　이스라엘 경전의 역사에서 가장 신비한 책 중의 하나가 에녹서입니다. 사람들이 너무 많이 읽어서 황제와 교황이 불안해서 정경으로 채택하지 않았다고 합니다. 그러나 초대 교회부터 에녹서를 모두 읽고 있었습니다. 에녹서 93장을 보면 인류 멸망에 대해서 정밀하게 기록하고 있고, 천

우연의 반복은 필연이다

년왕국과 무궁 세계까지 예언되어 있습니다.

종말론 학자들이 에녹서를 풀어 보았는데 그 내용을 조금 말씀드리겠습니다. 에녹은 창세기에 나오는 사람입니다. 에녹이 어느 날 밤 집에서 자고 있는데, 빛나고 강한 천사 둘이 와서 일어나라고 하였습니다. "창조주 하나님께서 너를 선택해서 지구와 태양이 어떻게 생겼는지, 우주가 어떤지 보여 주시고자 한다."라는 것입니다. 그리고 "앞으로 며칠 후에 갈 것이니 가족과 이웃 사람들에게 인사하고, 몇 날 며칠에 하늘에서 우주선이 내려올 것이니 준비하라."라고 했습니다. 천사들은 "나는 미카엘과 가브리엘 천사를 대신한다."라고 하면서 "기쁜 소식과 종말의 소식을 전해줄 것이다."라고 이야기합니다.

그래서 에녹이 가족들을 다 모아서 잔치를 베풉니다. 사람들이 에녹이 올라갈 때 어떻게 되는지 궁금하다고 해도 볼 수 없다고 합니다. 그것을 보면 전부 불에 타 버린다는 것입니다. 드디어 그날이 되자 하늘에서 불말과 같은 거대한 구름이 땅에 내려오고, 에녹이 그것에 올라탔습니다. 그때 나무 뒤에 몇 명이 숨어서 보고 있었는데, 그들이 그 장면을 보고 너무 놀라워할 때 불에 타 버렸습니다. 에녹이 하늘로 올라가는데, 천사들이 "이제 지구를 벗어난다."라고 합니다. 에녹이 보니 지구가 점점 작아지다가 나중에는 계란만큼 작게 보였습니다. 그렇게 태양계를 6일 동안 여행했습니다. 천사가 "에녹아, 네가 본 것을 다 기록해라"고 해서 메모를 계속했고, 6일 만에 지구로 돌아왔습니다. 그리고 366권의 책을 썼습니다.

에녹이 금성에도 가고, 각 별들에 갔던 이야기를 그 옛날에 하고 있으니 사람들은 '거짓말도 잘 한다'라고 생각했습니다. 이것은 경전이 아니고 동화라는 것입니다. 그래서 정경에서 탈락시켰는데, 지금 와서 우주 과학자들이 에녹서를 보고 깜짝 놀랐습니다. 우주선을 타고 대기권 밖으로 나가면 지구가 달걀같이 보이는 것이나, 불의 장소를 지난다고 이야기하는 것들이 실제와 거의 비슷하다는 것입니다.

에스겔서나 에녹서는 이 분야에서 최고의 책들입니다. 그런데 그 에녹서가 초대 경전이 못 되고 인류 역사에서 한동안 사라졌습니다. 그러다가 18세기에 영국의 한 탐험가가 아프리카 에티오피아에 여행을 갔습니다. 그곳에도 유대교가 있는데 그곳의 사람들이 유대인들의 절기를 다 지키고 있었습니다. 탐험가는 그들이 유월절을 지키는 것이 너무 신기해서 제사장을 만나서 물으니 탐험가에게 이야기를 해 줬습니다. 솔로몬 시대에 시바 여왕이 예루살렘에 갔다가 자기 나라로 돌아온 후에 솔로몬의 아기를 낳았는데, 그 아기의 이름이 '메넬리크'라고 하며 나중에 에티오피아의 황제가 되었습니다. 그런데 여왕이 유대에서 자기 나라로 돌아올 때 법궤를 비롯하여 많은 유대교 경전을 가져왔다고 합니다. 탐험가가 그 법궤를 보자고 했지만 어림도 없었습니다. 대신 성경을 보자고 하니 보여 줬는데, 그들의 성경은 구약과 거의 유사한데 에녹서가 들어 있었습니다. 그 후 탐험가가 유럽으로 돌아와서 이 이야기를 전하니 학계가 발칵 뒤집혔습니다. 이후에는 에녹서에 관한 관심이 조금 시들해졌지만 최근에 우주 과학의 시대가 열리면서 에녹서가 다시 부상했습니다.

제가 에녹서를 말씀드리는 이유는 종말론 때문입니다. 예수님께서 봄 절기를 다 완성하신 후에 나머지 절기가 3개 남았습니다. 그 후에 인류의 종말이 오는데, 우선 나팔절입니다. 요한계시록을 보면 대환란을 상징하는 일곱 나팔이 있습니다. 성도들의 권세가 다 깨지기까지의 환란입

우연의 반복은 필연이다

니다. 종말론에는 전천년설과 후천년설이 있습니다. 전천년설은 예수님이 오신 후에 천년왕국이 이루어진다는 것이고, 후천년설은 천년왕국이 이루어진 후에 예수님께서 오신다는 이론입니다. 전천년설의 이론에 의하면 성도가 환란을 당한 후 대속죄절에 예수님께서 재림하시면 부활에 참가했다가 영원한 나라로 갑니다. 이것이 바로 나팔절, 속죄절, 장막절입니다. 나팔절은 대환란, 속죄절은 예수 재림, 장막절은 천년왕국을 상징합니다.

그런데 놀랍게도 이 이야기를 에녹서 93장에서 하고 있습니다. 그러면 누가 장막절에 천년왕국에 들어갈까요? 에녹서에 의하면 "정의로운 자, 의로운 자는 천년왕국에 들어가고 불의한 자, 진리를 반대하는 자는 모두 망한다"라고 하면서 정의로운 자를 높이 평가했습니다. 그러므로 우리는 자기 자신에게뿐만 아니라 가족이나 가까운 형제에게 정의로워야 합니다. 양심적이어야 합니다. 어렵고 불리해도 말을 바로 해야 합니다.

믿는 사람은 깨어 있어야 한다

이번 설교의 핵심은 가을 절기를 통해 믿는 사람인 우리가 항상 깨어 있자는 것입니다.

> 사도행전 1장 6-11절 "그들이 모였을 때에 예수께 여쭈어 이르되 주께서 이스라엘 나라를 회복하심이 이 때니이까 하니 · 이르시되 때와 시기는 아버지께서 자기의 권한에 두셨으니 너희가 알 바 아니요 · 오직 성령이 너희에게 임하시면 너희가 권능을 받고 예루살렘과 온 유대와 사마

리아와 땅 끝까지 이르러 내 증인이 되리라 하시니라 · 이 말씀을 마치시고 그들이 보는데 올려져 가시니 구름이 그를 가리어 보이지 않게 하더라 · 올라가실 때에 제자들이 자세히 하늘을 쳐다보고 있는데 흰 옷 입은 두 사람이 그들 곁에 서서 · 이르되 갈릴리 사람들아 어찌하여 서서 하늘을 쳐다보느냐 너희 가운데서 하늘로 올려지신 이 예수는 하늘로 가심을 본 그대로 오시리라 하였느니라"

이 장면은 부활하시고 40일 동안 이 땅에 계신 예수님께서 승천하시는 장면입니다. 그리고 오순절이 임했습니다. 여기까지가 예수님이 초림하셔서 이루신 일입니다. 그러나 나팔절은 이루고 가지 않으셨습니다. 나중에 나팔 소리가 날 때 구원받은 사람의 이름을 부른다고 합니다. 종말론 학자들은 나팔 소리가 날 때 "누구는 어디로 모여라."라는 소리를 자기 이름으로 듣는다고 합니다. 그러나 믿는 사람으로서 깨어 있다는 의미는 종말의 시계가 얼마 안 남았다면서 안 자고 끝까지 버티는 것이 아닙니다. 일상 속에서 영적으로 항상 깨어서 정의롭게 사는 것을 의미합니다. 이것이 답입니다.

그리고 가을 절기에 주님이 오신다고 말씀드렸습니다. 나팔절은 대환란의 때입니다. 이때 적그리스도가 출현하는데, 종말론 학자들은 주로 천주교라고 말합니다. 지금 교황이 세계적으로 인기가 있는데, 마지막에 가서는 주님을 반대한다고 합니다. 그리고 속죄절에 주님이 오시고, 장막절에 천년왕국을 이루십니다. 그러므로 우리는 이 가을 절기들을 알고 깨어 있으면서 국제 정세를 살펴야 합니다.

우연의 반복은 필연이다

맺는말

마지막으로 절기에 대해서 조금만 더 이야기를 드리면, 우리나라에도 절기가 많습니다. 하지만 인간의 절기는 모두 사람이 경험하고 연구해서 만든 것입니다. 그러나 이스라엘의 절기는 하나님께서 "내가 이런 절기를 정했으니 지켜라."라고 하는 의미가 있습니다. 이것이 사람의 절기와 하나님이 정하신 이스라엘 절기의 다른 점입니다. 레위기는 원명이 '바이크라'인데, '그분이 장막에서 나를 부르셨다'라는 뜻입니다. 하나님께서 내려오셔서 "모세야" 하고 장막에서 부르시더니 "절기를 지켜라"고 말씀하셨습니다. 그것은 절대 변하지 않는 영원한 규례입니다. 그러므로 우리 믿는 사람은 일상 속에서 늘 깨어서 기도하고 사는 의로운 사람이 되어야겠습니다.

17

부활 후 열두 제자의 변화

2018. 4. 1.

사도행전 1장 1-14절

"데오빌로여 내가 먼저 쓴 글에는 무릇 예수께서 행하시며 가르치시기를 시작하심부터 · 그가 택하신 사도들에게 성령으로 명하시고 승천하신 날까지의 일을 기록하였노라 · 그가 고난 받으신 후에 또한 그들에게 확실한 많은 증거로 친히 살아 계심을 나타내사 사십 일 동안 그들에게 보이시며 하나님 나라의 일을 말씀하시니라 · 사도와 함께 모이사 그들에게 분부하여 이르시되 예루살렘을 떠나지 말고 내게서 들은 바 아버지께서 약속하신 것을 기다리라 · 요한은 물로 세례를 베풀었으나 너희는 몇 날이 못 되어 성령으로 세례를 받으리라 하셨느니라 · 그들이 모였을 때에 예수께 여쭈어 이르되 주께서 이스라엘 나라를 회복하심이 이 때니이까 하니 · 이르시되 때와 시기는 아버지께서 자기의 권한에 두셨으니 너희가 알 바 아니요 · 오직 성령이 너희에게 임하시면 너희가 권

우연의 반복은 필연이다

능을 받고 예루살렘과 온 유대와 사마리아와 땅 끝까지 이르러 내 증인이 되리라 하시니라 · 이 말씀을 마치시고 그들이 보는데 올려져 가시니 구름이 그를 가리어 보이지 않게 하더라 · 올라가실 때에 제자들이 자세히 하늘을 쳐다보고 있는데 흰 옷 입은 두 사람이 그들 곁에 서서 · 이르되 갈릴리 사람들아 어찌하여 서서 하늘을 쳐다보느냐 너희 가운데서 하늘로 올려지신 이 예수는 하늘로 가심을 본 그대로 오시리라 하였느니라 · 제자들이 감람원이라 하는 산으로부터 예루살렘에 돌아오니 이 산은 예루살렘에서 가까워 안식일에 가기 알맞은 길이라 · 들어가 그들이 유하는 다락방으로 올라가니 베드로, 요한, 야고보, 안드레와 빌립, 도마와 바돌로매, 마태와 및 알패오의 아들 야고보, 셀롯인 시몬, 야고보의 아들 유다가 다 거기 있어 · 여자들과 예수의 어머니 마리아와 예수의 아우들과 더불어 마음을 같이하여 오로지 기도에 힘쓰더라"

부활의 의미를 생각하며

기독교는 부활의 종교이자 희망의 종교입니다. 여기서는 하나님의 말씀을 통해서 제자들이 어떻게 변화하고 달라졌는지, 그래서 우리도 그렇게 달라질 수 있는지에 대해서 포인트를 두고 말씀을 드리겠습니다.

저는 신문에서 MB가 교도소에 혼자 있을 때 성경을 본다는 기사를 보고 소름이 끼쳤습니다. 이웃과 국민에 대해서는 한마디 사과도 없고, 가족과 주위 몇 사람을 제외하고는 모든 사람들에게 전혀 공감지수가 없는 사람이 성경을 보고 있답니다. 저는 그가 읽고 있다는 성경의 본문이 과연 어디인지 궁금했습니다. 사람이 돈밖에 모르게 되면 결국 영성이 죽게 됩니다. MB는 소○ 교회의 수석 장로입니다. 그렇다면 그 교회가 자기 교회 장로에게 진실과 정의를 가르쳐야 합니다. "장로님, 이러면 안 됩니다. 그 많은 돈을 가난하고 어려운 사람들, 독거노인들을 위해서 내 놓으세요."라고 해야 합니다. 그 말을 하지 않는다면 그 교회도 똑같습니다. 저는 그렇게 생각합니다.

또 신문을 보니 모 교회에 수십만이 모여서 일제강점기 때 신사참배와 동방요배를 한 것을 회개하는 운동을 벌인다고 합니다. 역시 소름이 끼치는 일입니다. 유신독재와 군사정권 시절에는 여의도에 모여서 "할렐루야" 하며 표를 몰아주고, 그 대가로 땅을 차지해서 부자가 되고는 지금 와서 신사참배와 동방요배 한 것을 회개한다고 하니 얼마나 모순입니까? 오늘날 그 문제에 대해서 진정으로 회개하려면 순교하신 주기철 목사의 아들이나 신사참배를 거부한 전통을 지키고 있는 시온산 교회에 와서 진정한 사과를 해야 합니다. 우리는 정신을 차려야 합니다. 그렇지 않으면 그들이 옳다고 착각할 수 있습니다.

부활절을 맞아 우리가 생각할 것은 우리가 변화되었는가 하는 것입니다. 예컨대 우리 교회에도 나이 들고 혼자 계시는 분이나 남편과 자식들에게 도움을 받지 못하는 교인들이 있습니다. 그런 분들을 돕고, 그들과 대화하는 것이 부활절의 진정한 의미입니다. 유명한 교회에 아무리 많은 사람이 모여서 "할렐루야"를 외쳐도 소용이 없습니다. 그들이 신사참배와 동방요배에 대한 회개를 말할 때 그 교회의 양심 있는 신도라면 "목사님, 우리 교회는 예전에 다 친일 했잖아요. 당시에 고초를 겪었던 몇 사람이 아직 살아 있다고 합니다. 주기철 목사님 아들도 어렵게 산다고 합니다. 우리가 찾아가 봐야 할 것 같지 않습니까?"라고 해야 합니다.

　　　　　　　　　　　　　우연의 반복은 필연이다

예수님의 제자들

그러면 예수님의 제자들은 어떻게 변화되었을까요? 본문을 보면 예수님이 승천하실 때 제자들은 하늘을 쳐다보고 있습니다. 무게가 있는 것은 중력의 법칙에 의해서 다 땅에 떨어지는데 예수님의 몸은 올라가고 있습니다. 제자들은 예수님께서 승천하시기 전 마지막까지 "이스라엘의 회복이 이때입니까?"라고 묻습니다. 그러나 주님께서는 "때와 기한은 아버지의 권한이니 너희의 알 바가 아니다. 너희는 약속한 대로 성령을 받아 사마리아와 땅 끝까지 전도하라."고 하셨습니다. 주님이 올라가실 때 제자들은 무슨 생각을 했을까요? '나도 부활해서 저렇게 올라가면 좋겠다'라고 생각했을까요?

우리가 예수님처럼 승천하지는 못하더라도 제자들처럼 예수를 위해 순교하는 정신이라도 있었으면 좋겠습니다. 하지만 우리는 왜 신앙이 좀 더 나아지지 않고 항상 제자리만 지키고 있을까요?

> 이사야 30장 15절 "주 여호와 이스라엘의 거룩하신 이가 이같이 말씀하시되 너희가 돌이켜 조용히 있어야 구원을 얻을 것이요 잠잠하고 신뢰하여야 힘을 얻을 것이거늘 너희가 원하지 아니하고"

이 말씀을 읽은 이유는, 우리가 왜 변화하지 못하는지를 돌아보기 위해서입니다. 왜 그럴까요? 무엇보다도 죽음에 대한 두려움 때문입니다. 특히 나이 들어서 혼자 있고 아프면 죽음에 대한 두려움이 더욱 크게 다가옵니다. 그런데 예수님의 십자가에 죽으심과 부활하심을 믿는다는 것은 우리는 죽더라도 믿음 안에서 부활할 것을 믿는다는 것입니다. 몸을 가진 사람은 모두 죽습니다. 때가 되어 하나님이 부르시면 누구나 가야 합니다. 그러니 불가피한 일을 미리 앞당겨서 고민하고 괴로워할 필요가 없습니다. 그것은 우리의 삶에 전혀 도움이 안 됩니다. 대신 '나는 예수를 믿고 재림신앙을 하다가 때가 되면 주님 앞으로 가겠다. 땅에 묻혀도 죽는 것이 아니라 주님 안에서 자는 것이다'라고 생각해야 합니다.

변화하기 위해서는 첫째로 죽음의 공포를 극복해야 합니다. 예수님의 제자들도 죽는 것이 두려워서 다 달아났습니다. 예수님을 잡아간 유대인들이 "너도 한패지?"라고 하니까 십자가에 달려서 죽는 것이 두려워 줄행랑을 쳤습니다.

성경을 보면 예수님께서는 제자들을 선택하시기 위하여 밤새도록 기도하셨습니다(누가복음 6장 12-13절 "이때에 예수께서 기도하시러 산으로 가사 밤이 새도록 하나님께 기도하시고 · 밝으매 그 제자들을 부르사 그중에서 열둘을 택하여 사도라 칭하셨으니"). 예수님은 인성을 가진 사람이지만 신성이 있으시므로 그들의 삶을 이미 다 아셨습니다. 그렇다면 우리에게 특히 걸리는 것은 배반할 것이 뻔한 가룟 유다를 제자로 두신 일입니다. 배반할 것이 뻔한데도 하나님께서는 예수님으로 하여금 가룟 유다를 제자로 선택하게 하셔서 3년 동안 데리고 다니며 가르치게 하셨습니다. 그리고 베드로는 성격이 매우 급했고, 야고보와 요한은 과격했으며, 도마는 의심이 많았습니다. 빌립은 예수님께서 그렇게 오랫동안 함께 계셨어도 "하나님을 보여 주세요."라고 되지도 않는 요청을 했습니다. 예수님께서는 그런 제자들을 미리 다 아시고 그들을 위해서 밤이 새도록 기도하시고 고민하셨습니다. 우리는 이러한 제자들의 모습을 통해

우연의 반복은 필연이다

제자들보다 더 나은 것도 아니고 더 못한 것도 아닌 자신을 발견해야 합니다. 그러나 우리도 제자들처럼 결국에는 변화해야 할 것입니다.

외경에 나오는 예수님의 제자들의 행전을 보면 거의 대부분이 예수님처럼 순교했습니다. 이것은 기적 중의 기적이고 상상할 수도 없는 이야기입니다. 어째서 제자들이 그렇게 변화될 수 있었던 것일까요? 그들은 창에 찔려 죽거나 불에 타 죽으면서도 "예수님 감사합니다." 하면서 죽어갔습니다. 우리는 예수를 믿는다고 하면서도 조금이라도 두려워지면 벌벌 떨면서 천해지고 마는데 말입니다.

제자들이 변화된 사례를 더 찾아봅시다. 하루는 사람들이 도시락도 안 가져오고 돈도 없는 상태로 예수님 주위에 가득 모여 있었습니다. 그때 예수님께서 빌립에게 "빌립아, 이 사람들을 위한 떡을 사려면 어떻게 해야 하겠나?"라고 물었습니다. 빌립이 "이백 데나리온이 있어도 안 됩니다. 사람이 너무 많습니다."라고 대답하자 옆에 있던 안드레가 예수님께 "한 아이가 보리떡 다섯 개와 생선 두 마리를 가지고 있습니다."라고 말하였습니다. 그러자 주님께서 그것을 가져오라고 하시며 감사기도를 하시고 다 나눠 먹었습니다. 그 이후에 예수님께서는 그들이 예수님을 자신들의 왕으로 삼으려는 것을 아시고 피하셨는데, 그들이 예수님을 찾았을 때 십자가 수난에 대해서 말씀을 하셨습니다. 그러자 모였던 사람들이 다 가 버리고 제자들만 따라왔습니다.

예수님께서 제자들에게 "너희는 나를 누구라 하느냐."라고 물었을 때 다른 제자들은 "사람들이 세례 요한, 엘리야, 선지자라고 합니다."라고 여러 말을 하는데 베드로는 "주는 그리스도시요 살아 계신 하나님의 아들이로소이다."라고 대답하였습니다. 그 말을 들으시고 예수님께서 "바

요나 시몬아 너는 복이 있다"라고 하시면서, "그런데 베드로야, 너의 대답은 살과 피로 된 인간이 한 말이 아니라 하나님께서 네게 은혜를 베푸신 것이다."라고 말씀하셨습니다. 그런데 뒤에 가서 예수님께서 십자가 수난을 말씀하시니까 베드로가 화를 내면서 예수님을 꾸짖고 나섰습니다. 그때 예수님께서 "사탄아, 내 뒤로 물러가라"고 말씀하셨습니다. 성경 본문에서 예수님이 "사탄아"라고 말씀하신 것이 두 번 있었는데, 시험 받으실 때와 여기서 베드로에게 말씀하셨을 때였습니다. 그 이후로도 베드로는 실수를 많이 했습니다. 예수님을 세 번이나 부인한 일도 있습니다.

그랬던 제자 베드로가 신약외경 베드로행전에 따르면 나중에는 변화하여 십자가에 거꾸로 달려 죽는 순교자가 되었습니다. 네로가 사람들을 많이 잡아 죽일 때 베드로 역시 로마로부터 도망가는 중이었는데, 가는 중에 예수님께서 십자가를 지고 로마로 들어가시는 것을 보았습니다. 베드로가 "주님, 어디로 가십니까?(쿼바디스 도미네)"라고 여쭈니 예수님께서 "네가 십자가를 안 지니까 내가 다시 십자가를 지기 위해 로마로 간다."라고 말씀하셨습니다. 그러자 베드로가 "아이고 주님, 제가 십자가를 지겠습니다." 하고는 다시 로마로 들어가서 "제가 어떻게 감히 주님과 똑같이 죽을 수 있겠습니까? 저는 거꾸로 달리겠습니다."라고 해서 십자가에 거꾸로 달려 순교했습니다.

제자들의 세 가지 변화

여러분의 현재 신앙이 예수님의 공생애 당시 베드로보다 나은 사람들이 많습니다. 여러분은 스승이 힘들 때 도망가지 않았지만 베드로는 스

우연의 반복은 필연이다

승을 부인하고 도망갔습니다. 예수님의 제자들 중에서 인간적으로는 쓸 만한 사람이 없고 의리 있는 사람이 없었습니다. 그런데 예수님께서 부활하신 후 크게 세 가지 점에서 그들이 변했습니다.

첫째, 그들은 더 이상 죽음을 두려워하지 않게 되었습니다. 즉 예수님을 믿는 사람이 죽음을 두려워한다면 예수를 진짜 믿는 사람이 아니라는 말입니다.

둘째, 죄와 죄의식을 극복했습니다. 교회에 오래 다니고 연세 많으신 분들 중에 "저는 죄인입니다."라고 자주 말씀하시는 분들이 있습니다. 이는 자칫 '죄인이라고 하는 죄인'이 될 수 있습니다. 이것은 "나는 예수를 안 믿습니다."라는 말과 같습니다. 그분이 십자가에 죽으셨는데 아직도 죄의식 속에서 살면 안 됩니다. 예수님의 제자들도 마찬가지였습니다. 그들은 그리스도의 사랑 안에서 죄인이라는 생각을 극복했습니다. 예수님의 십자가에 죽으심을 믿음으로 말미암아 죄인에서 해방되어 참 자유인이 되었습니다. 믿는 사람은 대자유인입니다. 우주적인 아들입니다. 당당하고 멋있고 분명하고 정의로운 사람입니다.

셋째, 몸 문제를 극복했습니다. 몸 문제라는 것은 병, 가난, 나이 문제입니다. 연월일시라는 것은 사람이 거기에 맞추어서 편리하게 살아가려고 만든 개념일 뿐 본래 없는 것입니다. 그런데 우리는 그것을 본질적인 문제로 여기면서 "나는 몇 살이라서 못 한다."라는 식으로 나이 탓을 합니다. 그런 사람은 999살이 되면 "나는 900살이 아니라서 못 한다."라고 할 것입니다. 세상에 병 없는 사람이 없습니다. 가난과 어려움도 마찬가지입니다.

제자들도 이와 같은 몸의 문제를 극복했습니다. 바울은 편두통이 있고 안질도 있었으며 디모데는 신경성 위장병이 있었습니다. 그러나 바울은 "여러 계시를 받은 것이 지극히 크므로 너무 자만하지 않게 하시려고 내 육체에 가시 곧 사탄의 사자를 주셨으니 이는 나를 쳐서 너무 자만하지 않게 하려 하심이라"(고린도후서 12:7)고 고백했습니다. 병, 고통, 가난이 없으면 교만해져서 안 된다는 것입니다.

부활의 희망과 사랑의 실천

부활절 설교의 핵심은 우리도 예수님의 제자들처럼 변화되어 의로운 삶을 살아야 한다는 것입니다. 하나님께서는 불의하고 더러운 인간들이 이 사회에 많아도 몇 사람의 의인 때문에 평안을 주십니다. 이번에 남북 회담이 열리는 것을 보십시오. 지난달만 해도 한반도에 핵전쟁이 일어날까 봐 불안해서 기도했는데 한 달 만에 세상이 확 변했습니다. 이것은 하나님이 간섭하시고 개입하신 것입니다. 한국 사회 안에서도 의인들이 있습니다. 그러면 하나님께서는 소돔과 고모라처럼 멸망하지 않게 개입하시는 것입니다. 몇 사람의 의인들로 인하여 하나님께서 핵전쟁의 위협 속에서 이 나라를 구하신다는 것입니다.

제가 이런 말씀을 드리는 이유는 믿는 것이 무엇인지 우리가 알아야 하기 때문입니다. 예수님의 제자들은 순교당할 때 "감사합니다. 어차피 죽을 몸인데, 주님께서 나를 선택하시고 부르셔서 참 감사합니다."라며 죽었습니다. 예수님의 제자들은 어떻게 죽음 문제를 극복했을까요? 또 죄의식은 어떻게 극복했으며, 몸의 문제들, 즉 현실적 어려움들은 어떻게 극복했을까요? 우리는 이 귀한 부활절에 예수님의 부활 사건을 바라

우연의 반복은 필연이다

보면서 그리스도의 사랑을 실천하는 사람이 되어야 할 것입니다. 그리스도의 사랑을 실천하는 사람이 그리스도의 제자이기 때문입니다.

> 요한복음 13장 34-35절 "새 계명을 너희에게 주노니 서로 사랑하라 내가 너희를 사랑한 것같이 너희도 서로 사랑하라 · 너희가 서로 사랑하면 이로써 모든 사람이 너희가 내 제자인 줄 알리라"

우리는 교회에 와서 대접을 받으려는 생각을 버리고 먼저 대접을 해야 합니다. 그렇지 않으면 믿는 사람이 아닙니다. 하나님이신 예수님께서도 낮아져서 봉사를 하셨습니다. 따라서 우리는 변화된 사람으로서 먼저 교회 안의 어려운 사람들을 돌아봐야 합니다. 그리고 가난하고 소외된 이웃들을 돌아봐야 합니다. 노인들이 하루 종일 폐지를 주워서 팔아도 8천 원을 못 받는다고 합니다. 그분들은 한 달에 24만 원을 벌고 국가에서 30만 원을 보조받아서 산다고 하시는데, 뉴스에서 보니까 이제 중국의 폐지 수입도 막혔다니 앞으로 어떻게 살겠습니까? 우리는 쪽방촌에 사시는 분들이나 무료 급식으로 근근이 살아가는 분들에게 관심을 가져야 합니다.

주님께서 "하나님을 사랑하고, 네 이웃을 네 몸과 같이 사랑하라"고 하셨습니다. "네 이웃을 네 몸과 같이 사랑하라"는 그분의 말씀을 따르지 않으면 MB처럼 됩니다. 저는 부활의 희망과 새로운 사랑의 실천에 대해서 여러분께 말씀드렸습니다. 우리는 예수님을 믿습니다. 그분의 십자가에 죽으심과 부활을 압니다. 우리는 다 새로워졌습니다. 그러므로 우리는 그리스도 안에서 모두 자유인으로 살 수 있습니다. 이것이 부활의 진정한 메시지입니다.

18

다윗과 남북 유다 이스라엘의 통일

....

2018. 4. 15.

사무엘하 3장 22-29절

"다윗의 신복들과 요압이 적군을 치고 크게 노략한 물건을 가지고 돌아오니 아브넬은 이미 보냄을 받아 평안히 갔고 다윗과 함께 헤브론에 있지 아니한 때라 · 요압 및 요압과 함께한 모든 군사가 돌아오매 어떤 사람이 요압에게 말하여 이르되 넬의 아들 아브넬이 왕에게 왔더니 왕이 보내매 그가 평안히 갔나이다 하니 · 요압이 왕에게 나아가 이르되 어찌 하심이니이까 아브넬이 왕에게 나아왔거늘 어찌하여 그를 보내 잘 가게 하셨나이까 · 왕도 아시려니와 넬의 아들 아브넬이 온 것은 왕을 속임이라 그가 왕이 출입하는 것을 알고 왕이 하시는 모든 것을 알려 함이니이다 하고 · 이에 요압이 다윗에게서 나와 전령들을 보내 아브넬을 쫓아가게 하였더니 시라 우물 가에서 그를 데리고 돌아왔으나 다윗은 알지 못하였더라 · 아브넬이 헤브론으로 돌아오매 요압이 더불어 조용히 말하

우연의 반복은 필연이다

려는 듯이 그를 데리고 성문 안으로 들어가 거기서 배를 찔러 죽이니 이
는 자기의 동생 아사헬의 피로 말미암음이더라 · 그 후에 다윗이 듣고 이
르되 넬의 아들 아브넬의 피에 대하여 나와 내 나라는 여호와 앞에 영원
히 무죄하니 · 그 죄가 요압의 머리와 그의 아버지의 온 집으로 돌아갈지
어다 또 요압의 집에서 백탁병자나 나병 환자나 지팡이를 의지하는 자
나 칼에 죽는 자나 양식이 떨어진 자가 끊어지지 아니할지로다 하니라"

본문의 배경 1

본문을 이해하기 위해서는 사무엘상과 사무엘하 1-2장의 배경을 알아
야 합니다. 배경을 알지 못하면 본문이 잘 이해되지 않습니다.

우리나라가 남북으로 나뉘어 있듯이 당시 이스라엘도 그랬습니다. 이
스라엘의 남쪽은 유다이고, 북쪽은 이스라엘입니다. 사무엘서를 보면 다
윗이 장인어른인 사울에게 여러 해를 쫓겨 다녔는데, 사울은 혹시 사위
가 왕권을 차지할까 싶어 암살단까지 보내서 다윗을 죽이려고 했습니다.
다윗이 왕이 된다는 것을 사무엘이 이미 예언했음에도 불구하고 사울이
하나님께 정식으로 도전한 것입니다.

사울이 다윗을 쫓다가 결국에는 실패하고 길보아 전투에서 세 아들과
함께 죽었습니다. 이제 다윗의 때가 왔습니다. 그러나 다윗은 사울이 통
치하던 곳으로 바로 올라가지 못합니다. 대신 헤브론에 가서 왕권을 얻
었는데, 베냐민과 유다 두 지파만 함께한 상태에서 남쪽 유다의 왕이 되
었습니다. 북쪽은 사울 밑에 있던 장군 아브넬이 사울의 아들인 이스보
셋을 데리고 마하나임으로 가서 이스라엘을 새로 세웠습니다. 그렇게 남

북이 대치되어 있었습니다.

성경은 여기서 두 사람 중에 누가 진정한 통합적 리더십을 가지고 있는가를 바라보고 있습니다. 유다나 이스라엘이나 두 나라가 모두 정치적으로 불안정했기 때문에 군대장관들이 실권을 쥐고 있는 상황입니다. 남쪽은 다윗이 왕으로 있지만 요압 장군이 실권을 쥐고 있고, 북쪽은 아브넬 장군이 실권을 쥐고 있습니다.

이번 본문의 주인공 중의 한 사람이 바로 요압입니다. 그는 다윗이 어려울 때 가장 많이 도와준 사람입니다. 특히 나중에 다윗이 우리야의 아내와 관련하여 범죄를 저질렀을 때 다윗은 요압을 통해서 밧세바의 남편을 전쟁터에 앞세우게 해서 죽게 하였습니다. 다윗의 입장에서 보면 요압은 그에게 은혜를 베푼 사람이지만, 은원 관계라는 말이 있듯이 은혜를 많이 준 사람이 때로는 원수가 됩니다. 서로 많이 알면 알수록 원수비슷하게 될 수 있습니다.

본문의 배경 2

요압과 아브넬이 기브온에서 전투를 할 때 서로 사람을 차출해서 누가 빨리 죽이는지 시합을 하기로 했습니다. 참 어리석은 인간들입니다. 그날 전쟁이 맹렬하여 요압 밑에 있던 사람은 19명이 죽고, 아브넬 쪽 사람들은 360명이나 죽었습니다. 그 와중에 북쪽 이스라엘의 최고 책임자인 아브넬을 잡으려고 유다의 군인들이 쫓았는데, 요압의 동생 아사헬이 "내가 잡지." 하고 쫓아갔습니다.

우연의 반복은 필연이다

사무엘하 2장 18-21절 "그곳에 스루야의 세 아들 요압과 아비새와 아사헬이 있었는데 아사헬의 발은 들노루같이 빠르더라 · 아사헬이 아브넬을 쫓아 달려가되 좌우로 치우치지 않고 아브넬의 뒤를 쫓으니 · 아브넬이 뒤를 돌아보며 이르되 아사헬아 너냐 대답하되 나로라 · 아브넬이 그에게 이르되 너는 왼쪽으로나 오른쪽으로나 가서 청년 하나를 붙잡아 그의 군복을 빼앗으라 하되 아사헬이 그렇게 하기를 원하지 아니하고 그의 뒤를 쫓으매"

요압의 형제는 아비새와 아사헬까지 세 명인데, 요압은 머리가 좋은 용장이었고 아사헬은 노루처럼 발이 빨라서 달리기를 아주 잘했습니다.

사무엘하 2장 22-23절 "아브넬이 다시 아사헬에게 이르되 너는 나 쫓기를 그치라 내가 너를 쳐서 땅에 엎드러지게 할 까닭이 무엇이냐 그렇게 하면 내가 어떻게 네 형 요압을 대면하겠느냐 하되 · 그가 물러가기를 거절하매 아브넬이 창 뒤 끝으로 그의 배를 찌르니 창이 그의 등을 꿰뚫고 나간지라 곧 그곳에 엎드러져 죽으매 아사헬이 엎드러져 죽은 곳에 이르는 자마다 머물러 섰더라"

아사헬이 공로를 세우려고 아브넬을 끝까지 쫓아갔습니다. 그러나 아브넬은 창의 명수입니다. 삼국지로 말하면 조자룡과 같습니다. 계속해서 따라붙는 아사헬을 보고 아브넬은 "따라오지 마라. 너는 나와 싸우면 죽는다. 그러면 내가 네 형의 얼굴을 어떻게 볼 수 있겠나."라고 합니다. 그러나 아사헬이 거절하고 끝까지 아브넬에게 따라붙습니다. 결국 아사헬은 본인의 빠른 발만 생각하고 공로를 세우려다가 아브넬의 창에 죽고 말았습니다. 이 소식을 나중에 요압이 듣고는 이를 갈며 복수를 다짐했습니다.

본문의 배경 3

북이스라엘에서는 이스보셋 밑에서 아브넬이 군대장관이 되어 점점 힘을 얻어 왕도 좌지우지하는 상황이 되었습니다. 그것이 사실인지 아닌지는 성경에서 직접 언급하고 있지는 않지만 전체 내용으로 보아 유추할 수는 있습니다. 하루는 이스보셋이 아브넬 장군이 사울의 첩과 통간을 했다고 마구 공격을 했습니다. 이스보셋의 생각에는 그러면 아브넬이 "정말 죄송합니다."라며 고개를 숙일 줄 알았는데, "내가 이스라엘의 개머리냐? 당신 아버지와의 의리 때문에 당신을 왕으로 세웠는데 내게 감히 그런 말을 해?"라고 역정을 냈습니다. 아브넬 장군이 하도 화를 내니까 이스보셋이 기가 죽었습니다.

그리고 아브넬이 전령을 다윗에게 보내서 북쪽 이스라엘 열 지파를 항복시켜서 통합하도록 도우겠으니 자기와 언약을 맺자고 했습니다. 그 이야기를 들은 다윗은 깜짝 놀랐습니다. 하나님께서 통합 왕을 말씀하셨는데 '이제 때가 왔구나' 싶어서 속으로는 기분이 좋았지만 드러내지 않고 "그래, 나도 조건이 있다. 내가 젊을 때 사울의 딸 미갈과 결혼했는데, 미갈은 내가 목숨을 걸고 블레셋 사람 100명을 죽이고 얻은 내 부인이다. 뒤에 들으니 미갈을 다른 곳으로 시집을 보냈다고 하는데, 나를 보러올 때 미갈도 함께 데리고 와라."고 말했습니다.

우연의 반복은 필연이다

한편 미갈은 다른 남자에게 시집가서 알콩달콩 잘살고 있는데, 어느 날 아브넬이 오더니 끌어내듯이 데리고 나갔습니다. 그러니 미갈도 훌쩍이고 남편도 맨발로 울면서 따라오는데, 아브넬이 그 남편에게 돌아가라고 협박하자 남편이 안 죽으려고 되돌아갔습니다. 미갈은 다윗에게 가봤자 여러 여자들 중의 하나일 뿐입니다. 하지만 다윗은 그러거나 말거나 아브넬이 미갈을 데리고 오니까 요즘 말로 "네가 진정성이 있구나."라고 합니다. 그래서 아브넬이 다윗에게 와서 나라를 통합하기로 하고 돌아간 것이 이번 본문의 배경입니다.

요압이 아브넬을 죽이다

그때 요압이 전쟁을 하고 돌아오니까 누가 와서 "아브넬이 왔다가 갔는데요."라고 합니다. "아니, 그 원수가? 어떻게 그냥 돌아갔지?"라고 하니 "왕이 그냥 보냈습니다."라고 대답하는 것입니다. 그래서 요압이 바로 다윗에게 가서 말합니다.

> 25절 "왕도 아시려니와 넬의 아들 아브넬이 온 것은 왕을 속임이라 그
> 가 왕이 출입하는 것을 알고 왕이 하시는 모든 것을 알려 함이니이다
> 하고"

요압이 다윗에게 와서 "아브넬이 왜 왔는지 아십니까? 당신을 정탐하러 왔습니다. 곧 전쟁이 날 것인데 당신에 대해서 세밀하게 조사하려고 온 것입니다. 그런데 왜 그냥 보냈습니까?"라고 묻습니다. 그러고는 다

윗이 대답도 하지 않았는데 요압이 삐쳐서 나갑니다. 또 자기가 실권자이므로 부하에게 "아브넬이 가고 있으니 빨리 데리고 와라. 다윗이 할 말이 더 있다고 해라."라고 시켰습니다.

전령이 달려가 보니 아브넬이 우물가에 앉아서 쉬고 있었습니다. 전령은 "아브넬 장군님, 다윗 왕이 다시 오시라고 합니다."라고 말했습니다. 그때 성문 앞에는 요압이 몸에 칼을 숨기고 기다리고 있었습니다. 요압은 자기 동생의 원수를 갚으려는 것입니다. 아브넬이 돌아오는 것을 보고 요압은 "할 말이 있다."라고 하며 성문 안으로 데리고 들어가서는 칼을 빼서 아브넬의 배를 찔러 죽였습니다. 요압은 개인적인 보복을 한 것입니다. 남북이 통일을 하거나 말거나 요압 자신과는 관계없다는 말입니다.

> 29-30절 "그 죄가 요압의 머리와 그의 아버지의 온 집으로 돌아갈지어다 또 요압의 집에서 백탁병자나 나병 환자나 지팡이를 의지하는 자나 칼에 죽는 자나 양식이 떨어진 자가 끊어지지 아니할지로다 하니라 · 요압과 그의 동생 아비새가 아브넬을 죽인 것은 그가 기브온 전쟁에서 자기 동생 아사헬을 죽인 까닭이었더라"

정치적 위기 앞에 선 다윗

> 32-35절 "아브넬을 헤브론에 장사하고 아브넬의 무덤에서 왕이 소리를 높여 울고 백성도 다 우니라 · 왕이 아브넬을 위하여 애가를 지어 이르되 아브넬의 죽음이 어찌하여 미련한 자의 죽음 같은고 · 네 손이 결박되지 아니하였고 네 발이 차꼬에 채이지 아니하였거늘 불의한 자식의 앞에

우연의 반복은 필연이다

엎드러짐 같이 네가 엎드러졌도다 하매 온 백성이 다시 그를 슬퍼하여
우니라·석양에 뭇 백성이 나아와 다윗에게 음식을 권하니 다윗이 맹세
하여 이르되 만일 내가 해 지기 전에 떡이나 다른 모든 것을 맛보면 하
나님이 내게 벌 위에 벌을 내리심이 마땅하니라 하매"

지금 다윗이 아주 곤란한 입장이 되었습니다. 다윗의 군대장관인 실권
자가 평화 사절로 온 아브넬을 죽여 버렸기 때문입니다. 그러면 다윗은
나쁜 놈이라는 소문이 퍼지게 됩니다. 마치 다윗이 앞에서는 나라를 통
합하자고 해 놓고 뒤로는 다시 오라고 해서 죽인 것처럼 되었기 때문입
니다. 다윗이 이중적 인간이라고 소문이 나기 시작할 찰나입니다.

만약 다윗에게 믿음이 없었다면, 그가 정의롭지 못했다면, 요압이 아
브넬을 죽인 것에 대해 바른말을 못 했을 것입니다. 요압이 군대장관이
고 실권을 다 쥐고 있었기 때문입니다. 자칫 잘못하면 오히려 다윗이 요
압에게 쫓겨날 수도 있습니다. 요압이 달려들면 꼼짝 못 합니다. 그러나
다윗은 믿음 안에서 정면 돌파하기로 작정합니다.

다윗은 먼저 아브넬을 헤브론에서 장사하라고 합니다. 그리고 위세 등
등한 요압에게 "당신도 참석해야 한다."라고 합니다. 그러니 요압도 삼베
옷을 입고 장례식에 참석했습니다. 놀라운 긴장이 흐릅니다. 요압이 싫
다고 했으면 아마 역사가 달라졌을 것입니다.

다윗은 아브넬을 장사한 후 "아브넬 당신도 장군인데, 차꼬에 채이지
도 않고 건강한 모습으로 있다가 어찌하여 불행한 사람처럼 죽었소."라
며 애가를 지어 부르며 울었습니다. 이스라엘 사람들도 헤브론의 이 장
례식에 다 참가했습니다. 지금 일촉즉발의 상황입니다. 여기서 다윗이

잘못 행동하면, 곧 요압을 너무 편들거나 아브넬을 너무 편들거나 하면 남북 통합의 판이 깨어질 판입니다. 이스라엘 열 지파도 지금 이 상황을 지켜보고 있는데, 다윗이 머리카락을 잡아 뜯고 땅을 치면서 진정으로 슬퍼하면서 우니까 "다윗이 죽인 것이 아니구나. 다윗이 이중적인 것이 아니구나."라고 생각하게 되었습니다.

욕을 아주 잘하는 사람들을 보면 그 집안의 할아버지부터 손자까지 위아래로 욕을 다 합니다. 그런데 지금 다윗이 요압의 집안 전체에 모두 가난하게 될 것이고 병자가 나올 것이라고 저주하고 있습니다. 요압은 삼베옷을 입고 장례식에 참석해서는 아무 말도 하지 않고 있습니다.

북쪽 이스라엘 사람들도 예언에 따라 다윗이 통합 왕이 될 것이라는 것을 다 알고 있습니다. 그러나 그렇게 되려면 어떤 변곡점이 필요합니다. 어떤 사건이 하나 있어야 합니다. 다윗이 지금 용기와 진실을 가지고 이 상황을 바꾸려는 것입니다. 다윗이 오전부터 시작해서 하루 종일 밥도 안 먹고 울고 있습니다. 다윗도 참 대단합니다.

36절 "온 백성이 보고 기뻐하며 왕이 무슨 일을 하든지 무리가 다 기뻐하므로"

이제 국면이 전환되었습니다. 다윗은 사람이 죽어서 우는데 온 백성은 기뻐합니다. 백성들은 "그러면 그렇지. 다윗이 그럴 리가 없지."라고 합니다.

37-39절 "이 날에야 온 백성과 온 이스라엘이 넬의 아들 아브넬을 죽인

우연의 반복은 필연이다

것이 왕이 한 것이 아닌 줄을 아니라 · 왕이 그의 신복에게 이르되 오늘 이스라엘의 지도자요 큰 인물이 죽은 것을 알지 못하느냐 · 내가 기름 부음을 받은 왕이 되었으나 오늘 약하여서 스루야의 아들인 이 사람들을 제어하기가 너무 어려우니 여호와는 악행한 자에게 그 악한 대로 갚으실지로다 하니라"

다윗은 자신의 신복들에게 "스루야의 아들들이 모두 맹장이니 이 사람들을 제어하기가 너무 어렵다. 그러나 하나님만은 아신다. 여호와는 악행한 자에게 그 악한 대로 갚으실 것이다."라고 솔직한 심경을 전합니다. 그의 신복들이 다윗에게 음식을 권하자 다윗은 "내가 오늘 해 질 때까지 식사를 하면 하나님이 벌을 두세 배로 내리실 것이다."라고 대답했습니다. 이로써 다윗은 국면 전환에 완전히 성공했습니다. 이후 다윗은 7년 동안의 헤브론 시대를 마감하고 왕국을 통합해서 예루살렘 중심의 통일 왕국을 세웠습니다. 여기서 나타난 것이 바로 다윗 왕의 통합적 리더십입니다.

우리 시대의 상황 읽기

우리도 남과 북으로 대치된 상황에서 통합적인 지도자, 평화의 지도자가 필요합니다. 그저 정권 탈취를 위한 자기 이익밖에 모르는 사람은 아무 도움이 되지 않습니다. 김대중 정부 때 부총리를 역임한 한완상 씨가 남북문제에 대해서 쓴 책이 있습니다. 그는 적대적 공생관계가 계속되는 한 남북한은 통일되지 않는다고 했습니다. 서로 원수처럼 공격하면서 실제로는 자기 정권을 유지한다는 말입니다. 이것이 적대적 공생관계입니다. 갈등 상황을 계속 만들면서 통일을 막는 것입니다.

우리는 이와 같은 상황 속에서 다윗의 사례를 통해 우리의 통합적 리더가 누구인지도 찾아야 하지만, "다윗처럼 통합적이고 진실한 사람을 세워 주세요."라고 하나님께서 그런 사람을 세워 주시기를 기도해야 합니다. 이스라엘이 남북으로 대치된 상황 앞에서 진실하게 기도하며 나간 사람이 바로 다윗이기 때문입니다.

현재 시리아에도 전쟁이 나서 미국이 폭격을 하고 있습니다. '아랍의 봄'이라고 해서 많은 중동 국가들에서 독재 정권을 타도하는 시위가 일어났습니다. 그런데 시리아에서는 현재 대통령인 아사드가 군인들을 동원해서 군사적으로 제압했습니다. 아사드는 영국에서 유학을 했고 안과 의사로서 엘리트 교육을 받은 사람이므로 기존의 대통령들과는 다를 것이라고 세계에서 기대했지만, 권력이 사람을 엉망으로 만든다고 하듯이 그 역시 이상하게 되었습니다. 그래서 다시 과거의 독재 정권을 계승했고, 그에 반하는 반군이 생겼습니다. 또한 시리아는 다른 아랍 국가들과는 다르게 수니파와 시아파 간의 종파 갈등이 극심해 내전이 더욱 복잡한 양상이 되었습니다.

문제는 시리아 정부군이 반군에게 생화학 무기를 쓴 것입니다. 그 때문에 아이들과 노인들도 많이 죽었습니다. 그러자 미국이 영국, 프랑스와 연합군을 형성해 생화학 무기를 생산하는 공장을 중심으로 공습을 감행했습니다. 북한은 눈을 크게 뜨고 이 사태를 바라보고 있습니다. 미국이 자기들을 공격할 때도 틀림없이 정밀타격을 할 것이기 때문입니다. 시리아의 생화학 무기와 핵시설의 기초를 해 준 것이 북한인데, 지금 연합군이 이것들을 정밀타격해서 다 때리고 있으니 북한은 우리도 잘못하면 저렇게 되겠구나 싶을 것입니다.

동북아의 전쟁과 평화의 문제는 여섯 나라가 연관되어 있습니다. 북한은 러시아와 중국과 연합하고 우리나라는 미국과 일본과 연합해 있습니다. 국제적 정치 상황이 참 어려운데, 국제 문제에 대해서 모른다고만 할 것이 아니라 성경을 통해서 "현재의 국제 문제도 대통령이 잘 처리하도록 해 주세요."라고 기도해야 합니다. 이번에는 다윗의 남북 관계를 통해서 국제 문제도 생각해 보는 시간을 가졌습니다.

19

다윗의 성공 비결

2018. 4. 29.

시편 18편 1-3절

"나의 힘이신 여호와여 내가 주를 사랑하나이다 · 여호와는 나의 반석이시요 나의 요새시요 나를 건지시는 이시요 나의 하나님이시요 내가 그 안에 피할 나의 바위시요 나의 방패시요 나의 구원의 뿔이시요 나의 산성이시로다 · 내가 찬송 받으실 여호와께 아뢰리니 내 원수들에게서 구원을 얻으리로다"

흙수저 다윗

이번에는 '다윗의 성공 비결'이라는 제목으로 말씀을 드리겠습니다. 경제 신문을 매일 보는데 거기에는 성공한 사람들의 이야기가 많이 나옵니다. 그런데 성공한 사람들 중에서도 태어날 때부터 금수저인 사람들이

우연의 반복은 필연이다

있습니다. 하지만 다윗은 그렇지 못했습니다. 막내아들로 태어나서 몸도 별로 크지 않았고 들에서 목동이나 하던 사람이었습니다. 물론 그는 목동 일을 하면서도 용기가 있어서 사자나 곰이 양을 물어 가면 끝까지 따라가서 물맷돌로 싸워 빼앗아 왔습니다. 나이는 어렸지만 힘이 아주 좋은 사람입니다. 그렇다고 이 목동 일을 어디 가서 제대로 배운 것도 아닙니다. 그래서 우리 식으로 말하면 다윗은 촌사람이고 흙수저입니다. 그의 아버지 이새도 별 볼 일 없는 사람입니다. 그런데 다윗이 통일 왕국의 왕이 되었습니다. 다윗이 이렇게 성공한 비밀이 무엇일까요?

다윗은 나중에 사울 왕의 사위가 되고 오랜 시간을 장인에게 쫓겨 다니더니 헤브론에서 왕이 되고 결국 리더십을 발휘해서 전 유대와 이스라엘을 통합하는 통일 왕국의 왕이 되었습니다. 다윗은 정치도 잘했습니다. 내치를 잘했는데 그것도 나이가 30대일 때입니다. 밖으로도 일곱 부족을 다 점령해서 통일 왕국으로서 이스라엘의 위대한 왕으로 꼽혔습니다.

우리가 알아야 할 것은 다윗의 성공의 비결은 도대체 무엇인가 하는 것입니다. 현대인의 관점에서 볼 때 다윗의 전 삶을 통틀어 성공할 만한 조건이 아무것도 없습니다. 배경도 특출하지 않고 인맥도 없는 사람이 어떻게 출세할 수 있었을까요? 그 비결은 무엇일까요?

다윗의 성공 비결

시편 18편에서 다윗은 그 비결을 공개합니다. 그것은 "나는 어려울 때

마다 하나님의 이름을 불렀다."라는 것입니다. 시편 18편에는 하나님의
이름이 약 9가지가 나옵니다.

> 시편 18편 49절 "여호와여 이러므로 내가 이방 나라들 중에서 주께 감
> 사하며 주의 이름을 찬송하리이다"

49절에서 다윗은 하나님의 이름을 찬송했다고 합니다. 그러면 우리도
하나님 이름을 부르면 정말 이렇게 성공할 수 있을까요? 그의 모든 성공
의 비결은 처음도 끝도 하나님의 이름을 부른 것이라고 다윗은 말합니
다. 현재도 모든 사람들이 다윗을 칭송합니다. 예수님도 다윗의 후손으
로 오셨습니다. 성경은 그 많은 왕들 중에서 유다 지파의 다윗의 후손으
로 그리스도께서 오셨다는 것을 강조합니다.

사람은 모두 고생을 하게 되어 있습니다. 이것이 보편적인 인간 삶의
법칙입니다. 다만 하나님을 알고 정의롭게 고생하는가, 하나님을 생각하
지 않는 고생을 하는가에 대한 차이만 있을 뿐입니다. 다윗의 고생을 인
간적으로 생각하면 참 억울합니다. 그는 16세에 골리앗을 물리쳤습니다.
그런데 블레셋의 최고의 거인 장군을 물리치고 나자 오히려 그때부터
다윗의 고생이 시작됩니다. 장인이 될 사람이 킬러를 보내고 그를 계속
죽이려고 쫓습니다. 당시 사울이 가장 골치 아프게 생각한 것이 골리앗
인데, 그 사람을 다윗이 죽여주니까 오히려 다윗을 죽이려고 쫓는 것입
니다.

다윗의 입장에서는 억울하지 않겠습니까? 기도할 때마다 하나님께 억
울함을 호소할 수 있었을 것입니다. 그러나 다윗은 그렇게 하지 않았습

우연의 반복은 필연이다

니다. 원망하지 않고 하나님의 이름을 부르면서 인내했습니다. 조금만 힘들면 원망하는 사람은 실제로는 하나님 중심이 아닌 자기 이익을 위해서 하나님의 이름을 부른 것일 뿐입니다.

골리앗을 이긴 다윗

사무엘상 17장 45-49절 "다윗이 블레셋 사람에게 이르되 너는 칼과 창과 단창으로 내게 나아오거니와 나는 만군의 여호와의 이름 곧 네가 모욕하는 이스라엘 군대의 하나님의 이름으로 네게 나아가노라 · 오늘 여호와께서 너를 내 손에 넘기시리니 내가 너를 쳐서 네 목을 베고 블레셋 군대의 시체를 오늘 공중의 새와 땅의 들짐승에게 주어 온 땅으로 이스라엘에 하나님이 계신 줄 알게 하겠고 · 또 여호와의 구원하심이 칼과 창에 있지 아니함을 이 무리에게 알게 하리라 전쟁은 여호와께 속한 것인즉 그가 너희를 우리 손에 넘기시리라 · 블레셋 사람이 일어나 다윗에게로 마주 가까이 올 때에 다윗이 블레셋 사람을 향하여 빨리 달리며 · 손을 주머니에 넣어 돌을 가지고 물매로 던져 블레셋 사람의 이마를 치매 돌이 그의 이마에 박히니 땅에 엎드러지니라"

본문의 배경을 짧게 설명하겠습니다. 하나님께서 사무엘을 통해서 사울에게 아말렉을 진멸하라고 했습니다. 하나님께서 함께하시므로 전쟁은 쉽게 이길 수 있었습니다. 그런데 사울이 가서 보니 좋은 양도 많고 소도 많고 물품도 많아서 탐욕이 생겼습니다. 하나님이 분명히 모두 진멸하라고 했는데 그것을 빼돌렸습니다. 사무엘이 그 소문을 들었습니다.

사무엘이 사울을 만나러 가니 소와 양의 우는 소리가 들려서 사울에게 "저 소와 양은 어디서 난 것입니까?"라고 하니 사울이 "하나님 앞에 제물로 바치려고 제가 가져왔습니다."라고 대답했습니다. 그러자 사무엘은 "그런 부정한 제물은 하나님께서 받지 않으십니다. 하나님이 아말렉의 모든 것을 진멸하라고 하셨는데 왜 순종하지 않고 이런 악행을 벌인 것입니까?"라고 사울을 책망했습니다.

하나님께 약속한 것이 있으면 그것을 지키지 않고 온갖 변명을 해도 필요 없습니다. 그 죄를 징치하시는 하나님의 법은 이스라엘의 대적을 창대하게 하시는 것입니다. 그러니 2미터가 넘는 블레셋의 거인 장군이 하나 나와서 칼과 단창을 잡고 갑옷을 입고 서서 사울에게 매일같이 욕을 해도 꼼짝을 못 하는 것입니다.

그때 이새의 집에서 다윗의 형 둘이 전쟁에 참여했습니다. 다윗의 아버지가 막내인 다윗을 부르더니 우리 식으로 말하면 "형들에게 김밥 좀 갖다줘라."라고 했습니다. 그래서 다윗이 형들에게 음식을 갖다주러 갔는데 덩치가 큰 사람이 나와서 욕을 하고 있는 것입니다. 그때 다윗이 "저 할례 받지 않은 인간이 만군의 하나님을 욕하는데 왜 모두가 가만히 있는가?"라고 하니까, 형들이 "잘난 척하지 말고 너는 양이나 치러 가라."고 합니다. 그런데 이 상황을 누군가 사울 왕에게 전해서 사울 왕이 다윗을 불렀습니다. 사울 왕을 만난 다윗은 할례도 받지 않은 블레셋의 이방인이 하나님의 군대를 모욕하는 것을 용서할 수 없다며, 자신이 골리앗을 무너뜨리겠으니 전쟁에 나가도록 해 달라고 허락을 구했습니다. 그리고 골리앗에게 "만군의 여호와의 이름 곧 네가 모욕하는 이스라엘 하나님의 이름으로 내가 네게 간다"라며 나아갔습니다. 다윗이 참 정의

우연의 반복은 필연이다

롭고 용맹합니다.

1절 "나의 힘이신 여호와여 내가 주를 사랑하나이다"

시편의 이 본문은 "내가 주를 사랑하므로 당신은 나의 힘이십니다."라고 번역해야 합니다. 히브리 원문은 뒤 문장이 앞입니다. 사랑이 있어야 힘이 있습니다. 사랑이 없는데 힘이 있을 수가 없습니다.

다윗이 하나님을 사랑하는 데서 오는 힘으로 골리앗에게 나아갔는데, 골리앗이 보니 웃깁니다. 작은 사람이 한 명 오더니 용기 있게 말하기는 하는데 멀리서 보니 칼도 없습니다. 블레셋은 청동기 문화라서 칼이 많았지만 이스라엘은 그렇지 않았습니다. 그러니 실제로는 게임이 안 됩니다. 하지만 그런 상황에서 다윗이 하나님의 이름을 부르면서 물맷돌을 날리니까 그것이 골리앗의 이마에 박혔습니다. 그때 다윗이 바로 달려가서 골리앗의 칼을 빼앗아서 그를 죽이고 이스라엘의 큰 영웅이 되었습니다.

우리가 여기서 중시해야 하는 것은 골리앗을 세상으로 보고 돈으로 보았을 때, 우리가 하나님의 이름으로 싸우지 않으면 골리앗에게 진다는 것입니다. 다윗은 만군의 여호와의 이름으로 골리앗과 싸웠습니다. 이제 우리는 다윗의 성공의 이유를 알았습니다.

사울에게 쫓기는 다윗

그 후로 다윗은 많은 전쟁에 나갔는데, 전쟁마다 이기고 돌아오며 명성을 드높였습니다. 사울은 다윗의 명성을 질투했습니다. 그래서 일부러 모든 전쟁에 다윗을 내보냈습니다. 적의 칼을 이용해서 다윗을 죽이려고 한 것이지만 그때마다 다윗은 승승장구하며 결국에는 사울의 사위까지 되었습니다. 이름 없는 촌의 목동이 왕의 사위가 되었으니 크게 출세한 것입니다. 사울은 다윗이 자기의 자리까지 빼앗겠다는 마음이 들었습니다. 사울은 하나님께 범죄 했기 때문에 이미 사고방식이 이상해져서 망할 수밖에 없는 생각을 합니다. 그때부터 사울은 다윗을 죽이기 위해 킬러를 계속 보냅니다. 나중에는 3천 명까지 거느리고 직접 다윗을 죽이러 다녔습니다.

그런데 여기서 중요한 것은, 다윗이 도망을 다니면서도 하나님의 이름을 부르면서 찬송한다는 것입니다. 이것이 우리와 다른 점입니다. 상황이 불리해져도 다윗은 하나님을 원망하지 않았습니다. 우리는 조금만 손해나면 "하나님께서 내게 왜 이러시나." 하면서 하나님과 거래를 하려고 합니다만 다윗은 계속 쫓기면서도 하나님을 찬양했습니다. 쫓기면서도 시를 쓴 사람은 다윗뿐입니다.

더 기가 막히는 것은 하도 여기저기 도망을 다니다 보니까 다윗이 죽인 골리앗의 고향인 블레셋의 가드까지 가게 되었다는 것입니다. 참 모순입니다. 가드의 아기스 왕은 다윗이 골리앗을 죽이는 현장에 있지 않았기 때문에 다윗의 얼굴을 알지 못합니다. 그런데 누가 저 사람이 골리앗을 죽인 다윗이라고 하니까 다윗이 살려고 침을 흘리면서 미친 척을 했습니다. 그러자 아기스 왕이 신하들에게 "우리 블레셋에 미친 사람이 없어서 하나 더 들이려 하나? 쫓아내라."고 해서 다윗은 "아이고 살았다."라고 하면서 도망쳤습니다.

우연의 반복은 필연이다

그런 상황에 처하면 인간적으로 정말 원망스럽고 억울하지 않겠습니까? "하나님, 도대체 뭡니까? 제가 이스라엘을 위해서 골리앗을 죽였는데 그 골리앗의 나라에 피하게 하시고 지금은 또 이렇게 되었습니다. 왜 그렇습니까?"라고 원망할 만하지 않겠습니까? 그러나 다윗은 그렇지 않았습니다. 우리가 하나님을 신앙할 때는 다윗처럼 이렇게 해야 합니다. 억울하다고 땅을 치고, "내가 새벽기도를 얼마나 했는데", "내가 헌금을 얼마나 했는데"라고 하는 것은 믿는 사람이 아닙니다. 또 한 가지 중요한 것은 하나님을 보고 신앙해야지 사람을 보면 안 됩니다.

저는 이 두 가지 일이 가장 다윗에게 억울할 수 있었던 사건이 아닌가 싶습니다. 누구나 억울한 일을 당해 보면 원망부터 나옵니다. "하나님 이래도 됩니까? 저 인간은 가만히 두지 마세요."라는 식의 온갖 기도가 다 나옵니다. 그러나 다윗은 이 고통과 어려움이 하나님께서 자기에게 숨겨 두신 축복의 통로임을 알았습니다. 그의 모든 시편을 보면 그것이 축복의 통로임을 알고 있었다는 것을 알 수 있습니다. 시편 어디를 보아도 "내가 쫓기는 것과 블레셋까지 도망가서 미친 척하고 나오는 것이 원망스럽고 억울하구나."라는 기록이 없습니다.

이뿐만이 아닙니다. 다윗이 굴에 숨어 있을 때 사울이 다윗을 잡으러 3천 명과 함께 왔다가 굴에서 혼자 휴식한다고 들어가서 누웠습니다. 그때 굴 안에 함께 숨어 있던 장군이 다윗에게 "이제 찬스가 왔습니다. 사울의 목을 단번에 땁시다."라고 했지만 다윗은 "그는 하나님이 세운 사람이니 그를 죽일 수는 없다."라고 했습니다. 그 대신 옷자락만 베어서 나중에 산 위에 올라가서 옷자락을 흔들며 "왕이여, 보소서. 이것이 누구의 것입니까? 제가 굴에 숨어 있다가 그때 들어오신 것을 봤습니다."라고 했습니다. 그러자 사울은 "아이고 내 아들아, 내가 잘못했다. 네가 나를 죽일 수도 있었는데 용서해 주었구나."라고 울먹이고 돌아가서는 또 다시 군인들에게 "너희들, 주변 사람들에게 물어서 다윗이 어디로 가는지 전부 조사해라."라고 지시했습니다.

그 후 한 번은 사울이 텐트를 치고 야영을 하는데, 아브넬이 군인들을 데리고 경호를 했습니다. 그런데 다윗이 밤에 들어가서 보니 전부 다 자고 있었습니다. 그때에도 기회가 왔지만 다윗은 "하나님이 세우신 사람을 죽일 수 없다."라고 해서 사울의 머리 곁에서 창과 물병만 가지고 나와서 멀리 산꼭대기에 서서 소리쳤습니다. "아브넬 장군, 당신은 뭐 하는 사람이냐? 네가 왕을 지킬 때 내가 그 사이로 들어가서 물병과 창을 가져왔다." "사울 왕이여, 제 마음을 알아주세요. 저는 이스라엘을 위하는 사람입니다."라고 하자 사울은 또 "내 아들아, 내가 잘못했다."라고 했습니다.

다윗의 성공 비결을 우리 삶에 적용하자

우리 믿는 사람들은 사회의 어디에 가서도 "그 사람은 진짜 하나님의 사람이다."라는 말을 들어야 합니다. 우리를 통해 하나님이 영광을 받으셔야 하는 것입니다. 우리는 다윗의 전 삶에서 성공의 비결이 하나님의 이름을 부른 것임을 알게 되었습니다. 예컨대 다윗이 쫓기면서 부른 '아도나이 마흐세'라는 하나님의 이름은 '나의 피난처이신 하나님, 도피성이신 하나님'이라는 뜻도 되고 '바위'라는 뜻도 됩니다.

다윗의 70년의 삶을 보면, 어려울 때는 항상 하나님의 이름을 부르며 찬양하였고, 죄 지은 후에는 눈물을 펑펑 흘리면서 인간적으로 깊이 회개했습니다. 그래서 하나님 보시기에 참으로 사랑스러웠고 하나님의 마음에 드는 사람이었습니다. 그러나 사울은 "내가 뭘 잘못했는데? 나는 잘못한 것이 없다."라며 자기 잘못을 전혀 인정하지 않았습니다. 다윗의 성공 비결은 어떤 상황에서도 원망하거나 억울해하지 않고 끝까지 하나님 이름을 부르며 나갔다는 것입니다. 결국 그는 왕국의 통일을 이룬 사람이 되었습니다.

우리도 하나님의 이름을 부르며 나가자

마지막으로 정치적인 문제를 좀 말씀드리겠습니다. 다윗이 70세까지 살았는데, 유대인들이 바벨론에 포로가 되어 갔다가 70년 만에 돌아왔습니다. 숫자에 큰 의미를 부여하기보다는 그저 참고만 합시다. 그리고 2018년 남북 정상회담은 1948년 남북협상을 기점으로 70년 만의 회담이라는 의미가 있습니다. 문 대통령이 2017년 7월에 베를린 선언을 통해 남북통일에 대해서는 말하지 말고 서로 경제협력하고 북한도 핵무기를 없애서 공동으로 평화를 이루며 번영하자고 선언했습니다. 이 선언을 듣고 북한이 핵무기를 개발하고 미사일을 쏘는 상황에서 그런 말이 가당키나 하냐며 많은 이들이 비난했습니다. 그런데 김정은의 생각에는 그 말이 맞는 것 같아서 문 대통령의 제의에 응답을 했습니다. 북한이 미국을 상대로 핵무기를 만들어서 폼을 잡으려 했더니 미국이 적극적으로 나서서 참수 작전을 언급하며 유엔을 통해 꼼짝 못 하게 제재하고 압박을 가하는 상황입니다. 원래 북한은 병진정책이라고 해서 경제와 군사를 같이 강화하는 정책을 추진했는데, 지금은 핵무기를 버려야겠다고 하면서 남북 회담이 열렸습니다.

저는 이 사건을 보면서 '남한에 있는 의인들을 보고 하나님이 역사적으로 개입하셨구나'라는 생각이 들었습니다. 지난달만 해도 전쟁이 곧 날 것처럼 분위기가 안 좋았는데 갑자기 새로운 분위기가 조성되었습니다. 저는 하나님이 역사적으로 개입하셨다고 생각합니다.

물론 북한은 평화를 만드는 사람으로서 나선 것이 아닙니다. 제재와 압박에 못 이겨서, 먹고살 것이 없기 때문에 나선 것입니다. 북한 입장에서는 남한의 경제가 가장 부럽습니다. 문 대통령이 백두산까지 차로 가고 싶다고 하니까 김정은이 솔직하게 "길이 나빠서 못 옵니다."라고 합니다. 길이 나빠서 자동차 속도가 시속 40킬로밖에 나지 않기 때문입니다. 지금 북한에 장마당이 생기고 자유경제 체제가 들어오니 북한의 젊은이들은 두 가지가 필요하다고 합니다. 하나는 먹는 것이고 다른 하나는 새로운 정보입니다. 이러한 것들에 대한 욕구가 분출되고 있는 상황입니다.

전에 고레스의 역사를 연구한 어떤 신학자를 만나서 고레스 이야기를 하다가 그분이 "포로 귀환해서 되돌아가는 것을 지나치게 해석하지 마세요. 고레스 왕은 실제로 하나님을 몰랐습니다. 그런데 어떻게 고레스 왕의 칙령을 통해서 돌아간다고 할 수 있습니까?"라고 했습니다. 그 말에 제가 읽어 준 본문이 이것입니다.

이사야 45장 1-4절 "여호와께서 그의 기름 부음을 받은 고레스에게 이같이 말씀하시되 내가 그의 오른손을 붙들고 그 앞에 열국을 항복하게 하며 내가 왕들의 허리를 풀어 그 앞에 문들을 열고 성문들이 닫히지 못

우연의 반복은 필연이다

하게 하리라 · 내가 너보다 앞서 가서 험한 곳을 평탄하게 하며 놋문을 쳐서 부수며 쇠빗장을 꺾고 · 네게 흑암 중의 보화와 은밀한 곳에 숨은 재물을 주어 네 이름을 부르는 자가 나 여호와 이스라엘의 하나님인 줄을 네가 알게 하리라 · 내가 나의 종 야곱, 내가 택한 자 이스라엘을 위하여 네 이름을 불러 너는 나를 알지 못하였을지라도 네게 칭호를 주었노라"

고레스 왕의 2백 년 전에 이미 이사야가 "너는 나를 알지 못해도 네게 칭호를 주었다. 그래서 내 민족을 돌아오게 하겠다."라고 예언했습니다. 문재인이라는 사람도 여느 사람들처럼 문제도 많겠지만 하나님께서 그를 세워서 남북이 통일되는 새로운 시작을 열게 하셨습니다.

그런데 두 가지 큰 문제가 있습니다. 첫째, 북한은 핵무기를 포기하지 않습니다. 핵무기를 어디 깊이 숨겨 놓고 일부만 내놓고는 "제재 좀 풀어 주세요."라고 하는 것입니다. 그리고 우선 빨리 남한과 경제부터 회복하려고 할 것입니다. 트럼프는 어디에 핵무기를 숨겨 놓았는지 다 조사해 두고 하나도 남김없이 다 없애라고 했습니다. 하지만 북한은 리비아 사태를 지켜봤습니다. 미국이 핵무기를 전부 없애라고 해서 다 없애니까 내부 쿠데타로 카다피가 제거되었습니다. 북한에도 쿠데타가 안 일어난다는 보장이 없습니다. 두 번째, 좀 있으면 트럼프 대통령의 임기가 끝납니다. 문 대통령의 임기도 끝납니다. 그러니까 살라미 전술을 쓸 수가 있습니다. 조금씩만 잘라서 주는 것입니다. 핵무기만을 의존해서 살던 사람들이 핵무기를 완전히 없애는 것은 말처럼 쉽지 않습니다.

그러므로 우리는 너무 조급하게 생각하면 안 됩니다. 미국, 중국, 일본,

러시아도 관계가 되어 있습니다. 남북한은 현재 휴전으로, 아직 전쟁 상태이니 먼저 종전선언을 해야 합니다. 북한과 우리가 서로 국가로 인정하고 서로 평화 속에 번영하자는 것이 종전입니다. 그러면 우리가 일본에 가듯이 북한도 갈 수 있습니다. 지금은 휴전 상태라서 그럴 수 없습니다. 우선은 그렇게만 되어도 큰 진전이 있습니다. 이와 같은 과정에는 반드시 하나님의 개입하심이 있어야 합니다. 70년 만에 정치적인 통일의 무드로 들어가니 이 문제 앞에서 우리는 하나님께 감사기도하면서 만군의 하나님의 이름을 부르며 함께 나아갑시다.

20

한 달란트 받은 자

....

2018. 5. 13.

마태복음 25장 14-30절

"또 어떤 사람이 타국에 갈 때 그 종들을 불러 자기 소유를 맡김과 같으
니 · 각각 그 재능대로 한 사람에게는 금 다섯 달란트를, 한 사람에게는
두 달란트를, 한 사람에게는 한 달란트를 주고 떠났더니 · 다섯 달란트
받은 자는 바로 가서 그것으로 장사하여 또 다섯 달란트를 남기고 · 두
달란트 받은 자도 그같이 하여 또 두 달란트를 남겼으되 · 한 달란트 받
은 자는 가서 땅을 파고 그 주인의 돈을 감추어 두었더니 · 오랜 후에 그
종들의 주인이 돌아와 그들과 결산할새 · 다섯 달란트 받았던 자는 다
섯 달란트를 더 가지고 와서 이르되 주인이여 내게 다섯 달란트를 주셨
는데 보소서 내가 또 다섯 달란트를 남겼나이다 · 그 주인이 이르되 잘
하였도다 착하고 충성된 종아 네가 적은 일에 충성하였으매 내가 많은
것을 네게 맡기리니 네 주인의 즐거움에 참여할지어다 하고 · 두 달란

트 받았던 자도 와서 이르되 주인이여 내게 두 달란트를 주셨는데 보소서 내가 또 두 달란트를 남겼나이다 · 그 주인이 이르되 잘하였도다 착하고 충성된 종아 네가 적은 일에 충성하였으매 내가 많은 것을 네게 맡기리니 네 주인의 즐거움에 참여할지어다 하고 · 한 달란트 받았던 자는 와서 이르되 주인이여 당신은 굳은 사람이라 심지 않은 데서 거두고 헤치지 않은 데서 모으는 줄을 내가 알았으므로 · 두려워하여 나가서 당신의 달란트를 땅에 감추어 두었었나이다 보소서 당신의 것을 가지셨나이다 · 그 주인이 대답하여 이르되 악하고 게으른 종아 나는 심지 않은 데서 거두고 헤치지 않은 데서 모으는 줄로 네가 알았느냐 · 그러면 네가 마땅히 내 돈을 취리하는 자들에게나 맡겼다가 내가 돌아와서 내 원금과 이자를 받게 하였을 것이니라 하고 · 그에게서 그 한 달란트를 빼앗아 열 달란트 가진 자에게 주라 · 무릇 있는 자는 받아 풍족하게 되고 없는 자는 그 있는 것까지 빼앗기리라 · 이 무익한 종을 바깥 어두운 데로 내쫓으라 거기서 슬피 울며 이를 갈리라 하니라"

구조적 맥락

이 본문은 마태복음에만 있습니다. 마태복음은 유대인들을 대상으로 기록되었기 때문에 구약의 율법서를 따라서 전체 내용을 다섯 부분으로 나누어서 말씀하고 있습니다. 예컨대 첫째 부분은 예수님께서 산상수훈을 말씀하신 것인데, 이 산상수훈은 창세기에 해당합니다. 새롭게 창조된 새사람의 삶은 어떤가, 새로운 천국의 사람으로서 어떤 마음을 가지고 살아야 하는가에 초점을 맞추고 있습니다.

우연의 반복은 필연이다

반면에 이 본문은 24장부터 시작되는 종말에 관한 말씀과 같은 맥락의 내용입니다. 예수님께서 성전을 바라보시면서 세상의 끝에 어떻게 되는가에 대하여 말씀하셨는데, 세 가지 비유를 하셨습니다. 곧 열 처녀 비유, 달란트 비유, 양과 염소 비유입니다. 마태복음 24-25장의 종말론은 세상 끝이 되면, 세상을 창조하신 분이 세상을 끝내실 때 우리가 일상을 어떻게 살아가야 하는가에 초점을 맞춥니다. 이러한 종말론에 초점을 맞춘 것이 예수님의 세 가지 비유입니다. 문맥상으로 그 내용을 알고 있어야 합니다. 그리고 예수님께서는 사람들의 머릿속에 잘 남아 있게 하기 위해 '비유'라는 그림 언어를 사용하셨습니다.

예수님께서 24장부터 종말론을 말씀하시더니 "내가 비유를 하겠다."라고 하시면서 열 처녀 비유를 먼저 말씀하셨습니다. 일상적인 삶 속에서 기름을 준비한 사람은 하늘나라에 들어가고, 기름을 준비하지 않은 사람은 들어갈 수 없다는 것이 핵심입니다. 그러면 우리는 스스로에게 나는 과연 기름을 준비하는 일상을 살고 있으며, 예수님 앞에 떳떳하게 설 수 있는지 물어야 합니다. 두 번째 비유는 본문의 비유이고, 세 번째 비유는 양과 염소의 비유입니다.

달란트 비유

이제 달란트 비유를 말씀드리겠습니다. 주인이 멀리 타국으로 가면서 세 사람의 종을 불렀습니다. 한 달란트가 일억쯤 된다고 해 봅시다. 종 한 사람에게는 "내가 돌아올 때까지 관리를 잘해라."고 하면서 다섯 달란트를 주었습니다. 그리고 다음 사람에게는 두 달란트를, 마지막 사람에게는 한 달란트를 주고 갔습니다. 오랜 시간이 흘러 주인이 돌아와서 종들을 불러 계산했습니다. 다섯 달란트를 준 종에게 "너에게는 다섯 달란트를 주고 갔는데 지금 어떻게 되었지?"라고 하니 그 종이 열 달란트를 가지고 와서 주인에게 내놨습니다. 이때 주인이 다음과 같이 칭찬합니다.

> 21절 "그 주인이 이르되 잘하였도다 착하고 충성된 종아 네가 적은 일에 충성하였으매 내가 많은 것을 네게 맡기리니 네 주인의 즐거움에 참여할지어다 하고"

두 달란트 받은 사람은 네 달란트를 가지고 왔습니다. 그러니까 주인이 또 칭찬합니다.

> 23절 "그 주인이 이르되 잘하였도다 착하고 충성된 종아 네가 적은 일에 충성하였으매 내가 많은 것을 네게 맡기리니 네 주인의 즐거움에 참여할지어다 하고"

두 사람에 대한 칭찬이 똑같습니다. 이것이 아주 중요한 핵심입니다. 우리 생각에는 "너희들이 고생했구나. 다섯 달란트는 많은 돈인데 관리를 잘했으니 나와 같이 영광을 취하자. 두 달란트 남긴 너도 다섯 달란트 남긴 종보다는 못하지만 잘했다."라고 할 것 같은데 예수님의 비유에서 주인은 두 사람에게 똑같이 칭찬을 합니다. 우리는 양적으로, 자본주의적으로 생각하므로 다섯 달란트 받은 자는 칭찬을 많이 받아야 하고, 두 달란트 받은 자는 그것보다는 못해야 한다고 생각합니다. 그러나 예수님

우연의 반복은 필연이다

께서는 양적으로 보시지 않습니다.

24-30절 "한 달란트 받았던 자는 와서 이르되 주인이여 당신은 굳은 사람이라 심지 않은 데서 거두고 헤치지 않은 데서 모으는 줄을 내가 알았으므로 · 두려워하여 나가서 당신의 달란트를 땅에 감추어 두었었나이다 보소서 당신의 것을 가지셨나이다 · 그 주인이 대답하여 이르되 악하고 게으른 종아 나는 심지 않은 데서 거두고 헤치지 않은 데서 모으는 줄로 네가 알았느냐 · 그러면 네가 마땅히 내 돈을 취리하는 자들에게나 맡겼다가 내가 돌아와서 내 원금과 이자를 받게 하였을 것이니라 하고 · 그에게서 그 한 달란트를 빼앗아 열 달란트 가진 자에게 주라 · 무릇 있는 자는 받아 풍족하게 되고 없는 자는 그 있는 것까지 빼앗기리라 · 이 무익한 종을 바깥 어두운 데로 내쫓으라 거기서 슬피 울며 이를 갈리라 하니라"

이번에는 한 달란트 받은 사람이 왔습니다. 그는 본전도 잃어버릴까 봐 한 달란트를 땅에 묻어 놓았다가 다시 가져왔습니다. 우리 생각에는 본전도 안 잃고 잘 가져왔는데 왜 이렇게 꾸중을 할까, 주인이 앞의 두 사람에 비하여 불공평한 것이 아닌가 생각할 수 있습니다. "네가 그래도 본전은 안 잃고 고스란히 가져왔네. 너도 잘했다."라고 칭찬은 안 하셔도 "되었다. 너도 수고했다."라고 하면 될 것 같은데, 예수님의 비유에서 주인의 반응은 우리의 예상과 다릅니다.

24절 "한 달란트 받았던 자는 와서 이르되 주인이여 당신은 굳은 사람이라 심지 않은 데서 거두고 헤치지 않은 데서 모으는 줄을 내가 알았으므로"

한 달란트 받은 사람의 대답에 주목해 봅시다. 주인에게 '굳은 사람'이라는 말을 합니다. 이 말은 "당신은 지독한 구두쇠이고, 불공평한 사람입니다."라는 뜻입니다. 굳은 사람의 헬라어인 '스크레아스'가 '지독하다', '야비하다', '무심하다'라는 뜻입니다. 즉 "저는 한 달란트 받은 사람으로서 생각만 하면 분하고 원통합니다. 저 친구들은 나보다 나은 것도 없는데 왜 다섯 달란트와 두 달란트를 주고 나는 한 달란트만 줍니까? 당신은 불공평합니다. 당신은 구두쇠라서 능력을 더 달라고 아무리 기도해도 더 이상 안 주시고 아무 답도 안 해 주셨습니다. 당신은 무심한 사람입니다."라는 말입니다. 그는 하나님에 대해서 이미 심보가 비뚤어졌습니다.

달란트를 우리가 세상에 태어나서 받은 능력으로 생각해 봅시다. 다섯 달란트, 두 달란트, 그리고 한 달란트 받은 사람은 각각 생명으로서 태어날 때 가지는 능력이 다릅니다. 그런데 한 달란트 받은 이 친구는 아주 논리적이라서 "우리 세 사람을 먼저 테스트해 보시고 더 잘하면 다섯 달란트를 주시고, 그다음은 두 달란트, 그리고 마지막에 한 달란트를 주셔야 하는 것 아닙니까? 그런데 왜 처음부터 다르게 줍니까?"라고 할 수 있습니다. 이 사람은 불만이 가득 찼고, 감사라는 것이 없습니다. 깊이 생각하지도 않습니다. 무조건 하나님에 대해 반대만 합니다.

이것은 마치 사울이 "왜 하나님께서는 내게 왕이 되라고 하시더니 키도 작고 촌놈인 다윗을 왕으로 세우시지? 내 아들도 있는데? 하나님이 하시는 일이 정말 마음에 안 든다."라면서 하나님께 반대하는 방식으로

우연의 반복은 필연이다

하나님이 사랑하는 다윗을 죽이려고 하는 것과 같습니다. 영화 〈아마데우스〉에서 살리에리가 모차르트의 재능에 대한 질투 때문에 "하나님은 왜 저 천한 모차르트에게는 뛰어난 재능을 주시고 나는 그 재능의 대단함을 감탄하는 능력만 주신 것인가?"라고 하면서 원망스러워하는 것과 비슷합니다.

이번 주제는 '한 달란트'입니다. 우리가 생명으로 태어났다면 자기만의 달란트가 다 있습니다. 그런데 우리는 자꾸만 자본주의적으로 사고하며 "누구에게는 많이 갔고 누구에게는 적게 갔네. 이렇게 불공평한 하나님을 나는 안 믿겠다. 누구는 키도 크고 인물도 좋고 집안도 좋은데 나는 뭐지? 하나님이 안 계신 것이 아닌가?"라고 합니다. 하나님께서는 자기가 가진 달란트에 집중하라고, 자기의 능력을 극대화시키라고 한 달란트를 주셨습니다. 그런데 그것을 개방해서 다른 사람에게 진실하게 말하지 않고, 자기 것은 땅에 묻어 놓고는 계속 남의 것과 비교만 하고 불평만 합니다. 그런 인간의 모습이 본문 속의 '한 달란트 받은 자'입니다.

인간의 두 가지 불행

인간의 두 가지 불행이 있는데, 첫째는 부잣집에서 잘 태어나는 것입니다. 말하자면 금수저로 태어나는 것인데, 그러면 불행을 바가지로 덮어쏩니다. 우리나라의 재벌계에 금수저가 268명이라고 합니다. 미국에서는 자식에게 기업을 물려주려면 먼저 약속을 한다고 합니다. 이 회사는 아버지 회사가 아니니 평사원부터 시작하라고 해서 입사를 시킵니다. 10년, 20년 동안 노력하면서 과장, 국장까지 승진하면 그제야 회사를 물려줍니다. 이러한 과정을 거치면 아버지를 이어 회사의 오너가 되어서도 절대 갑질을 안 합니다. 자기도 고생을 했기 때문입니다. 그 교육 과정이 아주 지독합니다. 똑같이 보상을 받고 똑같이 징계를 받습니다. 하지만 우리나라처럼 20대에 과장, 국장, 이사장이 되면 아무에게나 고함을 벽력처럼 지릅니다. 최근에 갑질 논란으로 이슈가 된 모 항공사의 딸들도 금수저로 태어나서 참 불행합니다. 세무조사가 끝나면 감옥살이를 해야 하는데, 금수저이기 때문에 "나도 똑같은 사람이니 똑같이 고생해야지."라는 생각이 없습니다. 자식에게 돈을 잘못 주면 가장 돈을 많이 준 그 자식이 나중에 가장 애를 먹이고 은혜를 배반합니다. 그런데 현대 우리 젊은 사람들은 금수저로 태어나지 못한 것을 불행하게 생각합니다.

인간의 두 번째 불행은 천재로 태어나는 것입니다. 그러면 대체로 불행하게 삽니다. 물론 그렇지 않은 사람도 있습니다. 하지만 너무 일찍부터 재주가 출중한 사람은 명이 짧든지, 부모 복이 없든지, 어느 정도 성공해서는 몰락하는 경우가 많습니다. 우병○만 해도 서울대 재학 중인 20대에 고시에 합격하고 승승장구하다가 감옥에 갔습니다. 인간의 이러한 불행을 알고 조심하는 사람은 그런 일을 겪지 않습니다. 일찍 출세하면 할수록 뒤에 가서 어려운 일이 오는지 모르고 교만을 떨고 기고만장한데, 그러다가는 크게 불행해집니다. 그런데 한 달란트 받은 사람은 그런 사람들이 부러워서 못 삽니다. "나는 도대체 뭐지. 저 사람은 왜 다섯 달란트를 주지?"라고 하면서 자기의 장점은 땅에 묻어 놓고 남만 부러워하며 삽니다.

그러므로 우리는 이제 금수저를 부러워하지 말아야 합니다. 금수저로 나는 것은 인간의 큰 불행입니다. 교회에 교인 수가 너무 많은 것도 그렇

우연의 반복은 필연이다

습니다. 노아의 방주에는 여덟 명밖에 들어가지 않았습니다. 그리고 이사야서에서의 '남은 자'도 몇 명 없었습니다. 엘리야가 나밖에 없다고 할 때 하나님께서는 7천 명이 있다고 하셨지만 그것은 하나님의 날개 안에 있는 것이므로 우리가 알 수 없는 차원입니다. 나와 하나님의 관계가 확실하다면 혼자 있어도 아무도 부럽지 않습니다. 루터도 그랬습니다. 교황과 로마 황제가 모여서 "바른말만 해 봐라. 화형시킨다."라고 협박해도 "내 주는 강한 성이요."라고 찬송가를 부르며 바른말을 했습니다.

한 달란트 받은 사람의 문제점

> 24절 "한 달란트 받았던 자는 와서 이르되 주인이여 당신은 굳은 사람이라 심지 않은 데서 거두고 헤치지 않은 데서 모으는 줄을 내가 알았으므로"

인간 세상에서는 농사를 짓고 심은 사람이 수확물을 가져가는 것이 상식입니다. 그런데 이 종의 말은 "당신은 심지도 않으면서 거둬간다."는 것입니다. 이 말은 하나님이 불한당이라는 뜻입니다. 땀도 안 흘리고 모든 이익을 다 취한다는 것입니다. 주인 당신은 지독한 구두쇠에 불공평하고 불한당 같은 사람이라는 말을 이런 식으로 하고 있습니다. 하나님에 대한 한 달란트 받은 사람의 생각이 얼마나 잘못되었는지 보여 주고 있습니다.

> 25절 "두려워하여 나가서 당신의 달란트를 땅에 감추어 두었었나이다

보소서 당신의 것을 가지셨나이다"

'두려워하여'라는 말은 헬라어로 '포베데이스'입니다. 어떤 목적을 가지고 주었는데 그 목적대로 사용하지 않았을 때 두려운 것입니다. 우리 믿는 사람이 귀신, 죽음, 병을 두려워한다면 그 사람의 믿음을 다시 생각해 봐야 합니다.

요한일서 4장 18절 "사랑 안에 두려움이 없고 온전한 사랑이 두려움을 내쫓나니 두려움에는 형벌이 있음이라 두려워하는 자는 사랑 안에서 온전히 이루지 못하였느니라"

사랑하지 않기 때문에 두렵습니다. 귀신을 사랑하라는 것이 아닙니다. 예수님을 사랑하면 귀신이 두렵지 않고, 오히려 불쌍합니다. 우리는 죽음 앞에서도 배짱을 가져야 합니다. 우리는 하나님을 사랑하고 예수님을 사랑합니다. 결국 주님 앞에 갈 것이니 세상에 겁날 것이 없습니다.

그런데 한 달란트 받은 사람이 두려워한다는 것은 자기가 무언가를 받은 목적이 있는데 이것을 올바로 사용하지 않았다는 말입니다. 자기가 받은 것을 활용하지 않고 불평불만만 하니까 게을러졌습니다. 하나님에 대해서 불공평한 분이라고 생각하니 악하고, "내가 해 보면 뭐 하나? 겨우 한 달란트인데."라며 불평하고 남과 비교만 하니 게을러졌습니다.

지금 감옥 속에 정부에서 일하던 50여 명이 있는데, 한때 세상에서 날고뛰던 사람들입니다. 누군가에게 "나중에 감옥에 들어가서 말년을 보낼래? 아니면, 지금 똑바로 열심히 살래?"라고 물으면 모두가 후자를 선

우연의 반복은 필연이다

택할 것입니다. 그러나 뭐가 뭔지 모르고 욕심만 부리다가는 나중에 감옥에 가는 결과로 이어집니다.

우리는 이 세상에서 욕심을 극복하고, 욕심 안의 본질을 바라봐야 합니다. 우리는 욕심 때문에 항상 부자연스러웠습니다. 탐욕이 있으면 거짓말을 하게 됩니다. 욕심을 걷어내고 진리 안에서, 예수님 안에서 자유로워져야 합니다. 결국에는 맨손으로 주님께 가야 하는데 헛된 것에 집착해서 할 일도 못 하고 그러면 안 됩니다. 그래서 예수님을 믿는 사람은 정말 자유롭고 좋습니다. 기쁘게 당당하게 삽니다. 돈 앞에 심각하고, 지식과 권력 앞에 꼼짝 못 한다면, 그는 예수 믿는 사람이 아닙니다. 세상의 노예입니다.

악하고 게으른 종

한 달란트 받은 사람이 게으른 이유를 알게 되었습니다. 사람의 유형에 따라 아침형 인간과 저녁형 인간이 있습니다. 저녁형은 아침에 자고 저녁 시간을 활용하면 됩니다. 자칫하면 아침에는 자고 저녁에는 쓸데없는 짓을 할 수 있습니다.

게으르다는 말은 헬라어로 '아크네로스'입니다. 그것은 첫째, 아무것도 안 하는 것입니다. "해 보면 뭐 하나."라고 하며 하나님에 대한 불평만 합니다. 둘째, 목표를 뻔히 알면서도 쓸데없는 일을 자꾸만 하는 것입니다. 핵심을 생각하면서 목표를 향해 가야 하는데, 시간이 많은데도 이리저리 오락가락하다가 치웁니다. 셋째, 타락의 속성으로 "다 치워라. 하나님이 불공평하신데 하면 뭐 하나."라면서 신앙도 안 하고, "멋대로 돼라."고 하며 사는 것을 말합니다.

우리는 한 달란트 받은 이 사람에 대해서 잘 생각해야 합니다. 예수님께서는 "이 악하고 게으른 종아, 네 잘못을 가지고 나를 나쁜 사람으로 만드느냐?"라고 하십니다. 이 사람의 잘못은 하나님을 '굳은 사람'이라고 하며 "하나님께 아무리 기도해도 안 되더라."고 생각하는 것에 있습니다. 하나님께 이미 받았는데 또 기도합니다. 내가 잘하는 것이 무엇인지 알면서도 다른 것을 또 구한다는 말입니다. 그러나 하나님께서는 자본주의의 경쟁적인 지배 가치와 다르게 우리를 대하십니다. 그러니까 달란트가 달라도 똑같이 칭찬하시는 것입니다. 그런 하나님에 대하여 하나님은 불공평하다고 생각하는 그가 실제로는 게으른 불한당입니다. 공짜 심리로 노력하지 않고 무언가를 바라고 있기 때문입니다. 그러면서 "하나님은 그런 분."이라고 하니 악하고 게으른 인간입니다.

그런 사람은 하나님에 대한 사랑이 없으니 두렵습니다. 혹시 현재 가진 것까지 없어질까 싶고, 정신 차려서 제대로 해 보려고 하면 시간이 모자랍니다. 그래서 주님께서는 한 달란트를 빼앗아서 지옥의 어두운 곳에 쫓아내시는 것입니다. 우리도 자꾸 남이 보이고 비교가 될 때 내 능력이 무엇인지 찾아봅시다. 생명에게는 무엇이든 다 자기 능력이 있습니다. 그 능력으로 목표를 세우고 감사하면서 올인하면 하나님 안에서 큰 내용을 얻을 수 있습니다.

맺는말

마태복음 7장 24-27절 "그러므로 누구든지 나의 이 말을 듣고 행하는

우연의 반복은 필연이다

자는 그 집을 반석 위에 지은 지혜로운 사람 같으리니·비가 내리고 창
수가 나고 바람이 불어 그 집에 부딪치되 무너지지 아니하나니 이는 주
추를 반석 위에 놓은 까닭이요·나의 이 말을 듣고 행하지 아니하는 자
는 그 집을 모래 위에 지은 어리석은 사람 같으리니·비가 내리고 창수
가 나고 바람이 불어 그 집에 부딪치매 무너져 그 무너짐이 심하니라"

산상수훈의 마지막은 집이 높은지 몇 평인지가 중요한 것이 아니라 기
초가 중요하다는 말씀을 하십니다. 말씀을 듣고 순종하는 바위 위의 삶
인가, 아니면 모래 위의 삶인가가 중요한 것입니다. 그것도 모르고 모래
위의 사상누각을 보고 부러워하면 안 됩니다. 하나님은 진실한 사람을
찾기 위해서 전략을 쓰시는 것입니다.

여러분의 삶의 기초가 바위 위의 집인지, 아니면 모래 위의 집인지 그
것을 판정합시다. 또한 우리는 모두 최소 한 달란트를 다 가지고 있습니
다. 그것을 땅에 묻어두지 말고, 드러내서 그 달란트를 최선으로 개발합
시다. 그러면 주님 앞에 똑같은 칭찬을 들을 것입니다.

21

한 달란트 받은 자에 대한 예수님의 관점

2018. 5. 27.

마태복음 25장 14-30절

"또 어떤 사람이 타국에 갈 때 그 종들을 불러 자기 소유를 맡김과 같으니 · 각각 그 재능대로 한 사람에게는 금 다섯 달란트를, 한 사람에게는 두 달란트를, 한 사람에게는 한 달란트를 주고 떠났더니 · 다섯 달란트 받은 자는 바로 가서 그것으로 장사하여 또 다섯 달란트를 남기고 · 두 달란트 받은 자도 그같이 하여 또 두 달란트를 남겼으되 · 한 달란트 받은 자는 가서 땅을 파고 그 주인의 돈을 감추어 두었더니 · 오랜 후에 그 종들의 주인이 돌아와 그들과 결산할새 · 다섯 달란트 받았던 자는 다섯 달란트를 더 가지고 와서 이르되 주인이여 내게 다섯 달란트를 주셨는데 보소서 내가 또 다섯 달란트를 남겼나이다 · 그 주인이 이르되 잘하였도다 착하고 충성된 종아 네가 적은 일에 충성하였으매 내가 많은 것을 네게 맡기리니 네 주인의 즐거움에 참여할지어다 하고 · 두 달란

우연의 반복은 필연이다

트 받았던 자도 와서 이르되 주인이여 내게 두 달란트를 주셨는데 보소서 내가 또 두 달란트를 남겼나이다 · 그 주인이 이르되 잘하였도다 착하고 충성된 종아 네가 적은 일에 충성하였으매 내가 많은 것을 네게 맡기리니 네 주인의 즐거움에 참여할지어다 하고 · 한 달란트 받았던 자는 와서 이르되 주인이여 당신은 굳은 사람이라 심지 않은 데서 거두고 헤치지 않은 데서 모으는 줄을 내가 알았으므로 · 두려워하여 나가서 당신의 달란트를 땅에 감추어 두었었나이다 보소서 당신의 것을 가지셨나이다 · 그 주인이 대답하여 이르되 악하고 게으른 종아 나는 심지 않은 데서 거두고 헤치지 않은 데서 모으는 줄로 네가 알았느냐 · 그러면 네가 마땅히 내 돈을 취리하는 자들에게나 맡겼다가 내가 돌아와서 내 원금과 이자를 받게 하였을 것이니라 하고 · 그에게서 그 한 달란트를 빼앗아 열 달란트 가진 자에게 주라 · 무릇 있는 자는 받아 풍족하게 되고 없는 자는 그 있는 것까지 빼앗기리라 · 이 무익한 종을 바깥 어두운 데로 내쫓으라 거기서 슬피 울며 이를 갈리라 하니라"

이번 설교의 제목은 '한 달란트 받은 자에 대한 예수님의 관점'입니다. 지난 설교에서는 한 달란트 받은 자를 중심으로 말씀드렸습니다. 이번에는 예수님의 관점에서 생각하며 이를 우리의 삶에 적용해서 하나님 말씀이 참으로 소금이 되고 빛이 되어야 할 것입니다.

하나님께서는 국제와 국내의 정치를 주권적으로 섭리하십니다. 다니엘서를 보면 벨드사살이 하나님의 아름다운 기명들을 가지고 술을 마시고 잔치를 하는데 벽에서 손이 나타나서 '메네 메네 데겔 우바르신'이라 적었습니다. 유일하게 다니엘만이 이 글을 해석할 수 있었는데, "달아보고 달아보니 자격이 없다. 당신은 이제 왕권에서 물러나고 다른 사람이 이 나라를 차지할 것이다."라는 뜻이라고 왕에게 말해 주었습니다. 그래서 결국 페르시아의 다리우스가 바벨론을 차지합니다.

요즘 국제 정세를 보면 하나님께서 저울에 김정은과 트럼프를 달고 "자격이 있나 보자." 하시고 자격이 없다고 흔드시니 이 사람들이 꼭두각시같이 날뜁니다. 이것은 하나님의 주권적 차원입니다. 자격이 없으면 다 흔드십니다. 물론 정치적인 문제가 있지만 우리는 하나님의 관점으로 바라봐야 합니다. 하나님의 주권적 섭리를 믿으면 어떤 상황에서도 흔들리지 않습니다.

복습

먼저 복습을 하겠습니다. 마태복음은 실제적으로 몇 권으로 되어 있다고 했습니까? 모세오경처럼 다섯 권으로 나뉩니다. 또 마태복음은 유대인을 대상으로 기록되었으므로 구약적인 배경을 많이 인용합니다. 마태복음 24-25장의 종말론적 맥락에서 25장에는 크게 3가지 비유가 나옵니다. 열 처녀 비유, 달란트 비유, 양과 염소 비유입니다. 주님께서는 모두 35개의 비유를 말씀하셨습니다.

> 마태복음 25장 24절 "한 달란트 받았던 자는 와서 이르되 주인이여 당신은 굳은 사람이라 심지 않은 데서 거두고 헤치지 않은 데서 모으는 줄을 내가 알았으므로"

우연의 반복은 필연이다

지난 설교에서 말씀드렸다시피 한 달란트 받은 사람은 불평불만이 많은 사람입니다. 주님께서는 다섯 달란트, 두 달란트 받은 사람을 칭찬하실 때 차등을 두지 않으시고 똑같이 칭찬하셨습니다. 한 달란트 받은 사람도 한 달란트만 더 가져왔다면 주님께서 똑같이 칭찬하셨을 것입니다. 그런데 이 친구는 불평불만으로 그렇게 하지 못했습니다. 그는 예수님의 비유 속 주인의 처사에 대해 현대 자본주의적 관점에서 해석했는데, 이를 세상적 해석이라고 합니다. '누구는 다섯 달란트와 두 달란트를 주고, 나는 왜 한 달란트만 주지?'라고 반감을 가지는 것입니다.

　이보다 더 극단적인 예는 포도원 품꾼들의 비유에서 살펴볼 수 있습니다. 품꾼들이 각각 아침 9시, 12시, 오후 3시, 오후 5시에 왔는데, 저녁에 주인이 품삯을 줄 때는 하루 종일 일하거나 잠시 일하거나 상관없이 모두 한 데나리온을 주었습니다. 아침 9시부터 일한 사람이 가만히 생각하니 주인이 왜 이러나 싶어서 "저 사람은 오후 5시에 와서 한 시간 동안 일했는데 왜 저와 똑같이 줍니까?"라고 주인에게 따졌습니다. 그러자 주인은 "내가 한 데나리온으로 네게 약속을 했지 않느냐. 너는 네가 받을 돈을 받았으면 된 것이고, 내 것으로 내 마음대로 주는데 네가 무슨 상관이냐?"고 말합니다. 이 비유도 한 달란트 비유와 같은 맥락입니다.

불평불만으로 열리는 세계 / 감사함으로 열리는 세계

　불평과 불만으로 열리는 세계가 있습니다. 또 감사함으로 열리는 세계가 있습니다. 믿는 사람은 이 두 세계의 변곡점에 서 있습니다. 내가 감사할 것인가, 불평불만 할 것인가에 따라서 엄청난 차이가 납니다. 한 달란트 받은 자는 그것을 몰랐습니다. 불평불만을 해도 괜찮은 줄 알았습니다. 타고난 것에 대해서 불평불만이야 다 하는 것이 아닌가 하지만, 그렇게 열리는 세계는 불행의 세계입니다. 그 비밀을 우리가 알아야 합니다.

불평불만 다음에는 비교를 통한 우열의식과 경쟁이 일어납니다. 비교해야 불평이 더욱 강화됩니다. 시대마다 흐르는 시류가 있는데, 과거에도 그렇지만 오늘날이 더 강합니다. 현대는 경쟁 사회입니다. 어디로 가는지도 모른 채 방향보다는 무조건 열정적으로 밀고 나가기만 합니다. 그러면서 "누구는 아파트 몇 평에 사는데 나는 왜 이렇지?" "노후 준비를 충분히 했나, 안 했나?"라는 것이 오늘날 자본주의의 시대적 조류입니다. 불평불만을 하면 이쪽 세계에 들어갑니다. 그러면 자유도 없고 행복도 없습니다. 이런 세계가 어느 정도 지나면 사탄의 세계입니다. 사탄의 세계에 들어가면 지옥으로 떨어집니다.

불평만 하는 사람의 삶을 보면 부자유스럽기가 그지없습니다. 참 불행합니다. 자족이 없습니다. '나는 왜 태어났을까?', '나는 왜 여자로, 혹은 남자로 태어났을까?', '왜 이렇게 태어났을까?'라고 생각하는 것은 전부 불평으로 인한 생각들입니다. 불평불만으로 열린 세계에서는 '내가 이렇게 살아야 하나? 살면 뭐 하나?'라고 하는 생각에 계속 시달립니다. 그러니까 감사도 없고, 결국에는 하나님에 대한 사랑이 없습니다. 사랑이신 하나님은 감사 없는 사람에게는 결코 계시하시지 않습니다. 감사가 없는 사람은 예수님의 품격에 대해서나 하나님에 대해서 심지 않은 데서 거두는 분이라고 하고, '굳은 사람', 즉 구두쇠라고 합니다. 그런 생각을 하는 것은 자기가 불평불만의 세계에 빠졌기 때문입니다. 처음부터 그 세계에 미끄러지면 안 됩니다. 왜냐하면 다시 올라오려면 원점에서부터 감

우연의 반복은 필연이다

사하고 자족해야 하는데, 상당히 어렵습니다.

그래서 시편 기자도 "감사함으로 그 문에 들어가고, 찬송함으로 그 궁정에 들어가서, 그에게 감사함으로 그 이름을 송축할지어다"(시 100:4)라고 고백합니다. 감사해야 문에 들어가고, 찬송해야 하나님을 만나고, 하나님은 사랑이시라는 것을 압니다. 감사하는 사람과 불평불만만 하는 사람은 엄청난 차이가 있습니다. 서로 반대 방향이므로 되돌아오는 길도 거의 없습니다. 그래서 감사하는 것이 아주 중요합니다. 감사는 아주 중요한 변곡점이고, 거기서부터 시작해야 한다는 것을 알아야 합니다.

예수님의 관점

예수님께서는 달란트 비유에서 다섯 달란트, 두 달란트, 한 달란트를 말씀하셨지만, 자본주의적인 관점에서 판단하지 않았습니다. 얼마나 충성하는가의 관점에서 한 달란트를 가지고 어떻게 사는가를 보셨습니다. 이것은 즉 오늘 하루의 일상을 어떻게 사는가 하는 것입니다. 특히 예수님은 감사를 하는가, 안 하는가를 보십니다. 둘째로 자기가 타고난 것으로 성실히 최선으로 사는가를 봅니다. 그런데 우리는 자꾸만 '나도 다섯 달란트를 받아야지'라고 생각하면서 "왜 열 달란트를 안 주시지? 내 능력을 테스트도 안 해 보고 한 달란트만 주시나?"라고 불평불만을 합니다.

감사하면 문이 열립니다. 그 문 속에 보물이 들어 있습니다. 불평불만을 하면 결국 지옥으로 떨어집니다. "거기서 슬피 울며 이를 갈리라"고 성경은 말합니다. "아이고, 그때 감사 좀 할걸. 그때 시간과 모든 조건이 주어졌을 때 열심히 살걸." "한 달란트 받았을 때, 다섯 달란트와 두 달란트 받은 친구처럼 나도 나가서 장사할걸."이라고 후회하는 것입니다.

　장사를 잘못하면 망합니다. 그런데 다섯 달란트와 두 달란트 받은 종들은 주인을 얼마나 신뢰했으면, "망하더라도 최선을 다하면 주인이 알아주시겠지." 하면서 나가서 일했습니다. 한 달란트 받은 종은 그런 위험을 무릅쓰지 않고, 자기 삶을 불평하면서 다른 세계를 기다리지만 다른 세계는 열리지 않습니다. 결국 슬피 울며 이를 갈 뿐입니다. 성경에서 왜 이렇게 이야기했는가를 우리는 중요시해야 합니다.

　한 달란트 같은 작은 일에 최선을 다해 큰 성과를 이룬 일화를 하나 말씀드리겠습니다. 세계적 천체물리학자인 찬드라세카르에게 시카고 대학에서 자기 학교의 학생들을 가르쳐 달라는 부탁을 했습니다. 이후 찬드라세카르는 시카고 대학에 가서 10년 동안 학부생부터 박사가 될 사람까지 모두 가르쳤습니다. 나중에는 학생 2명을 가르치기 위해 자기 집에서 시카고 대학까지 매주 2번씩 왕복 4시간을 오고 갔습니다. 2명의 학생이면 폐강이 될 상황이었지만 찬드라세카르 교수는 기꺼이 이 두 명을 위해 먼 거리를 마다하지 않고 오가며 가르쳤던 것입니다. 이후 그 두 사람이 모두 노벨상을 받았습니다. 수상 소감을 묻는 자리에서 제자들은 "우리 두 사람을 위해 열정적으로 강의해 주셨던 찬드라세카르 교수님 덕분에 저희가 이 자리에 설 수 있었습니다."라고 말했습니다.

　적어도 이 정도는 되어야 합니다. 내가 어떤 사람이라는 것이 중요한 것이 아니라, 매일매일 열심히 사는 것이 중요합니다. 자기 소명에 대해서 최선을 다하는 것이 답인데, 경쟁 사회에서 불평불만 속에서 휩쓸려 사느라 달란트를 낭비하거나 땅 속에 묻어 놓고 사니 그것이 문제입니다.

예수님의 가치관

우리는 자본주의적인 사고에서 벗어나서 예수님의 가치관을 생각해야 합니다. 예수님은 항상 감사하셨습니다. 감사함으로 문을 열고, 찬송함으로 그분을 만날 수 있습니다. 감사해 보면 매일매일 새로운 세계가 열리고, 그 문에 들어가면 보물이 엄청나게 있습니다. 그분은 사랑의 하나님이고, 인격의 완성이시고, 우리와 영원히 함께하시는 분이라는 것을 깨달을 수 있습니다.

불평불만만 하는 사람은 열리는 것이 없습니다. 나중에는 사탄과 친구가 되어서 그와 비슷하게 삽니다. 불평불만으로 열리는 세계는 비교와 경쟁의식의 세계입니다. 자본주의 속에서 욕심과 불만에 이리저리 끌려다니며 고생하고, 아이를 낳으면 교육시킨다고 또 고생을 합니다. 경쟁 분위기 속에서 남의 아이와 우리 아이가 차등이 나면 안 된다는 생각을 하기 때문입니다. 그렇게 불평불만으로 살아가는 마지막은 불행입니다.

우리가 병에 들거나 말거나, 돈이 있거나 없거나, 하나님이 우리를 보내신 목적이 있다는 것을 잘 알아야 합니다. 그래서 열심히 살아야 합니다. 예수님께서도 "너, 잘못하면 한 달란트 받은 자 된다. 받은 대로 감사하며 열심히 살아라."고 이 비유를 통해서 말씀하고 계시는 것입니다.

두 달란트와 다섯 달란트 받은 사람처럼 실패의 위험을 무릅쓰더라도 믿음으로 성실하게 사는 것이 중요합니다. 한 달란트 받은 사람은 본전을 날리면 죽는다는 두려움으로 떨며 살았는데, 만약 두 달란트나 다섯 달란트 받은 사람의 생각도 그랬다면 그들도 달란트를 땅에 묻었을 것입니다. 그러나 그들은 용기 있게 하나님을 믿고 장사를 시작했습니다.

자기 삶을 받아들이고 열심히 살았습니다.

예수님의 삶에는 비교, 우열, 경쟁이 없습니다. 생명답게 매일 가꾸고 사는 것으로 충분합니다. 그렇게 사는 사람은 착하고 충성된 종입니다. 악하고 게으른 종은 "부모 잘못 만나서 나는 흙수저인데, 뭘 하려고 해도 돈이 있어야 하지? 능력이 있어야 하지?"라고 불평만 합니다. 남과 비교하는 것은 사탄의 일입니다. 창세기에도 보면 뱀이 와서 하는 첫 말이 "선악과를 먹으면 하나님과 같이 된다."라고 비교법을 씁니다.

맺는말

본문 말씀의 결론은 성실하게 자기 삶을 열심히 믿고 최선으로 살아야 한다는 것입니다. "때가 되면 그렇게 되겠지요."라고 하면 안 됩니다. 예수님의 시간에는 미래가 없습니다. 지금부터 감사를 하느냐 안 하느냐, 열심히 사느냐 안 사느냐에 따라 열리는 세계가 다릅니다.

> 시편 100편 4절 "감사함으로 그의 문에 들어가며 찬송함으로 그의 궁정에 들어가서 그에게 감사하며 그의 이름을 송축할지어다"

> 시편 50편 23절 "감사로 제사를 드리는 자가 나를 영화롭게 하나니 그의 행위를 옳게 하는 자에게 내가 하나님의 구원을 보이리라"

예수님의 시간에는 미래도 없고 과거도 없습니다. 영원한 현재밖에 없습니다. 그러니 한 달란트 받은 자처럼 미끄러지지 말고 두 달란트와 다

우연의 반복은 필연이다

섯 달란트 받은 자가 되기 위해 우리의 삶을 감사함으로 받아들이고 최선으로 살아야 할 것입니다. 이것이 답입니다.

《야살의 책》소개

《야살의 책》은 성경이 언급하는 고대 역사서 가운데 하나이며, 여호수아서와 사무엘서에 언급됩니다. 《야살의 책》이 발견된 역사를 말씀드리겠습니다.

티투스가 예루살렘을 훼파할 때 시드루스라는 장교도 유대의 부유한 귀족들의 집을 훼파하는 책임자였습니다. 그런데 어떤 집의 모양이 너무 독특해서 집 안에 들어가 벽을 밀어 보니 문이 열리는데, 책들이 엄청나게 많았습니다. 그리고 어떤 노인이 앉아 있었습니다. 그 노인과 대화를 했는데, 노인이 "나는 하나님이 계시해 주셔서 예루살렘이 로마에게 망할 줄 알고 하나님 말씀을 보존하려고 젊었을 때부터 보이지 않는 곳에 창고를 짓고 고문서들을 숨겨 두었다."라는 말을 했습니다. 시드루스가 이에 감동을 받아 노인에게 원하는 것이 무엇인지 물으니, 이 책들을 보존해서 스페인으로 옮겼으면 좋겠다고 했습니다. 그래서 시드루스 장군은《야살의 책》을 포함한 유대의 고문서들을 모두 스페인으로 옮겼고, 지금까지 그 책들이 전해지게 되었습니다.

십자가 원리로 성경 읽기

2018. 6. 10.

민수기 22장 21-35절

"발람이 아침에 일어나서 자기 나귀에 안장을 지우고 모압 고관들과 함께 가니 · 그가 감으로 말미암아 하나님이 진노하시므로 여호와의 사자가 그를 막으려고 길에 서니라 발람은 자기 나귀를 탔고 그의 두 종은 그와 함께 있더니 · 나귀가 여호와의 사자가 칼을 빼어 손에 들고 길에 선 것을 보고 길에서 벗어나 밭으로 들어간지라 발람이 나귀를 길로 돌이키려고 채찍질하니 · 여호와의 사자는 포도원 사이 좁은 길에 섰고 좌우에는 담이 있더라 · 나귀가 여호와의 사자를 보고 몸을 담에 대고 발람의 발을 그 담에 짓누르매 발람이 다시 채찍질하니 · 여호와의 사자가 더 나아가서 좌우로 피할 데 없는 좁은 곳에 선지라 · 나귀가 여호와의 사자를 보고 발람 밑에 엎드리니 발람이 노하여 자기 지팡이로 나귀를 때리는지라 · 여호와께서 나귀 입을 여시니 발람에게 이르되 내가 당신

우연의 반복은 필연이다

에게 무엇을 하였기에 나를 이같이 세 번을 때리느냐·발람이 나귀에게
말하되 네가 나를 거역하기 때문이니 내 손에 칼이 있었더면 곧 너를 죽
였으리라·나귀가 발람에게 이르되 나는 당신이 오늘까지 당신의 일생
동안 탄 나귀가 아니냐 내가 언제 당신에게 이같이 하는 버릇이 있었더
냐 그가 말하되 없었느니라·그 때에 여호와께서 발람의 눈을 밝히시매
여호와의 사자가 손에 칼을 빼들고 길에 선 것을 그가 보고 머리를 숙이
고 엎드리니·여호와의 사자가 그에게 이르되 너는 어찌하여 네 나귀를
이같이 세 번 때렸느냐 보라 내 앞에서 네 길이 사악하므로 내가 너를
막으려고 나왔더니·나귀가 나를 보고 이같이 세 번을 돌이켜 내 앞에서
피하였느니라 나귀가 만일 돌이켜 나를 피하지 아니하였더면 내가 벌써
너를 죽이고 나귀는 살렸으리라·발람이 여호와의 사자에게 말하되 내
가 범죄 하였나이다 당신이 나를 막으려고 길에 서신 줄을 내가 알지 못
하였나이다 당신이 이를 기뻐하지 아니하시면 나는 돌아가겠나이다·
여호와의 사자가 발람에게 이르되 그 사람들과 함께 가라 내가 네게 이
르는 말만 말할지니라 발람이 발락의 고관들과 함께 가니라"

본문의 배경

　이번에는 민수기 22장의 발람 이야기와 창세기 요셉의 이야기를 십자
가의 수평과 수직의 원리로 읽어 보도록 하겠습니다. 먼저 발람의 이야
기입니다. 간단하게 배경 설명부터 하겠습니다.
　이스라엘 민족이 홍해를 가르고 사막을 지나오면서 당시 가나안의 강
력한 부족들을 전부 물리쳤습니다. 가나안으로 들어가는 길 동편에 모압

족속이 있었는데, 이스라엘 민족이 가나안의 부족들을 이기고 왔다는 이야기를 듣고, 그들은 간담이 서늘했습니다.

당시 모압 왕인 발락은 이스라엘 민족을 물리칠 방법을 강구하다가 무당인 발람에게 이스라엘 민족을 저주하도록 해야 되겠다는 생각으로 신하들을 보냈습니다. 복채도 잔뜩 주었습니다. 이에 발람이 하나님께 여쭈니 하나님께서 "너는 그들과 가지도 말고 저주도 하지 말라. 그들은 복을 받은 자들이다."라고 말씀하셨습니다. 신하들이 돌아오니 발락이 이번에는 발람에게 더 높은 고관들을 보내서 당신을 존귀하게 하고 원하는 것을 다 이루어 줄 테니 이스라엘 민족을 저주해 달라고 한 번 더 부탁했습니다. 발람은 "내게 은금을 가득 줄지라도 여호와 하나님의 말씀하신 대로 할 것이다."라고 하면서 "여기서 유숙하라. 하나님이 뭐라고 하시는지 내가 또 기도해 보겠다."라고 대답했습니다. 그러고는 밤에 하나님께 "어떻게 할까요?"라고 또 물었습니다. 하나님께서는 "(다 알면서 왜 그러나? 이미 가지 말라고 했는데 왜 또 묻지?) 이번에는 가라. 다만 내가 이르는 말만 해라."고 말씀하셨습니다.

발람은 이튿날 아침에 선물과 돈도 받고 기분 좋게 당나귀를 타고 모압으로 향했습니다. 지금 발람이 할 일은 모압에 가서 이스라엘 민족을 저주하는 일입니다. 그러면 안 가야 하는데 돈을 많이 주니까 가는 것입니다. 하나님께서는 이미 그의 심중을 아시고 가지 말라고 하셨는데도 결국 이 사람은 모압으로 갑니다. 그런데 발람이 탄 당나귀가 길을 바로 가지 않고 길을 벗어나 밭으로 들어갔습니다. '이놈의 나귀가 왜 이러나' 싶어서 채찍으로 쳤는데, 이번에는 좌우에 담이 있는 좁은 길에서 나귀가 벽에 몸을 붙여서 발람의 발을 짓누르며 갔습니다. 발람이 또 채찍으

우연의 반복은 필연이다

로 때렸는데, 그다음에는 나귀가 발람 밑으로 아예 엎드려 버렸습니다. 발람은 크게 화를 내며 나귀를 자기 지팡이로 때렸습니다.

그때 여호와께서 나귀의 입을 열어 말하게 하셨습니다. "왜 나를 세 번이나 때립니까?"라고 나귀가 말하자 발람은 "이야, 나귀가 말을 다 하네?"라고 하는 것이 아니라, "네가 나를 거역하기 때문이지. 내가 오늘 칼을 가져왔으면 너를 죽였을 것이다."라고 했습니다. 그러자 나귀가 또 말합니다. "내가 일생 동안 주인인 당신과 함께 다녔는데 언제 이렇게 한 적이 있었습니까?" 발람이 "없었지."라고 말하며 서로 옥신각신하는데, 하나님께서 발람의 눈을 밝혀 천사가 칼을 들고 길 중앙에 서 있는 것을 보게 하셨습니다. 발람이 바로 엎드려서 "제가 잘못했습니다. 여호와께서 기뻐하시지 않으면 다시는 안 그러겠습니다."라고 하니까 "가라. 가서 내가 시키는 말 외에는 하지 말라."고 말씀하셨습니다.

수평으로 성경 읽기

하나님께서 나귀도 말하게 하셨다는 것이 핵심입니다. 여기서 나귀가 말한 것에는 중요한 뜻이 있습니다. 첫째, 하나님께서 나귀의 영성을 열어 주셔서 칼을 든 천사를 먼저 보았다는 것입니다. 그래서 나귀가 안 죽으려고 밭으로 들어간 것입니다. 만약 그 길로 계속 갔다면 발람은 천사의 칼에 죽었을 것입니다. 둘째, 나귀도 말한다는 것입니다. 하나님께서 나귀를 말하게 하셨다는 것은 하나님이 원하실 때 무엇을 통해서든 말하게 하신다는 것을 의미합니다.

그런 관점에서 보면 아브라함 집에 천사들이 왔을 때 상수리나무들이 있는 곳에서 나타났는데, 그러면 그 나무들도 말할 수 있다는 말입니다. 또한 야곱이 하란으로 가는 길에 벧엘에서 한 돌을 베고 자며 꿈에서 환상을 보았는데, 그 돌도 말할 수 있습니다. 이런 관점은 오랫동안 잘 이해되지 않았으나 오늘날 사물인터넷의 관점에서 보면 이해됩니다.

이는 영적으로 볼 때 창조주 하나님이 만드신 모든 창조물 속에는 창조주 하나님의 칩이 들어 있다고 말할 수 있습니다. 우리가 하나님께 감사와 찬송을 드릴 때 이것을 활용할 수 있는데, 진정한 마음으로 감사와 찬송을 하지 못하기 때문에 하나님의 칩을 활용하지 못하는 것입니다. 하나님이 창조하신 것들은 그분의 마음이 들어 있는 하나님의 말씀을 다 듣게 되어 있습니다. 나귀뿐만 아니라 나무나 돌이나 모든 것이 하나님의 말씀을 듣습니다. 하나님이 원하신다면 누구든지 하나님의 칩 안에 있는 말씀으로 새로운 비밀을 깨칠 수 있습니다.

사물인터넷을 활용할 때 각자에 맞는 소리를 녹음해서 센서만 붙이면, 예컨대 집주인이 자기 목소리로 "문아, 열려라."고 말하면 바로 문이 열릴 수 있습니다. 앞으로 우리는 그런 시대를 바라보고 있습니다. 인간에게 있어서 창조주 하나님의 칩은 우리의 영성입니다. 발람은 돈 때문에 영성이 가려져 길 위에 있는 천사가 보이지 않았습니다. 나귀에게는 보이는데, 발람에게는 안 보이는 것입니다. 특히 요즘 돈은 가운데 구멍도 없어서 두 눈 앞을 돈으로 가리면 아무것도 안 보입니다. 그래서 "돈에 눈이 멀었다."라고 말합니다. 그러니까 발람도 나귀를 때리는 수준입니다. 하지만 우리는 나귀가 말하는 이 신비 속으로 깊이 들어가야 합니다. 창조주 하나님의 칩인 우리 내면의 영성을 통해서 나무와 돌의 말도 들을 수 있습니다.

우연의 반복은 필연이다

성경을 읽는 법 중에 지금은 수평으로 읽는 법에 대해서 이야기하고 있습니다. 나귀도 말한다는 관점에서 나무도 말할 수 있고 돌도 말할 수 있다는 이야기를 하고 있습니다. 성경은 이러한 사실과 원리로 가득 차 있습니다. 영성이 없으니 모를 뿐입니다. 영성이 없으면 온갖 것에 눈이 가려져 있습니다. '과거에 나는 어떤 사람이었다', '나는 돈 없어서 못 산다'라는 생각들로 눈이 가려져 있습니다. 그러니까 발람이 나귀를 때리듯이 억울한 자기 삶이나 두들기고 있는 것입니다.

나귀가 말을 했듯이 창세기 3장의 뱀도 말했습니다. 그리고 이스라엘 사막에서 제일 보잘것없고 흔한 것이 가시덤불인데, 그 가시덤불 속으로 여호와의 사자가 들어가서 "모세야"라고 불렀습니다. 우리는 영성을 가지고 하나님의 이러한 신비를 깨쳐야 합니다. 이 시대는 자본주의와 먹고사는 것에 눈이 가려져서 아무것도 안 보이는데, 눈을 떠야 합니다.

엘리사와 거문고

> 열왕기하 3장 15-16절 "이제 내게로 거문고 탈 자를 불러오소서 하니라
> 거문고 타는 자가 거문고를 탈 때에 여호와의 손이 엘리사 위에 있더니·
> 그가 이르되 여호와의 말씀이 이 골짜기에 개천을 많이 파라 하셨나이다"

신비로운 말씀을 하나 더 읽었습니다. 지금 이스라엘의 아합의 아들 여호람 왕과 유다의 경건한 왕 여호사밧이 만났습니다. 여호사밧은 이세벨 집안과 사돈을 맺는 실수를 하였습니다. 여호람 왕이 배반한 모압을 치러 가는데 여호사밧에게 사신을 보내 같이 가자고 요청해서 할 수 없

이 같이 갔습니다. 그런데 진격하다가 보니 물이 없어서 여호사밧이 "여기 혹시 유명한 선지자가 없느냐?"고 물으니 신하 중의 한 사람이 "엘리사가 있습니다."라고 해서 그리로 갔습니다. 가서 엘리사에게 "우리가 물이 없어서 전쟁을 못 하니 하나님께 기도 좀 해 주세요."라고 하니, 엘리사가 이세벨 집안의 여호람에게는 인사도 하지 않고 "내가 이스라엘 유다 왕 여호사밧이 아니면 당신의 얼굴을 보지도 않았을 것입니다."라고 말했습니다. 그러고는 "내게 거문고 탈 자를 불러오소서."라고 했습니다. 거문고 타는 사람이 엘리사 앞에서 거문고를 타니까 엘리사의 머리 위에 여호와의 손이 나타났습니다. 하나님께서 엘리사를 축복하시니 엘리사에게 갑자기 예언적인 능력이 들어왔습니다. 요즘 말로 하면 '초지능'이 된 것입니다. 대뇌생리학적으로 볼 때 귀 바로 옆의 측두엽은 감정과 청각을 관장하는 기능이 있는데, 음악을 듣고 감정이 격해지면 이 부위에서 놀라운 결단력과 판단이 나옵니다. 제가 기도하며 대뇌생리학적으로 생각해 보니 그렇습니다.

엘리사의 머리 위에 하나님의 손이 나타난 것도 너무나 놀라운 계시입니다. 하나님의 손이 나타나자 엘리사가 '번쩍' 하고 능력의 사람이 됩니다. 그리고 여호와의 계시에 따라 골짜기에 개천을 많이 파라고 시켰습니다.

> **열왕기하 3장 17절** "여호와께서 이르시기를 너희가 바람도 보지 못하고
> 비도 보지 못하되 이 골짜기에 물이 가득하여 너희와 너희 가축과 짐승
> 이 마시리라 하셨나이다"

바람도 없고 비도 없는데 개천을 파라고 합니다. 하나님의 능력이 참

우연의 반복은 필연이다

신비합니다. 이후 내용을 보면 다음 날 아침에 물이 얼마나 많이 흘러 들어오는지 그 땅에 물이 가득 찼다는 기록이 나옵니다.

이 역시 나귀를 말하게 하셨듯이 하나님께서는 능치 못하실 일이 없다는 것에 대한 사례입니다. 거문고 연주자가 거문고를 탈 때 거문고의 음률 속에 창조주 하나님의 말씀의 칩, 말씀의 센서가 들어 있으니 그 음악 소리에 맞추어서 계시를 하시는 것입니다.

우리는 성경을 읽을 때 나귀가 말하는 것을 읽으면서 창세기의 뱀이 말하는 것도 읽고, 거문고 연주를 통한 하나님의 계시도 읽을 수 있습니다. 자연계시를 좌에서 우로, 우에서 좌로 수평적으로 읽어 나가는 방식입니다. 주님께 배워서 이런 방식으로 성경을 읽으면 성경 속에는 이와 같은 내용이 가득 차 있음을 알게 됩니다. 예수님께서 예루살렘으로 입성하실 때 "찬송하리로다. 주의 이름으로 오시는 이여."라고 찬양하는 사람들에게 바리새인들이 조용히 하라고 했는데, 예수님께서 "만일 이 사람들이 침묵한다면 돌들이 소리를 지르리라."고 하신 내용도 그와 같은 맥락입니다.

수직으로 성경 읽기

지금까지는 성경을 수평으로 읽어 보았습니다. 그러면 이제 수직으로 성경을 읽어 보도록 하겠습니다. 그 예로 요셉의 삶을 살펴보겠습니다. 요셉의 전 삶을 보면서 하나님의 주권적 섭리를 찾는 것이 수직적 읽기의 핵심입니다.

요셉의 전 삶에서 하나님의 주권적 섭리를 어떻게 찾을 수 있을까요?

요셉은 종으로 팔려 와서 국무총리가 되었습니다. 그 사실을 결과적으로 본다면 "하나님께서 섭리하셨다."라고 말할 수 있지만, 그가 13년간 종질하는 당시의 상황에서 본다면 "저 종에게 무슨 하나님의 역사가 있는가?"라고 물을 것입니다.

야곱의 편애로 인해서 형들의 질투를 산 요셉이 17세에 노예로 팔렸습니다. 그것이 요셉을 이집트의 국무총리로 만드신 하나님의 섭리에서 어떤 원인이 될 수 있었을까요? 당시 상황에서는 전혀 이해할 수 없는 사건이지만 하나님의 섭리 안에서 위에서 아래로 그의 삶을 읽어 본다면 원인(遠因), 곧 하나의 먼 이유가 될 수 있습니다. 그리고 다른 사람이 아니라 하필 바로의 친위대장 보디발에게 종으로 팔린 것은 근인(近因), 곧 보다 가까운 이유가 됩니다.

성경을 이렇게 읽는 것이 수직적 읽기입니다. 요셉이 노예로 팔리고 13년 동안 고생하는 그 삶의 과정 안에서가 아니라, 그의 삶을 거꾸로 읽음으로써 하나님의 주권적 섭리를 발견하는 읽기입니다.

창세기 41장 1절 "만 이 년 후에 바로가 꿈을 꾼즉 자기가 나일강 가에 서 있는데"

요셉이 17세에 팔려가서 보디발의 집에 11년 동안이나 있었습니다. 그러면 28세입니다. 본문에 의하면 요셉은 인물이 좋고 건강했던 것 같습니다. 친위대장 보디발의 부인이 요셉을 보고 마음에 들어서 윙크를 하며 신호를 계속 보내는데 요셉은 덤덤하게 일만 했습니다. 나중에는 보디발의 부인이 노골적으로 요셉을 유혹하기 시작했습니다. 여자의 생각

우연의 반복은 필연이다

에 요셉은 노예이므로 아무도 없을 때 유혹하면 넘어올 것이라고 여겼겠지만 요셉은 그녀가 붙잡은 겉옷을 버리고 밖으로 도망쳤습니다.

하나님의 주권적 섭리를 생각할 때 다른 가능성도 생각해 보면 좋습니다. 요셉이 도망가는 방법이 있고, 여자와 눈을 맞춰서 속닥거리는 관계가 되는 방법이 있습니다. 그러면 어떻게 되었을까요? 한번 상상해 봅시다. 나중에 "보디발을 죽이자."고 해서 여자가 독이라도 타서 남편에게 먹일 수 있습니다. 그러나 요셉은 여자의 유혹을 거절하고 도망갔습니다. 옳은 일을 했습니다. 마땅히 박수를 쳐 줘야 합니다.

그런데 여자가 요셉의 옷을 가지고 있다가 남편이 오자 울면서 "당신이 데리고 온 이스라엘 노예 놈이 나를 넘보길래 내가 소리치니 급해서 옷을 두고 도망갔습니다."라고 말했습니다. 보디발이 그 말을 듣고 요셉을 잡아서 왕궁의 감옥에 넣었습니다. 11년 동안 충성을 다한 결과가 억울하게 죄를 덮어쓰고 감옥에 들어간 것입니다. 결국 나중에는 이집트의 국무총리가 되었으니 이것 역시 하나님의 주권적 섭리이지만, 그때 감옥에 가는 요셉을 보고 "하나님께서 저렇게 일하신다."라고 말하는 사람은 아무도 없습니다. "아이고 이 사람아. 그냥 적당히 하지."라는 등 온갖 말이 다 나왔을 것입니다. 그러나 우리는 요셉 사건에서 하나님의 주권적 섭리를 읽어야 합니다.

요셉이 감옥에 들어갈 때 그의 심정이 어떠했겠습니까? "내가 그래도 바르게 살았는데, 이때까지 충성했는데 결국 억울하게 감옥에 갇히다니."라고 할 수 있습니다. 요셉도 인간이므로 얼마나 울었을까요? 그래도 그는 하나님을 원망하지 않았습니다. 그런 요셉을 간수장이 좋게 보고 감옥의 업무를 맡겼는데, 일도 잘할뿐더러 아주 열심히 했습니다. 결국 감옥의 제반 업무를 간수장이 요셉의 손에 다 맡기게 되었습니다.

그러던 어느 날 두 사람이 감옥에 들어왔는데, 한 사람은 바로에게 떡을 대접하는 사람이고 한 사람은 술을 대접하는 사람이었습니다. 어느 날 두 사람이 동시에 꿈을 꿨습니다. 하나님께서는 이렇게 꿈을 통해 계시하실 때가 많습니다. 여담이지만 모든 꿈을 영적으로 해석하면 안 됩니다. 영적인 계시로서 꾸는 꿈이 있고, 걱정하고 고민하는 것이 많아서 꾸게 되는 꿈이 있습니다. 날씨가 안 좋으면 꿈자리도 안 좋습니다. 또 순수하게 몸이 피곤하거나 병들어서 꾸는 꿈이 있습니다. 이런 것을 잘 구분해야 합니다.

다시 본론으로 돌아가서, 두 사람이 꿈 이야기를 하니까 요셉이 듣고 해석해 주었습니다. "술 맡은 관원장님. 당신은 살아서 나갈 것입니다. 그리고 떡 굽는 관원장님은 목이 베어서 죽을 것입니다." 두 사람이 요셉의 해몽을 듣고 놀라워했습니다. 그때 요셉이 술 맡은 관원장에게 "나중에 여기서 나가시면 파라오에게 저의 억울한 사정을 좀 이야기해 주세요."라고 부탁했습니다. 하지만 그가 나가서는 요셉을 잊어버렸습니다. 요셉은 아마 며칠이고 기다렸을 것입니다. 요셉의 고생은 계속되었습니다.

그러던 어느 날 파라오가 난해한 꿈을 꾸었습니다. 그래서 "이 꿈을 누가 해석하겠느냐? 아무도 해석할 사람이 없느냐?"고 할 때 술 맡은 관원장이 "아차" 하면서 요셉이 생각났습니다. 그리고 파라오에게 "제가 감옥에 있을 때에 저의 꿈을 해석한 사람이 있었는데, 그가 해석한 대로 되었습니다."라고 하니 파라오가 "그를 빨리 데려와라."고 해서 요셉이 결국 국무총리가 되는 이야기로 이어집니다.

우연의 반복은 필연이다

하나님의 섭리

그러면 우리에게 질문이 생깁니다. 보디발의 부인이 요셉을 유혹할 때, 또 요셉이 감옥으로 억울하게 들어갈 때 그 불행한 요셉을 하나님이 주권적으로 섭리하셨는가 하는 것입니다. 나중에 요셉이 잘되었으니 "하나님의 섭리입니다."라고 하지만, 그 당시의 고통스러운 현실 속에서는 차라리 도망가는 것이 더 인간적인 일이었는지도 모릅니다. 하지만 그러면 파라오의 군대에게 잡혀서 죽었을 것입니다.

감옥의 동료들과 요셉이 이야기할 때 그의 심정을 생각해야 합니다. 그때는 하나님의 주권이 아니라고 생각하기가 쉽습니다. 또 나중에 꿈 해석을 해 줬을 때에도 술 맡은 관원은 요셉과의 약속을 잊었습니다. 요셉이 오늘일까, 내일일까 하며 기다리는 중에 누가 와서 "요셉, 조금만 기다려라. 이것은 다 하나님 섭리다."라고 했다면 요셉이 이해할 수 있었을까요? 돈 없고 병든 사람에게 가서 "이는 다 하나님 섭리입니다."라고 하면 밉상일 것입니다. 하지만 우리는 그것이 하나님의 섭리임을 믿는 사람들입니다.

요셉에게 왜 시간이 더 필요했을까요? 이집트에서는 제사장이나 총리가 되려면 30세가 되어야 합니다. 28세에 만 2년을 감옥살이하고 술 맡은 관원장이 잊은 것까지 생각하면 요셉의 나이가 딱 30세입니다. 하나님은 그 연도와 그 나이에 정확하게 맞추시기 위해서 요셉에게 그와 같은 고생을 시키신 것입니다. 그것이 바로 하나님의 섭리입니다. 요셉이 고생하는 것부터 이해가 안 되지만, 거꾸로 수직적으로 읽을 때 그 모든 사건들이 하나님의 주권적 섭리였다는 것을 깨닫게 됩니다.

23

열매로 그들을 알리라

2018. 6. 24.

데살로니가후서 2장 1-17절

"형제들아 우리가 너희에게 구하는 것은 우리 주 예수 그리스도의 강림하심과 우리가 그 앞에 모임에 관하여 · 영으로나 또는 말로나 또는 우리에게서 받았다 하는 편지로나 주의 날이 이르렀다고 해서 쉽게 마음이 흔들리거나 두려워하거나 하지 말아야 한다는 것이라 · 누가 어떻게 하여도 너희가 미혹되지 말라 먼저 배교하는 일이 있고 저 불법의 사람 곧 멸망의 아들이 나타나기 전에는 그 날이 이르지 아니하리니 · 그는 대적하는 자라 신이라고 불리는 모든 것과 숭배함을 받는 것에 대항하여 그 위에 자기를 높이고 하나님의 성전에 앉아 자기를 하나님이라고 내세우느니라 · 내가 너희와 함께 있을 때에 이 일을 너희에게 말한 것을 기억하지 못하느냐 · 너희는 지금 그로 하여금 그의 때에 나타나게 하려 하여 막는 것이 있는 것을 아나니 · 불법의 비밀이 이미 활동하였으나 지

우연의 반복은 필연이다

금은 그것을 막는 자가 있어 그중에서 옮겨질 때까지 하리라 · 그 때에 불법한 자가 나타나리니 주 예수께서 그 입의 기운으로 그를 죽이시고 강림하여 나타나심으로 폐하시리라 · 악한 자의 나타남은 사탄의 활동을 따라 모든 능력과 표적과 거짓 기적과 · 불의의 모든 속임으로 멸망하는 자들에게 있으리니 이는 그들이 진리의 사랑을 받지 아니하여 구원함을 받지 못함이라 · 이러므로 하나님이 미혹의 역사를 그들에게 보내사 거짓 것을 믿게 하심은 · 진리를 믿지 않고 불의를 좋아하는 모든 자들로 하여금 심판을 받게 하려 하심이라 · 주께서 사랑하시는 형제들아 우리가 항상 너희에 관하여 마땅히 하나님께 감사할 것은 하나님이 처음부터 너희를 택하사 성령의 거룩하게 하심과 진리를 믿음으로 구원을 받게 하심이니 · 이를 위하여 우리의 복음으로 너희를 부르사 우리 주 예수 그리스도의 영광을 얻게 하려 하심이니라 · 그러므로 형제들아 굳건하게 서서 말로나 우리의 편지로 가르침을 받은 전통을 지키라 · 우리 주 예수 그리스도와 우리를 사랑하시고 영원한 위로와 좋은 소망을 은혜로 주신 하나님 우리 아버지께서 · 너희 마음을 위로하시고 모든 선한 일과 말에 굳건하게 하시기를 원하노라"

옛 사람들은 부채에 글을 써서 가지고 다녔습니다. 누구든지 타고날 때 천부적인 결점이 있으므로 부채를 부칠 때마다 적어 놓은 글을 보고 자기 절제로 삼았던 것입니다. 제갈공명도 학의 깃털로 만든 부채인 학우선(鶴羽扇)을 가지고 다니며 자신의 마음을 조절하고 모든 일에 신중하게 임하는 매개로 삼았습니다. 우리도 자신의 장단점을 생각하면서 매사에 신중하자는 의미로 서두에 말씀드렸습니다.

배경 설명

데살로니가후서는 바울의 13개의 복음서 서신 중에서 세 번째 서신입니다. 첫 번째 서신이 갈라디아서이고, 두 번째 서신은 데살로니가전서입니다. 데살로니가는 그리스 지방에 있는 도시 이름입니다. 이곳에 있는 교회에 바울이 편지를 보냈습니다. 먼저 보낸 편지는 전서이고, 질문이 들어와서 다시 답한 것은 후서입니다.

바울이 여러 번에 걸쳐서 전도 여행을 했는데, 데살로니가 전후서는 2차 선교 여행에 해당합니다. 안디옥에서 터키를 지나 최초로 빌립보라는 유럽 도시로 들어갔습니다. 그때 로마 황제는 제4대 클라우디우스 황제였습니다. 1대 황제가 시저이고, 2대가 티베리우스, 3대가 칼리굴라입니다. 바울이 1차 여행을 할 때는 칼리굴라가 황제로 있었고, 2차 여행을 할 때는 네로의 아버지인 클라우디우스가 황제로 있었습니다. 성경을 이해할 때 일반적인 세계사와도 보조를 맞추어서 이해하면 좋습니다.

바울이 선교 여행에서 이때 처음으로 유럽에 들어갔는데, 거기에서 부활하신 예수님을 설명하니까 그리스 로마 사람들이 "사람이 어떻게 죽었다가 살아날 수 있어?"라며 웃었습니다. 그래도 바울은 땀을 흘리며 열심히 설교했습니다. 나중에는 아테네에 가서 전도하니 "어떤 사람이 와서 이상한 말을 하는데 한번 들어나 보자."라고 하며 사람들이 와서 들었습니다.

바울이 빌립보에서 복음을 전하니까 반대파가 일어났습니다. 그다음으로는 데살로니가에 가서 3~4주 정도 전도를 했는데, 거기서도 반대파가 일어나서 테러를 하려고 해 야밤에 베뢰아로 도피했습니다. 그런데

우연의 반복은 필연이다

반대파들이 베뢰아까지 쫓아와서 소동을 일으키니 바울이 다시 아테네까지 내려갔습니다. 거기서 바울은 얼마 전에 개척한 데살로니가 교회 사람들이 어떻게 되었나 궁금하고 걱정도 되어서 디모데를 보냈습니다. 디모데가 갔다가 돌아오면서 "그 사람들이 질문이 많습니다."라고 했는데, 그 질문의 내용에 답한 것이 데살로니가 전후서입니다.

데살로니가후서의 질문 내용

특히 데살로니가후서의 내용을 보면 첫째 질문이 "우리가 예수를 안 믿을 때는 몰랐는데 예수를 믿으려니까 너무 고생이 많습니다. 왜 그렇습니까? 이것은 혹시 예수님이 재림하실 때가 다 되어서 그런 것 아닙니까?"라는 것이고, 둘째는 "우리가 생업을 버리고 교회에 모여서 하늘나라에 올라가기 위한 예배만 보면 어떻습니까?"라는 것입니다. 이런 질문에 답한 내용이 데살로니가후서입니다. 우리가 복음서를 이해할 때는 이러한 기본적인 지식이 있어야 합니다.

여기서 바울이 대답하는 것을 보면, 예수님을 통해 성령 하나님의 충만을 받아서 부분과 전체의 핵심을 바라보는 통찰력이 있다는 것을 알 수 있습니다. 부분과 전체를 아울러서 생각하고, 앞으로 어떻게 된다는 예견력을 가지게 되었습니다. 즉 인사이트와 포사이트를 가지게 된 것입니다. 우리도 예수님을 믿고 성령 하나님 안에 있으면 이 두 가지 능력이 생깁니다. 예수를 믿는다면서 시대의 흐름도 모르고 고집만 부리면 안 됩니다.

바울은 데살로니가후서에서 성도들의 질문에 "여러분이 지금 고생하는 것은 예수 재림 전의 고생이 아니라 로마 황제의 핍박 때문입니다."라고 답했습니다. 우리의 몸은 운동을 하지 않고 게으르게 있으면 근육이 생기지 않습니다. 신앙도 마찬가집니다. 예수를 믿고 고생해야 신앙의 근육이 붙습니다.

적용

11-12절 "이러므로 하나님이 미혹의 역사를 그들에게 보내사 거짓 것을 믿게 하심은 · 진리를 믿지 않고 불의를 좋아하는 모든 자들로 하여금 심판을 받게 하려 하심이라"

이 말씀을 우리에게 적용해 보겠습니다. 신앙을 바로 하지 않으면 교회에 사람도 많이 오고 돈도 많고 건물도 좋은데, 거짓된 것을 믿는 사람들이 많이 생겨납니다. 근육 운동을 하는 것과 같이 신앙을 바로 하면 힘이 듭니다. 그 당시에도 바울이 설명하는 것은 거짓된 자들이 나와서 병도 고치고, 능력도 행하고, 온갖 이상한 일들을 벌이면서 사람들을 많이 모은다는 것입니다. 그러면 사람들은 개인적 욕구도 충족하고 좋기 때문에 그런 곳에 모두 모입니다. 그래서 나중에 보니 데살로니가 교회가 텅 비었습니다. 고생하는 교회에는 가지 않기 때문입니다.

이러한 사태는 오늘날 한국 교회에서도 마찬가지입니다. 사회 속에서 정의롭게 바른말을 하고 신앙을 지키기 위해 투쟁했던 교회는 텅 비어 갑니다. 대신 일제강점기에 신사참배 한 것을 회개하지 않는 교회에는 사람도 많이 모이고 돈도 많습니다. 교회를 비판하려는 것이 아니라, 우

우연의 반복은 필연이다

리가 통찰력을 길러야 한다는 뜻에서 드리는 말씀입니다. 이러한 문제를 신앙적으로 분명하게 정리해 두지 않으면 나중에 가서 헷갈립니다.

조 아무개 목사는 몰래 여자를 숨겨 놓고는 교회 헌금에 대하여 부정부패를 많이 저질렀습니다. 자기들은 끝까지 죄가 없다고 하는데, 대법원에서 유죄 판결을 받았습니다. 다만 나이가 너무 많아서 형은 못 살고 집행유예를 받았습니다. 그런데도 70만 교인은 끄떡도 안 합니다. 물론 그 안에 진실한 사람들도 있을 것입니다. 하지만 대다수는 진실 같은 것은 필요 없고 그저 조 아무개 목사가 최고라고 합니다.

신천지도 마찬가지입니다. 14만 4천 명이 되면 세상이 끝나고 천당에 간다고 해서 사람들을 모았는데 15만 명이 훌쩍 넘게 되었습니다. 그래서 만 명을 추려 내기 위해 시험을 치는데, 90점 이상 못 받으면 14만 4천에 못 들어간다고 합니다. 이제는 모두가 알고 있는 이단 이만○ 씨 이야기입니다. 그는 통일교의 박태○ 밑에서 배우는 등 이단이란 이단에는 다 가서 공부했습니다. 학교는 중학교도 마치지 않았습니다. 설교하는 것을 보면 말이 이상해서 못 들을 정도입니다. 그런데도 왜 그 사람에게 그렇게 많이 모이는 걸까요? "세상 얼마 안 남았다. 곧 예수가 재림한다." 라고 하면 어디든지 가득 찹니다. 거짓된 가르침에 그렇게 많이 모이는 것입니다. 신앙인은 '이 말씀이 진리인가 아닌가'를 봐야지, 그 교회의 교인 수가 몇 명이고 교회의 외관이 어떤가에 핵심을 두면 안 됩니다.

정명○(JMS)이라는 이단도 있습니다. 자기 이니셜로 '지저스 메시아 세이버'라고 풀어서 "내가 구원자로 왔다."고 한 사람입니다. 그 사람도 징역을 오래 살았습니다. 그런데도 "우리 목사님은 억울하다."고 교인들이 교도소 앞에 가서 시위를 했습니다. 만민 중앙 교회도 한동안 신문에 오르내렸습니다. 그 목사가 여고생 아이들에게 성폭력을 해서 검찰에 구속되어 징역형을 받았는데도 수만 명의 교인들은 우리 목사님은 죄가 없다며 시위를 하고 있습니다.

> 11-12절 "이러므로 하나님이 미혹의 역사를 그들에게 보내사 거짓 것을
> 믿게 하심은 · 진리를 믿지 않고 불의를 좋아하는 모든 자들로 하여금 심
> 판을 받게 하려 하심이라"

　진리를 믿지 않고 불의를 좋아하는 자들에게 하나님께서 미혹의 역사를 보내셔서 한 떼로 모아 한 번에 심판한다고 하십니다. 우리는 이 말씀을 되새겨야 합니다.

　임현수 목사 같은 사람은 북한 선교를 오랫동안 하면서 잡혀 있다가 왔는데, 이번에 한국 교회의 지도자들이 모인 곳에서 "한국 교회는 영적인 양반 노릇을 하는 도덕적 상놈들로 가득합니다. 더 늦기 전에 회개하지 않으면 교회는 처참하게 무너질 겁니다."라고 말했습니다. 그리고 "한국의 크리스천 부모들은 자녀들의 인성 훈련은 외면한 채 주입식 공부만 시키는데 이건 닭을 키우는 양계 사업과 다르지 않습니다."라고도 했습니다.

　한국 교회에 왜 이런 일이 생겼을까요? 한국 교회는 일제강점기 때 신사참배와 동방요배를 하고 나서 해방 후에도 사회적 정의와 우상 문제에 대해서 회개를 하지 않았습니다. 그로 말미암아 진리와 말씀에 대한 감각이 이상해졌습니다. 한경직 목사는 한국 교회의 대표적인 목사로서 종교계의 노벨상이라고 불리는 템플턴상을 받았는데, 수상 소감에서

"저는 죄를 많이 지은 사람입니다. 저는 신사참배도 한 사람입니다."라고 회개의 말을 했습니다. 그런데 당시에 순교했거나 고초를 겪은 이들은 이미 죽어서 백골이 되었는데, 53년이 지난 지금에서야 회개하면 뭐 합니까? 회개란 잘못했을 때 즉시 때를 따라 해야 하는 것입니다.

2018년에는 한국 교회가 대대적인 회개 운동을 벌인다고 합니다. 그러나 입으로는 회개한다고 하면서 신사참배와 동방요배를 거부해서 사회적으로 어려움을 겪은 교회에 와서 사과하고 도우려는 마음이 없으면 가짜입니다. 그저 교인들을 다시 끌어 모으려는 수단일 뿐입니다. 한국 교회는 사회적 정의감을 잃었습니다. 정의롭지 못하고 거짓된 것을 믿는 것은 하나님께서 떼로 모아서 심판을 받게 하시기 위함이라고 하였습니다. 시온산 교회에 있으면서도 이런 분명한 신앙관이 없으면 시들한 교회가 됩니다. 단 한 명이 있어도 정의로워야 합니다. 엘리야도 얼마나 답답하면 "저밖에 없습니다."라고 했습니다만, 하나님께서는 "아니다. 7천 명이 남아 있다."라고 하셨습니다. 마찬가지로 시온산 교회 같은 교회도 한국 곳곳에 있을 것입니다.

국제 문제 : 미-중 무역 갈등

이번 설교의 두 번째 핵심은 국제 문제를 이해하는 것입니다. 지금 벌어지고 있는 무역전쟁에 대해 간단히 설명을 드리겠습니다. 국제 전쟁은 크게 세 가지가 있는데 외교전쟁, 무역전쟁, 군사전쟁입니다. 이번에 미국과 중국 간에 무역전쟁이 붙었습니다. 현재 이것이 국제적으로 큰 이슈인데, 이 무역전쟁은 중국이 패하게 되어 있습니다. 우리는 이것을 포사이트를 통해 예견할 수 있습니다.

미국은 철강, 자동차 등의 생산재를 중국에서 수입합니다. 예를 들어 자동차 한 대를 만드는 데 1천만 원이 든다고 합시다. 미국에서 만들려면 아무리 단가를 낮춰도 미국의 인건비가 높아서 1300만 원은 되어야 합니다. 그러니 인건비가 싼 중국에서 생산재를 수입하는 것인데, 트럼프는 중국 물품에 관세 25%를 매기라고 합니다. 보복관세입니다. 높은 관세를 적용하면 자동차 한 대 값이 1250만 원이 되는 셈이니, 가격이 비슷해지면 모두 미국의 물품을 사지 않겠느냐는 것입니다.

미국이 중국에 관세를 매길 수 있는 것은 철강재나 자동차 등을 포함하여 100여 가지가 넘습니다. 그런데 중국이 미국에게 주장할 수 있는 것은 10여 가지밖에 안 됩니다. 예를 들어 중국은 대두(大豆)로 보복할 수 있습니다. 트럼프를 지지하는 미국의 농민들이 대두 농사를 많이 짓는데, 중국에서 대두에 보복관세를 붙이면 골치 아픕니다. 그러나 그런 품목이 10개 정도에 불과합니다. 미국의 트럼프는 "중국이 북한을 지렛대로 이용해서 나를 애먹이려나 본데 너희도 한번 당해 봐라."고 하면서 무역전쟁을 선포한 것입니다.

미국에 대해 중국이 쓸 수 있는 정책은 세 가지 정도입니다. "미국이 저렇게 나오니 좋다. 끝까지 싸워 보자."고 해서 중국의 화폐인 위안화를 절하해 버릴 수 있습니다. 만약 25%를 절하하면, 1250만 원짜리 자동차를 다시 1000만 원에 보낼 수 있습니다. 보복관세로 붙은 세금을 다시 마이너스 시키는 것입니다. 그래서 중국은 지금 위안화를 평가절하 할까 말까 고민하고 있습니다. 트럼프에 저항하려면 절하해야 하는데, 그러면 중국 돈의 가치가 떨어져서 중국에 들어온 외국자본이 다 나갈 수 있기 때문에 쉽지 않습니다.

중국이 두 번째로 할 수 있는 것은 북한의 김정은을 통해 트럼프를 애 먹이는 것입니다. 레버리지 효과(지렛대 효과)[11]입니다. 시진핑이 뒤에 서 북한을 조종하면서 트럼프 대통령의 임기가 끝날 때까지 살라미 전 술로 조금씩 애를 먹이는 것입니다. 그러나 자꾸 그러다가는 트럼프가 아예 판을 깨 버릴 수가 있습니다. 중국 쪽에서는 무역전쟁도 힘든데 자 칫하면 큰일 날 수가 있어서 이 정책도 자꾸 쓸 수 없습니다.

셋째로는 중국이 이번에 핵잠수함을 만들었습니다. 중국이 미국을 따 라가려면 군사력으로는 50년이 걸립니다. 그러니까 중국은 30년만 참자 는 것입니다. 군사력이 비슷해지면 더욱 강하게 반발할 수 있기 때문입 니다. 무역전쟁에 밀리면 바로 군사전쟁으로 들어갈 수 있습니다. 이를 대비하여 미국은 한국과 인도, 대만 등에 이미 사드 같은 미사일 방어 체 계를 구축했습니다. 그리고 중국이 4차 산업 혁명에 편승하기 위해 여러 가지 시설들을 만들었는데, 그것들을 파괴할 연구도 다 해 두었습니다. 트럼프는 미국이 압도적인 세계 1위 국가를 유지하는 데 있어 2위 국가 의 도발은 인정하지 않겠다는 것입니다.

이것이 최근의 국제 상황입니다. 믿는 사람은 한쪽에는 성경, 한쪽에 는 신문을 들고 예수 그리스도 안에서 성령을 통하여 통찰력을 가지고 있어야 합니다. 부분과 전체를 보고, 어떤 변화가 일어나고 있는지를 읽 으면서 예수님이 가지신 예견력을 가져야 합니다.

---

11) 타인이나 금융기관으로부터 차입한 자본을 가지고 투자를 하여 이익을 발생시키는 것을 말한다. 빌린 돈을 지렛대(lever) 삼아 이익을 창출한다는 의미에서 지렛대 효 과라고도 부른다. - 네이버 지식백과

맺는말

이번 설교의 포인트는 두 가지입니다. 첫째는 "교회에 사람만 많으면 옳은가?"라는 것입니다. 한국 교회가 신사참배와 동방요배를 한 이후에 영적으로 타락해서 영적인 창녀가 다 되었습니다. 창녀가 남자를 잘 사귄다고 부러워하는 처녀가 있다면 이상한 것입니다. 둘째는 미·중 간의 무역전쟁을 보면서 국제 정세의 흐름을 알자는 것입니다.

우리는 믿는 사람으로서 예수 이름으로 오시는 성령 안에서 전체와 부분, 그리고 근원을 볼 수 있어야 합니다. 이것이 믿는 사람에게 하나님이 원하시는 것입니다.

24

불면의 밤도 하나님의 섭리다

2018. 7. 8.

에스더 6장 1-14절

"그날 밤에 왕이 잠이 오지 아니하므로 명령하여 역대 일기를 가져다가 자기 앞에서 읽히더니 · 그 속에 기록하기를 문을 지키던 왕의 두 내시 빅다나와 데레스가 아하수에로 왕을 암살하려는 음모를 모르드개가 고발하였다 하였는지라 · 왕이 이르되 이 일에 대하여 무슨 존귀와 관작을 모르드개에게 베풀었느냐 하니 측근 신하들이 대답하되 아무것도 베풀지 아니하였나이다 하니라 · 왕이 이르되 누가 뜰에 있느냐 하매 마침 하만이 자기가 세운 나무에 모르드개 달기를 왕께 구하고자 하여 왕궁 바깥뜰에 이른지라 · 측근 신하들이 아뢰되 하만이 뜰에 섰나이다 하니 왕이 이르되 들어오게 하라 하니 · 하만이 들어오거늘 왕이 묻되 왕이 존귀하게 하기를 원하는 사람에게 어떻게 하여야 하겠느냐 하만이 심중에 이르되 왕이 존귀하게 하기를 원하시는 자는 나 외에 누구리요 하고 · 왕께 아뢰되 왕께서 사람을 존귀하게 하시려면 · 왕께서 입으시는 왕복과 왕께서 타시는 말과 머리에 쓰시는 왕관을 가져다가 · 그 왕복과 말을 왕의 신하 중 가장 존귀한 자의 손에 맡겨서 왕이 존귀하게 하시기를 원하시는 사람에게 옷을 입히고 말을 태워서 성 중 거리로 다니며 그 앞에서 반포하여 이르기를 왕이 존귀하게 하기를 원하시는 사람에게는 이같이 할 것이라 하게 하소서 하니라 · 이에 왕이 하만에게 이르되 너는 네 말대로 속히 왕복과 말을 가져다가 대궐 문에 앉은 유다 사람 모르드개에게 행하되 무릇 네가 말한 것에서 조금도 빠짐이 없이 하라 · 하만이 왕복과 말을 가져다가 모르드개에게 옷을 입히고 말을 태워 성 중 거리로 다니며 그 앞에서 반포하되 왕이 존귀하게 하시기를 원하시는 사람에게는 이같이 할 것이라 하니라 · 모르드개는 다시 대궐 문으로 돌아오고 하만은 번뇌하여 머리를 싸고 급히 집으로 돌아가서 · 자기가 당한 모든 일을 그의 아내 세레스와 모든 친구에게 말하매 그중 지혜로운 자와 그의 아내 세레스가 이르되 모르드개가 과연 유다 사람의 후손이면 당신이 그 앞에서 굴욕을 당하기 시작하였으니 능히 그를 이기지 못하고 분명히 그 앞에 엎드러지리이다 · 아직 말이 그치지 아니하여서 왕의 내시들이 이르러 하만을 데리고 에스더가 베푼 잔치에 빨리 나아가니라"

숨어서 일하시는 하나님

에스더서는 아주 신비하고 놀라운 말씀입니다. 에스더서에는 '하나님'이나 '여호와'라는 단어가 나오지 않기 때문에 오랫동안 구약 정경으로

우연의 반복은 필연이다

인정받지 못하다가 나중에야 인정을 받았습니다. 우리가 에스더서를 통해서 깨칠 수 있는 하나님은 숨어서 일하시는 하나님입니다. 매일 믿음을 가지고 기도하는 사람은 숨어서 일하시는 하나님을 볼 수 있습니다.

믿는 사람은 반드시 매일 기도해야 합니다. 하나님은 기도에 대해서 즉각적으로 응답하지 않으시지만, 기도가 계속될수록 그분은 다 아시므로 다른 식으로 응답하십니다. 물론 적극적으로 바로 응답하시는 경우도 있지만, 대체로 바로 응답하지 않으시고 전혀 우리가 예상하지 못한 방식으로 대답하십니다. 우리가 믿음의 눈을 가지고 그것을 알게 되면 정말 은혜롭고 놀랍습니다.

그런 하나님의 역사를 종합적으로 이야기한 것이 바로 에스더서입니다. 그런 신비를 깨치지 못하면 에스더서에는 하나님의 이름도 나오지 않고, 페르시아 역사와 왕후 에스더의 이야기만 있으니 이상하게 생각할 수 있습니다. 그러나 이렇게 숨어서 일하시는 하나님의 이름이 '미스타테르'입니다. 하나님께서 숨어서 일하실 때 우리는 '우연'이라는 단어를 씁니다. "어쩌다 보니 그렇게 되었다.", "그 사람, 재수 좋네. 팔자가 폈네."라고 하기도 합니다. 그러나 하나님은 다 아시고 정확하게 역사하십니다.

어제 신문을 보니, 미국의 트럼프가 이란이 석유 수출을 하지 못하도록 금지했다고 합니다. 한국에까지 이란 석유를 가져오지 말라고 했습니다. 이란 역시 사막에 숨어서 핵무기를 만듭니다. 이란의 석유 수출을 금지하자 이란의 왕이 호르무즈 해협을 봉쇄하겠다고 합니다. 30여 개국이 중동에서 석유를 사서 나오는 길이 호르무즈 해협인데, 그 길을 봉쇄하겠다는 것입니다. 그러면서 자기들의 석유를 구매하지 않고 지나가는 배는 폭파시키거나 많은 세금을 내게 하겠다고 합니다. 그러자 또 트럼프는 "그곳은 공해인데 왜 너희 마음대로 막는다고 하나? 모두 다녀라. 내가 책임을 지겠다."라고 합니다. 그곳에는 미국의 제5함대가 있습니다. 만약 이란이 미사일을 쏘면 미국이 이란을 끝장내겠다고 합니다. 거기에 이스라엘도 나서서 "저도 거들겠습니다."라고 하니 전운이 팽배합니다. 이번 본문의 페르시아가 바로 이란입니다. '에스더'는 페르시아 말로 '별'이라는 뜻입니다.

아하수에로의 불면의 밤

1절 "그날 밤에 왕이 잠이 오지 아니하므로 명령하여 역대 일기를 가져 다가 자기 앞에서 읽히더니"

1절의 왕은 아하수에로입니다. 세계 역사 속에는 크세르크세스 1세로 나오며, 페르시아의 5대 황제입니다. 그가 하루는 밤에 잠이 오지 않아서 내시에게 왕의 도서관에 있는 역대기 중의 한 권을 가져오라고 시켰습니다. 왕의 불면이 이후에 큰 역사를 일으키게 될 줄은 아무도 몰랐습니다.

여담으로 그 당시 중근동에는 유명한 도서관이 세 개 있었습니다. 첫째는 아시리아 제국의 도서관이고 그다음이 알렉산드리아의 도서관인데, 영국 대영박물관에서는 아시리아 도서관의 3만여 점의 토판들을 가져다가 연구했다고 합니다. 마지막이 페르시아의 도서관으로 여기도 장서가 많다고 합니다.

아하수에로 왕이 어느 날 잠이 오지 않았다고 했는데, 1년 중에 하루라

우연의 반복은 필연이다

면 그 확률은 365분의 1입니다. 책도 한 권을 가져오라고 했는데, 만약 1만 권 중에 1권을 가져왔다면 확률적으로 1만분의 1인 셈입니다. 어떤 일이 발생할 때 365분의 1에, 1만분의 1의 확률이라면 거의 불가능한 일이라고 할 수 있습니다. 왕의 불면의 밤 전에 엄청난 사건들이 계속해서 연결되고 있는데, 하필이면 그날 잠이 오지 않는다는 것입니다. 이것을 볼 수 있어야 에스더서의 내용을 깨닫습니다.

이 사건이 일어날 때 모르드개와 전 유대 민족이 계속 기도하고 있었습니다. 그런데 내시가 왕에게 가져온 책의 페이지가 500~600페이지라고 가정했을 때, 왕이 하필이면 모르드개가 기록된 곳을 찾아서 읽습니다.

> 2절 "그 속에 기록하기를 문을 지키던 왕의 두 내시 빅다나와 데레스가
> 아하수에로 왕을 암살하려는 음모를 모르드개가 고발하였다 하였는
> 지라"

수많은 내용 중에서 하필이면 이 내용을 읽었는데, 황제가 자기를 암살하려는 음모를 고발한 사람에게 상을 주었는지 물으니 안 줬다고 합니다. 그러자 밖에 누가 없는지 물었습니다. 마침 그때 하만이 밖에 와서 기다리고 있었습니다. 하필이면 그때 와서 기다리고 있었다는 사실에 주목해야 합니다. 왕이 빨리 들어오게 하라고 해서 하만이 들어왔습니다. 왕과 하만은 절친 사이입니다. 하만이 들어오자 왕이 "국가를 위해 큰일을 한 자를 존귀하게 대접하려면 어떻게 해야 하지?"라고 묻습니다. 하만은 마음속으로 '왕이 나를 대접하시려나 보다'라고 오해해서 자기가 받고 싶은 대로 말합니다.

7-9절 "왕께 아뢰되 왕께서 사람을 존귀하게 하시려면 · 왕께서 입으시는 왕복과 왕께서 타시는 말과 머리에 쓰시는 왕관을 가져다가 · 그 왕복과 말을 왕의 신하 중 가장 존귀한 자의 손에 맡겨서 왕이 존귀하게 하시기를 원하시는 사람에게 옷을 입히고 말을 태워서 성 중 거리로 다니며 그 앞에서 반포하여 이르기를 왕이 존귀하게 하기를 원하시는 사람에게는 이같이 할 것이라 하게 하소서 하니라"

하만은 '이제 내가 최고로 높게 올라가는구나' 싶었을 것입니다. 그런데 알고 보니 자기가 아니라 성 앞의 문지기 모르드개를 그렇게 하라고 합니다. 세상에! 지금 모르드개를 달아 죽이려고 22미터나 되는 나무를 세워 놓고 그것을 왕에게 허가 받으려고 왔는데, 모르드개를 왕의 말에 태워서 높이라는 것입니다. 게다가 마부는 또 누가 하느냐 하면 "하만, 네가 해라."고 합니다. 세상에 이런 일이 있을 수 있습니까? 결국 하만은 모르드개를 말에 태우고 자기가 앞장서서, "황제가 존귀하게 생각하는 사람은 이렇게 대접한다."라고 하면서 성을 한 바퀴 돌았습니다. 하만은 너무 부끄럽고 괴로워서 아무 말도 못 하고 급히 머리를 싸매고 집으로 돌아갔습니다. 그리고 부인과 친구들에게 "아이고 죽겠다. 세상에 무슨 이런 일이 있나? 모르드개를 매달아 죽이는 허가를 받으려고 갔는데, 하필 그때 모르드개를 칭찬하라고 하시다니!"라고 말했습니다.

13-14절 "자기가 당한 모든 일을 그의 아내 세레스와 모든 친구에게 말하매 그중 지혜로운 자와 그의 아내 세레스가 이르되 모르드개가 과연 유다 사람의 후손이면 당신이 그 앞에서 굴욕을 당하기 시작하였으니

우연의 반복은 필연이다

능히 그를 이기지 못하고 분명히 그 앞에 엎드러지리이다 · 아직 말이 그
치지 아니하여서 왕의 내시들이 이르러 하만을 데리고 에스더가 베푼
잔치에 빨리 나아가니라"

왕의 내시들이 하만을 데리러 왔습니다. 하만은 '내가 죽는 것이 아닌
가'라고 생각하고 있는데 에스더가 베푼 잔치에 참석하라고 합니다.

에스더서의 배경 1

페르시아의 1대 황제가 고레스인데, 그가 황제가 되고 나서 "유대 민족
은 다 돌아가라"고 칙령을 내렸습니다. 그래서 스룹바벨의 지도하에 약
5만여 명이 돌아갔습니다. 이것이 1차 포로 귀환입니다. 그런데 10만 명
이상이 잡혀갔으므로 5만 명이 아직 더 남아 있습니다. 여러 가지 이유나
복잡한 사정으로 못 돌아간 사람들입니다.

에스더서는 '못 돌아간 사람들의 이야기'로서, 에스더서의 핵심은 '하
나님께서는 유다로 돌아간 백성이나 돌아가지 못한 백성이나 모두 섭리
하신다'는 것입니다. 물론 하나님께서는 그들이 유다로 모두 돌아가기를
원하시지만, 돌아가지 않아도 하나님의 백성은 그분이 책임지신다는 민
족주의적인 신앙이 에스더서 속에 깊이 들어 있습니다. 에스더서는 몇
번 설교를 해야 합니다. 너무 재미가 있습니다.

페르시아의 고레스 왕과 그 아들들의 고사를 알아야 에스더 사건을 정
확하게 이해할 수 있기 때문에 잠시 말씀을 드리겠습니다. 고레스는 바
벨론을 멸망시킨 왕입니다. 고레스에게는 아들과 딸이 각각 두 명씩 있

었는데, 맏아들은 캄비세스이고 둘째 아들은 스멜디스입니다. 고레스 왕은 중근동의 모든 지역을 정복했지만 이집트는 정복하지 못하고 가는 도중에 전사했습니다. 그래서 맏아들 캄비세스가 왕의 자리에 올랐는데, 아버지의 평생 바람인 이집트를 정벌하겠다고 나섰습니다.

캄비세스가 머나먼 이집트 정벌에 직접 나서면서 동생이 못내 불안해 그의 가신인 프락사스페스를 보내어 동생을 암살하도록 했습니다. 그리고 자신을 따라 이집트에 온 자신의 아내이기도 한 여동생도 죽였습니다. 여동생이 캄비세스가 스멜디스를 암살한 사실을 알기 때문입니다. 스멜디스가 암살된 이후에 마고스 형제가 왕좌를 찬탈하는 사건이 발생했습니다. 마고스 형제 중 동생의 이름도 스멜디스와 동명이고, 용모도 스멜디스와 닮았기 때문에 마치 고레스의 아들 스멜디스인 것처럼 속이고 왕좌에 앉은 것입니다. 이 소식을 들은 캄비세스가 마고스 형제를 토벌하러 급히 출발하려는데, 말 위에 오르다 칼집이 벗겨져서 칼이 그의 허벅지를 찌르는 사건이 발생했습니다. 이 일로 캄비세스는 죽고 말았습니다.

한편 마고스 형제 중 동생인 스멜디스가 고레스의 아들 스멜디스인 양 계속 왕 노릇을 하고 있었는데, 그때 일곱 명의 현자가 나옵니다. 현자들이 생각할 때 아무리 봐도 지금 왕은 가짜인 것 같았습니다. 일곱 현자 중의 하나인 오타네스의 딸이 원래 캄비세스의 아내였는데, 가짜 스멜디스가 왕위에 오르면서 캄비세스의 아내들을 모두 아내로 맞아들였습니다. 그래서 오타네스가 계책을 내어 딸에게 왕과 침소에 있을 때 왕에게 한쪽 귀가 있는지 없는지 확인하라고 시켰습니다. 진짜 스멜디스는 양쪽 귀가 모두 있는데, 그들이 의심하는 마고스의 형제인 스멜디스는 한쪽

우연의 반복은 필연이다

귀가 없기 때문입니다. 그의 딸이 왕이 잠든 사이에 귀를 확인한 후 아버지에게 한쪽 귀가 없더라고 전해 주었습니다. 이제 현자들은 왕이 가짜라는 사실을 모두 알게 되었습니다. 전 페르시아가 다 속았던 것입니다. 이들은 즉시 왕궁으로 들어가서 가짜 왕 노릇을 한 마고스 형제를 죽이고 모든 페르시아 백성들에게 이 사실을 알렸습니다. 그러자 분노한 페르시아 백성들이 마고스의 성을 가진 사람들을 모조리 죽이고 재산을 빼앗았는데, 이 사건을 '마고포니아(Magophonia)'라고 하며 이는 하만이 유대인들을 몰살시키려고 한 방법이기도 합니다. 이는 헤로도토스의 《역사》에서 발췌한 내용들입니다.

에스더서의 배경 2

이제 페르시아 왕의 혈통들은 모두 죽고, 가짜는 쫓겨났습니다. 그러면 누가 왕이 되었을까요? 다니엘서 6장을 보면, 바벨론 왕 벨드사살이 금 기명으로 잔치할 때 벽에 손이 나타나서 '메네 메네 데겔 우바르신'이라고 썼는데, 아무도 이 글을 해석하지 못할 때 다니엘이 와서 "달아보고 달아보니 자격이 되지 않아 너는 망할 것이다."라고 해석한 사건이 있습니다. 그날 밤에 바벨론으로 쳐들어온 사람이 페르시아의 다리우스 1세입니다. 다리우스가 들어와서 바벨론을 완전히 멸망시켰는데, 이 다리우스가 바로 일곱 현자 중의 한 사람으로서 스멜디스 이후에 페르시아의 왕이 된 사람입니다.

다리우스가 왕이 되는 과정에 대해 전해지는 이야기가 있습니다. 일곱 현자들이 반역자를 멸하고 나니 '누가 황제가 되느냐'는 문제가 남았습니다. 이 중 한 명은 왕이 될 생각이 없다고 해서 빠지고 여섯 명의 현자들이 의논을 했는데, 가장 공정한 방법을 생각하다가 이튿날 아침에 교외로 말을 타고 가다가 해가 뜬 뒤 맨 먼저 우는 말의 주인이 왕이 되는 것으로 결론 내렸습니다. 집으로 돌아온 다리우스가 마부에게 회의의 결과를 말해 주며 좋은 생각이 없겠냐고 물었는데, 마부는 다리우스에게 자기에게 방법이 있으니 안심하라고 말했습니다. 그날 밤 마부는 다리우스의 말이 평소에 좋아하는 암말을 성 밖으로 끌고 가서 매어둔 뒤 다리우스의 말을 끌고 가 교미하도록 했습니다. 그리고 다음 날 여섯 명의 현자들이 동시에 말을 타고 출발했는데, 다리우스의 말이 전날 교미한 암말이 매여 있는 곳에 이르자 먼저 울면서 달려 나갔습니다. 그러자 모두 "당신이 황제입니다."라고 다리우스에게 절을 했습니다. 이렇게 해서 다리우스가 페르시아의 왕이 되었습니다. 후에 다리우스 1세는 그리스가 못마땅해 그리스를 정복하러 많은 군인들을 데리고 원정을 갔지만 마라톤 전투에서 크게 패하고 말았습니다. 그렇게 다리우스가 죽고 그 아들이 왕이 되었는데, 그가 아하수에로입니다.

당시 페르시아 안에는 유대인들을 비롯하여 소수 민족들이 많았습니다. 그중에서 가장 강한 민족이 아말렉인데, 하만이 바로 아말렉의 후손이었습니다. 아말렉은 유대인과 철천지원수입니다. 에스더서에서 유대 민족을 대표하는 사람이 모르드개이고, 아말렉을 대표하는 사람이 하만입니다. 그 외에도 소수 민족이 많은데, 두 민족이 가장 세력이 컸습니다.

유대인들은 왕의 신임을 얻은 고관들이 많았습니다. 느헤미야는 왕이 술 마시기 전에 맛을 보는 사람이었고, 에스라 역시 왕의 신임을 크게 얻은 사람이었습니다. 모르드개는 궁중지기로서 수문장이었습니다. 아말

　　　　　　　　　　　　우연의 반복은 필연이다

렉 사람 하만이 출세하기 시작하자, 사람들이 자기에게 다 꿇어 엎드려 절하기를 바랐습니다. 하만이 수산궁에 들어갈 때 다 그에게 절을 하는 데, 예의로 인사만 하지 절대 절을 하지 않는 사람이 있었습니다. 하만이 처음에는 별생각을 안 하다가, 들어갈 때마다 수문장이 절을 안 한다는 생각이 들었습니다. 그래서 왜 절을 하지 않는지 물으니, "저는 유대인으로서 하나님 외에는 엎드려 경배하지 않습니다."라고 답했습니다. 그때 하만은 이 유대 민족을 전멸시켜야겠다고 생각했습니다.

그래서 하만은 '마고포니아 절기'를 활용하여 왕의 허가를 받아서 127도의 유대인들을 한날에 다 죽이고 재산을 다 빼앗으면 되겠다는 생각을 하게 되었습니다. 그리고 그 날을 정하기 위하여 심지를 뽑은 것이 바로 '부르', '부림절'입니다. 이미 날도 정해 놓고 황제에게 허가도 받은 상태에서, 모르드개를 달아 죽이겠다고 왕의 허락을 받으려고 그날 들어갔는데 "밖에 누가 없느냐?"고 왕이 부르더니 모르드개를 말에 태워 최고의 예우를 하라는 것입니다. 기가 막힐 일입니다. 그래서 앞에서 읽은 내용대로 사건이 뒤집어지기 시작합니다. 에스더가 왜 왕후가 되었고, 에스더를 통해 어떻게 뒤집어지는지 자세하게 기록되어 있습니다.

맺는말

우리는 매일 정성을 다해 기도해야 합니다. 왜냐하면 우리는 자기 욕심대로 기도하는 사람들이라 하나님께서는 우리의 기도를 믿지 않으시기 때문입니다. 그렇기 때문에 하나님은 '그래 알았다' 하고 듣고만 계시다가 다른 방식으로 응답하십니다. 아이들도 많이 보채면 "청소 잘하면 원하는 것을 줄게."라고 부모들이 달래듯이 하나님께서도 우리가 일상의 삶을 잘 사는지 보십니다. 응석이 많으면 바로 주시기도 합니다.

유대 민족이 지금 죽게 된 상황을 하나님도 아십니다. 하나님은 역사 속에서 아주 교묘하게 우연을 가장해서 일하십니다. 이는 영성이 있는 사람에게는 정말 놀라운 이야기로서, 귀 있는 자는 들을 수 있습니다. 하나님께서는 즉각적으로 대답을 안 하셔도 다른 방식으로 대답하시는데, 이것을 우리가 알 때 너무나 큰 은혜가 됩니다.

우연의 반복은 필연이다

25

우연과 섭리의 법칙

· ·

2018. 7. 22.

에스더 5장 9-14절

"그날 하만이 마음이 기뻐 즐거이 나오더니 모르드개가 대궐 문에 있어 일어나지도 아니하고 몸을 움직이지도 아니하는 것을 보고 매우 노하나 · 참고 집에 돌아와서 사람을 보내어 그의 친구들과 그의 아내 세레스를 청하여 · 자기의 큰 영광과 자녀가 많은 것과 왕이 자기를 들어 왕의 모든 지방관이나 신하들보다 높인 것을 다 말하고 · 또 하만이 이르되 왕후 에스더가 그 베푼 잔치에 왕과 함께 오기를 허락받은 자는 나밖에 없었고 내일도 왕과 함께 청함을 받았느니라 · 그러나 유다 사람 모르드개가 대궐 문에 앉은 것을 보는 동안에는 이 모든 일이 만족하지 아니하도다 하니 · 그의 아내 세레스와 모든 친구들이 이르되 높이가 오십 규빗 되는 나무를 세우고 내일 왕에게 모르드개를 그 나무에 매달기를 구하고 왕과 함께 즐거이 잔치에 가소서 하니 하만이 그 말을 좋게 여기고 명령하여 나무를 세우니라"

하만의 탐욕

에스더서는 고레스에 의해 유대인들이 70년 만에 고국 땅으로 돌아가게 되었을 때 돌아가지 않은 백성들에게도 하나님께서 역사하시는가 하는 질문에 대한 답입니다. 돌아간 사람들은 성전을 건축하면서 사마리아 사람들로 인해 갖은 고생을 당했습니다. 유대로 돌아가지 않은 사람들의 생각에는 처음에는 안 돌아가면 큰일이 날 줄 알았다가 유대인 중에 왕비도 나오고 다들 잘나가니 안 돌아가기를 잘했다고 생각하는데 이제 큰 문제가 터집니다.

페르시아의 광대한 제국 안에는 수많은 소수 민족들이 있었습니다. 그 중에서 가장 큰 세력을 가지고 있었던 민족이 아말렉족이고, 최고로 출세한 사람이 하만입니다. 페르시아 왕 아하수에로가 그리스 정복에 실패하고 와서 큰 잔치를 베풀었는데, 그의 마음을 읽고 뇌물을 써서 아하수에로의 마음을 빼앗아서 국무총리가 된 것이 하만이었습니다.

9절 "그날 하만이 마음이 기뻐 즐거이 나오더니 모르드개가 대궐 문에 있어 일어나지도 아니하고 몸을 움직이지도 아니하는 것을 보고 매우 노하나"

아말렉족은 하나님의 백성과 영원히 원수 관계인 민족입니다. 그 아말렉족의 수장인 하만이 출세해서 대궐 문을 지나가는데 유일하게 수문장

우연의 반복은 필연이다

모르드개가 절을 하지 않습니다. 지금 하만은 자기가 최고이고 모두가 자기에게 경배해야 한다고 생각하고 있습니다. 그런데 사실 인간으로서 이렇게 생각하면 다 망합니다. 하나님이 그렇게 하십니다.

하만은 모르드개를 보면서 '절을 하지 않는 인간이 하나 있구나. 저 인간을 반드시 굴복시키고 싶다.'라는 생각을 했습니다. 그래서 사람들에게 물으니 하필 그가 유대인입니다. 모르드개가 유대인이라서 절을 안 하는데 하만은 그것을 견디지 못합니다. 그 일을 가지고 이제 유대 민족을 전멸시키려고 합니다. 하만의 탐욕입니다. 하만이 아하수에로 왕에게 가서 "제국 안에서 제국의 법과 포고령을 모두 순종하는데 안 하는 소수 민족이 하나 있습니다. 이 소수 민족을 저에게 맡겨 주세요."라고 하니까, 아하수에로가 그 말을 듣고 "뭐? 제국 안에 그런 소수 민족이 있어? 네가 알아서 해."라고 합니다.

하만은 다리오 왕 때 한 날을 정해서 '마고스'라는 성(姓)을 가진 모든 사람을 죽였던(마고포니아, Magophonia) 선례를 유대인에게 적용시키려고 합니다. 유대 민족의 대장 격이 모르드개인데, 앞에서 절하지 않는 이 인간을 중심으로 전멸시키자는 것입니다. 그런데 하만이 모르는 것이 하나 있었는데, 바로 에스더 왕비가 유대인이라는 사실입니다. 그가 이를 몰랐던 것은 모르드개가 에스더에게 자기가 어느 민족인지 절대 말하지 말라고 했기 때문입니다. 결국 하만은 "나는 정말 대단해."라고 하면서 자기 자랑을 하고 신처럼 되려고 하다가 망합니다. 잡초는 무성해져서 망하고, 악한 인간은 이런 식으로 망합니다.

12절 "또 하만이 이르되 왕후 에스더가 그 베푼 잔치에 왕과 함께 오기를 허락받은 자는 나밖에 없었고 내일도 왕과 함께 청함을 받았느니라"

에스더의 잔치 첫날에 왕과 함께 하만을 초대했습니다. 하만 생각에 세상에 이런 복이 없습니다. 다음 날도 왕과 함께 청함을 받았으니 하만의 기분이 한껏 올라가 있습니다.

> 14절 "그의 아내 세레스와 모든 친구들이 이르되 높이가 오십 규빗 되는 나무를 세우고 내일 왕에게 모르드개를 그 나무에 매달기를 구하고 왕과 함께 즐거이 잔치에 가소서 하니 하만이 그 말을 좋게 여기고 명령하여 나무를 세우니라"

하만이 부인과 옆에 있는 참모들과 의논합니다. 심지를 뽑아서 아달월 13일에 전 제국 안의 유대인들을 전멸시키고자 하였는데, 그 기념으로 모르드개를 22미터의 나무에 달기로 계획합니다.

에스더서의 3대 법칙

에스더서와 같은 성경을 읽을 때 우리는 세 가지 중요한 법칙을 알아야 합니다. 첫째로는, 하나님께서 하시는 일인데 자꾸 우연이 일어난다는 사실입니다. 도대체 이 우연이 왜 일어나는지 아무도 모릅니다. 이와 같이 우연이 지속되는 법칙을 중요시해서 보아야 합니다. 유대 나라에서 잡혀 와서 가족이 다 죽은 고아 처녀인 에스더가 세계적인 제국의 왕비가 됩니다. 이것은 상식적으로 말이 되지 않습니다. 집안도 별 볼 일 없고

우연의 반복은 필연이다

더구나 고아라면 바로 불합격입니다. 페르시아에도 대단한 귀족들이 다 있는데, 아무 배경도 없는 여자에게 아하수에로 왕이 "참 예쁘다. 저 여자보다 예쁜 여자가 없다."라고 하는 일이 왜 일어나는지를 생각해야 합니다.

아하수에로 왕은 왜 하필 그날 밤에 잠이 안 왔을까요? 365일 중에 하필 그날 잠이 안 와서 궁중 내시를 불러 그 많은 책들 중에 하나를 가져 오라고 하는데, 또 하필이면 모르드개가 기록된 내용을 찾아서 읽습니다. 너무나 우연한 사건들이라 사람의 생각으로는 도저히 알 수가 없습니다. 우리가 살아가면서도 우연한 일들이 많습니다. 특히 안 좋은 일이 생기면 "세상에 이런 일이 어디에 있나!", "아이고, 내 팔자야."라고 반응하기 일쑤입니다. 그러나 하나님께서는 다 계획이 있습니다. 우리가 몰라서 그렇게 말할 뿐입니다. "아이고, 내 팔자야."가 아니라 우연 속에서 일하시는 하나님께 감사해야 합니다.

이러한 우연의 법칙은 사람이 목숨을 걸고 행하지 않으면 모릅니다. 그들이 바로 모르드개와 에스더입니다. '하나님께서 알아서 하시겠지'라는 것은 잘못된 생각입니다. 모르드개와 에스더가 기도하면서 목숨을 걸고 페르시아 왕을 만나는 것이 중요합니다. 이것은 사람의 법칙으로, 반드시 행동할 것은 해야 하고 말할 것은 말해야 합니다. 이것이 두 번째 법칙입니다.

세 번째 법칙은, 그러면 반드시 악은 망합니다. 우연한 일들과 사람의 진실한 기도와 행동으로 악이 망하는 것, 이 3대 법칙이 에스더서의 아주 중요한 법칙입니다.

하만이 모르드개를 나무에 달기 위해 준비를 다 해 놓고 127도에 있는 유대인들을 다 죽이려고 도장을 찍어놓았습니다. 페르시아에서 인도로 가고 아프리카로 가려면 3달 전에는 준마를 보내야 합니다. 유대인들을 학살하려는 음모를 모르드개가 알고 에스더를 만나러 가서 에스더의 내시를 통해 다음과 같이 말했습니다. "우리 민족이 전멸하게 생겼다. 하나님께서 너를 제국의 왕비로 세운 이유가 이 때문이 아니겠느냐. 네가 고아와 같았는데 내가 조카로 데려다 키운 것은 하나님이 이 우연의 때를 위해 준비한 것이 아니겠느냐." 에스더가 이러한 엄청난 이야기를 듣고 있지만 자기가 유대인이라는 것을 말하지 않으면 궁전 안까지는 문제가 생기지 않아서 자신은 안전할 수 있습니다. 에스더가 유대인이라는 것을 하만도 모르고 왕도 모릅니다. 그러니 에스더에게는 그 사실을 말하지 않고 자기 혼자 사는 길이 있는 것입니다. 그런데 모르드개가 이렇게 말합니다.

> 에스더 4장 14절 "이때에 네가 만일 잠잠하여 말이 없으면 유다인은 다른 데로 말미암아 놓임과 구원을 얻으려니와 너와 네 아버지 집은 멸망하리라 네가 왕후의 자리를 얻은 것이 이때를 위함이 아닌지 누가 알겠느냐 하니"

네가 만일 잠잠해도 하나님께서는 다른 길을 통해서 일을 하시니 때를 놓치지 말라는 것입니다. 아주 중요합니다. 때를 놓치면 안 됩니다. 이 세상에서 주님의 은혜로 살면서 때를 놓친 사람들의 이야기가 실제로는 제일 많습니다. 약속이나 행동해야 될 골든타임이 다 지나면 뒤에 가서 복잡하게 해도 다 소용이 없습니다.

우연의 반복은 필연이다

당시에는 왕을 암살하려는 시도가 많았기 때문에 왕후라고 해도 허락 없이는 왕 앞에 들어가지 못합니다. 허락 없이 들어가면 무조건 척살하고 봅니다. 그런데 모르드개는 에스더에게 아하수에로 왕에게 나아가서 말하라는 것입니다. 이제 큰일 났습니다. 자기 혼자 빠지는 길이 없는지 에스더가 많이 고민했을 것입니다. 에스더의 말을 들어 봅시다. "나도 30일 동안 왕을 못 보고 있습니다. 부름 없이 나갔다가 황제가 황금으로 된 홀을 들어서 만지라고 하지 않으면 저는 바로 척살됩니다." 그러나 결국에는 모르드개에게 자기를 위해 기도하라고 하면서 금식령을 내렸습니다. "모든 유대인들은 다 금식하고 나를 위해 기도하게 하소서." 그리고 유명한 말을 합니다. "죽으면 죽으리이다."

　"내가 죽어도 할 수 없지요."라며 에스더가 목숨을 걸고 왕 앞에 나갔습니다. 아하수에로 왕이 에스더를 한 달을 못 보다가 오랜만에 보았는데, 반가우면서 다시 사랑의 마음이 일어났습니다. 우연의 법칙입니다. 하나님이 하신 것입니다. 수많은 여자들 중에 에스더의 어디가 그렇게 예쁘겠습니까? 그런데 사랑스러워 못 견딥니다. 에스더가 왕이 내민 홀을 만지니 "나라의 절반이라도 주겠다."라고 합니다. 이때 유대인들이 기도를 많이 했기 때문에 에스더가 아주 지혜롭게 처신합니다. 억울하다면서 왕에게 울고불고 매달리지 않고 "제가 잔치를 크게 열 것인데 오소서."라고 합니다. 왕이 "아, 그래? 내가 잔치에 가지."라고 하자, 에스더가 "하만 총리를 데리고 오소서."라고 합니다. 하만이 나중에 듣고 좋아서 입이 귀에 걸렸습니다.

　에스더가 첫 연회를 아주 거창하게 베풀었습니다. 왕은 가뜩이나 에스더가 사랑스러운데, 잔치까지 베푸니 기분이 너무 좋아서 원한다면 나라의 절반이라도 주겠다고 합니다. 그런데 하만은 지금 무슨 일이 일어나는지 전혀 모르고 있습니다. 이 긴장을 알아야 합니다. 잔치가 끝나니 에스더가 황제에게 "내일 잔치에 한 번 더 오소서. 그때는 저의 소원을 말씀드리겠습니다."라고 합니다. 황제도 기분 좋게 가고, 하만도 기분이 좋아서 모르드개와 유대 민족을 멸할 계획에 들떠 있습니다.

이제 두 번째 잔치 날이 되었습니다. 에스더가 무엇을 원하는지 하만도 궁금하고 왕도 궁금합니다. 에스더에게 원하는 것이 무엇인지 말을 해 보라고 하니 드디어 에스더가 얘기를 합니다. "이유도 없이 법을 만들어서 저의 민족을 전멸시키려는 계획이 제국 안에 있습니다."라고 왕에게 고했습니다. 왕은 "누구야? 누가 그런 짓을 해? 어서 말해 봐라."라며 화를 내는데, 에스더는 처음부터 하만이라고 말하지 않고 뜸을 들이며 왕이 누구냐고 물은 후에야 "이 악한 하만이 그랬습니다."라고 말합니다. 때가 무르익었을 때 터뜨리는 지혜입니다. 그러자 왕이 화가 나서 얼굴이 변해 호흡 조절을 위해 후원으로 잠시 나갔습니다. 하만은 죽었다 싶어서 에스더에게 가서 사정한다고 다리를 붙들었는데, 하필 그때 왕이 들어오다가 그 장면을 보았습니다. "감히 네가 왕후를 강간하려고 해?"라고 왕이 말하자 옆에 있던 군인들이 와서 수건으로 하만의 얼굴을 싸서 끌고 나갔습니다. 그 상황에서는 변명이고 뭐고 할 수도 없습니다. 그러자 옆에 있던 내시가 "저 하만은 충성된 모르드개를 나무에 달아서 죽이려고 집 마당에 나무를 세워 놨습니다."라고 고해바쳤습니다. "그래? 거기 하만을 달아라."고 왕이 명령했습니다. 세상에 이런 일이 있을 수가 있습니까? 하만이 모르드개를 죽이려고 준비를 다 했는데 상황이 뒤집어져서 자기가 그 나무에 달리게 되었습니다.

우연의 반복은 필연이다

그 전에 황제가 모르드개를 잘 알고 있다는 것도 중요합니다. 황제를 암살하려는 반역이 있음을 모르드개가 알고 미리 이야기를 한 것에 대해서 이미 예우를 하고 상을 내린 적이 있기 때문입니다. 아하수에로가 하만을 나무에 단 이후에 모르드개를 들어오라고 해서 하만의 집을 관리하게 했습니다. 그리고 에스더 왕후가 자기 민족을 살려 달라고 울자, 황제가 반지를 빼 주면서 "빨리 조서를 작성해서 내 궁전의 천리마들을 127도로 다 보내라. 유대인들을 전멸시키는 포고령을 취소시키고, 대신 유대인의 원수들을 모두 전멸시켜라."고 하였습니다. 아달월 13일 전에 가지 않으면 유대인 모두가 다 죽게 되니 황제의 명에 의해 바로 준마를 타고 전 제국에 포고령이 나갔습니다. 상황이 완전히 뒤집어졌습니다. 하나님의 특별한 은혜입니다.

맺는말

히브리에서는 모세의 율법에 없는 절기가 두 개 있습니다. 그중 하나인 부림절은 에스더를 기념하는 날로서, 지금은 아달월 13~14일의 하루 전에 금식하고 유대인을 전멸시키려고 한 날에 모여서 에스더서를 읽습니다. 아이들은 모두 방울과 탬버린을 흔들면서 '하만~'이라고 하며 춤을 춥니다.

지금까지 세 가지 말씀을 드렸습니다. 첫째, 우연의 법칙입니다. '팔자소관'이니, '내 복이 어떠니'라는 말을 해서는 안 됩니다. 이런 말은 불신자들이나 하는 말입니다. 우리는 그리스도 안의 새사람입니다. "아이고 죽겠다."라고 하면 그런 일이 자꾸 생깁니다. 모든 우연을 섭리하시는 하나님을 알아야 합니다. 이때 하나님의 이름은 '숨어 계시는 하나님', 즉 '아도나이 미스타테르'라고 말씀드렸습니다. 그 하나님은 살아 계신 '엘 하이 하나님'이십니다. 여호수아가 여리고성을 치러 갈 때 "이는 하나님 이 다 하셨습니다. 이미 이겨 놓으셨습니다."라는 뜻으로 부른 하나님의 이름입니다. 하나님이 다 해 놓으셨으므로 사람은 뒤에서 감사하면 됩니다.

두 번째는 이 우연의 법칙 안에서 때에 따라 사람이 해야 할 일이 있습니다. 모르드개는 목숨을 걸고 기도했고, 에스더 역시 목숨을 걸고 왕 앞에 나아갔습니다. 에스더가 다른 선택을 했든지, 혹은 모르드개가 기도하지 않았다면 하나님의 섭리를 모른 채 우연으로 끝났을 것입니다. 물론 하나님이 하시겠지만, 인간이 할 일이 그만큼 중요합니다.

세 번째는 하나님의 섭리하심으로 하만 사건이 뒤집어졌다는 것입니다. 하만이 '부림', 곧 제비를 뽑은 것은 무당들이 하는 짓입니다. 하나님은 그 상황을 뒤집어서 제비 뽑은 날을 완전히 엎으셨습니다. 천리마들은 포고령이 시행되기 며칠 전에 각 도에 도착해서 유대 민족을 다 살렸습니다. 이 놀라운 일에 대해 하나님께서 "영원히 기념해라. 부림절로 지켜라."고 하신 것입니다. 주님이 재림하시면 이 세계가 그렇게 뒤집어집니다. 우리는 이 비밀을 확실히 알고, 믿는 사람으로서 어렵더라도 감사하면서 나가야 합니다.

우연의 반복은 필연이다

26

왜 섭리로 연결시키지 못하는가?

2018. 8. 5.

누가복음 3장 7절

"요한이 세례 받으러 나아오는 무리에게 이르되 독사의 자식들아 누가 너희에게 일러 장차 올 진노를 피하라 하더냐"

요한복음 8장 31-32절

"그러므로 예수께서 자기를 믿은 유대인들에게 이르시되 너희가 내 말에 거하면 참으로 내 제자가 되고 · 진리를 알지니 진리가 너희를 자유롭게 하리라"

마태복음 7장 21-23절

"나더러 주여 주여 하는 자마다 다 천국에 들어갈 것이 아니요 다만 하늘에 계신 내 아버지의 뜻대로 행하는 자라야 들어가리라 · 그 날에 많은 사람이 나더러 이르되 주여 주여 우리가 주의 이름으로 선지자 노릇하며 주의 이름으로 귀신을 쫓아내며 주의 이름으로 많은 권능을 행하지 아니하였나이까 하리니 · 그 때에 내가 그들에게 밝히 말하되 내가 너희를 도무지 알지 못하니 불법을 행하는 자들아 내게서 떠나가라 하리라"

들어가는 말

이번 더위는 천재지변이라지만 인재(人災)라고도 할 수 있습니다. 사람들이 쓰레기를 함부로 버리는 것과 관련이 있습니다. 우리는 비닐봉지 하나를 써도 아껴서 여러 번 써야 합니다. 자연 파괴가 너무 심합니다. 바닷속의 상어, 고래, 돌고래가 떼죽음을 당했는데, 해부해 보니 배 속에 플라스틱이 가득 들어 있었다고 합니다. 플라스틱을 먹고 죽은 것입니다. 창조의 원리 안에서 자연은 우리가 한 만큼 돌려주게 되어 있습니다. 자연을 파괴한 만큼, 열대야와 폭염을 통해 우리에게 돌려줍니다. 이 점에 대해서 특히 믿는 분들은 생각을 많이 해야 합니다.

어제 신문에서 개미를 연구하는 박사가 두 장에 걸쳐서 개미에 대한 글을 쓴 것을 보았습니다. 제가 어렸을 때 멀리 나갔다 온 개미들이 돌아와서 여러 개미들과 입을 맞추는 것을 보았던 기억이 납니다. 개미 박사의 말에 의하면 개미는 위장을 두 개 가지고 있다고 합니다. 음식 하나는 자기를 위해 먹고, 다른 하나는 남을 위해 먹는데, 가족이나 굶주린 동료 개미가 다가와 입을 벌리면 음식을 나눠 준다고 합니다. 그것이 개미들이 서로 입을 갖다 대는 이유라고 합니다. 이웃과 가족을 위해 먹은 것을 토해서 먹이는 과정인 것입니다. 그래서 개미를 상당히 사회적인 동물로 봅니다.

세 가지를 체크하자

이제 설교를 시작하겠습니다. 현실 속에서 살다 보면 좋은 일도 있고 나쁜 일도 있습니다. 그런데 좋은 일이나 나쁜 일이나 그것을 섭리로 정확하게 연결시키지는 못합니다. 왜 그럴까요? 이 문제를 생각해 보도록 하겠습니다. 어떻게 하면 좋은 일이나 나쁜 일을 에스더처럼 섭리로 연결해서 우리가 하나님께 칭찬받을 수 있는 삶을 살 것인가 하는 것이 이번 설교의 중요한 포인트입니다.

'자연 상태 그대로 두었을 때 좋은 일이 일어나면 뒤에는 나쁜 일이 일어난다'라는 말이 있습니다. 이를 사자성어로 '호사다마(好事多魔)'라고 합니다. 예컨대 복권에 당첨된 사람은 '다마'가 기다리고 있습니다. 통계적으로 조사해 보면 복권에 당첨되거나 부모로부터 많은 재산을 받은 사람은 나중에 거의 실패한다고 합니다. 자기가 고생하지 않고 돈을 번 사람은 결국 실패로 끝난다는 것입니다.

둘째, 나쁜 일이 계속될 때는 '젊어서 고생은 사서도 한다'라는 말로 위안을 합니다. '고진감래(苦盡甘來)'라는 말도 있습니다. 고생을 다 하면 좋은 날이 온다는 것입니다. 이런 말들은 기도도 안 하고 말씀도 묵상하지 않고 자연 상태 그대로 살면 삶에 호사다마가 이어지고, 고생을 하는 사람은 '나중에는 좋은 날이 오겠지'라고 생각하며 그저 살게 된다는 말입니다. 하지만 우리는 통찰력을 가지고 이런 원리를 극복할 수 있습니다.

에스더서에서 하만이 유대인들을 전부 죽이려고 했을 때 에스더와 모르드개는 극심한 고통 속에 있었을 것입니다. 그러나 그들은 목숨을 걸고 기도하며 왕 앞에 나아갔습니다. 그래서 상황을 뒤집었고 고통을 빨리 끝냈습니다. 우리도 팔자타령만 하지 말고 이들처럼 좋은 일과 나쁜 일을 적극적으로 조율하고 뒤집을 수는 없을까요?

이를 위해서 주로 세 가지를 체크하겠습니다. 그러면 우연히 일어나는 좋은 일과 나쁜 일을 해석해 볼 수 있는 통찰력을 기를 수 있습니다. 통찰력은 부분과 전체, 특수와 보편을 한 묶음 안에서 정확히 이해하는 것을 말합니다.

첫 번째 체크 사항

첫째로, "정말 회개했습니까?" 회개는 합당한 열매를 맺어야 끝이 납니다. 그런데 우리는 교회에 가서 말씀 듣고 눈물 좀 흘리면 회개가 끝나고 그다음은 아무것도 안 해도 된다고 생각합니다. 그러면 삶이 하나도 나아지는 것이 없습니다. 힘든 사건이 하나만 일어나도 "아이고 내 팔자야. 그럼 그렇지. 내가 무슨 복이 있다고."라고 한탄합니다. 그러나 진정으로 회개했다면 힘든 일이 생길 때, 이것을 달리 보는 통찰력이 생깁니다.

　　　　　　　　　　　　우연의 반복은 필연이다

누가복음 3장 7절 "요한이 세례 받으러 나아오는 무리에게 이르되 독사의 자식들아 누가 너희에게 일러 장차 올 진노를 피하라 하더냐"

세례 요한이 세례를 받으러 오는 사람들에게 "하나님 말씀을 듣고 세례를 받으러 잘 왔습니다."라고 말한 것이 아니라 "이 독사의 자식들아. 너희가 왜 여기에 오느냐? 형식적인 세례와 회개로 심판을 피할 수 있을 줄 아느냐?"라고 합니다. 도리어 사람을 쫓아내고 있습니다. 너무 놀라운 말씀입니다.

이것을 현대 신앙인들에게 적용하면 값싼 은혜로 "예수 믿고 천당 가세요."라고 하는 것이 아니라, "너희가 회개했다면 회개의 합당한 열매를 맺었느냐? 눈물만 흘리지 말고 진짜 회개를 해야 되지 않겠느냐?"라고 하는 것과 같습니다.

누가복음 3장 10-11절 "무리가 물어 이르되 그러면 우리가 무엇을 하리이까 · 대답하여 이르되 옷 두 벌 있는 자는 옷 없는 자에게 나눠 줄 것이요 먹을 것이 있는 자도 그렇게 할 것이니라 하고"

무리가 회개하며 "어떻게 하면 좋습니까?"라고 하니까 "그래, 옷이 두 벌 있는 사람은 한 벌을 공동체의 가난하고 불행한 사람에게 줘라. 먹을 것이 많으면 같이 모여 나누어 먹을 식탁공동체라도 만들어라."고 합니다. 지금 세례 요한의 메시지는 우리가 생각하는 그런 보통의 메시지가 아닙니다. 회개하러 오는 사람들에게 "독사의 자식들아, 오지 마라."고 하면서 전하는 메시지입니다.

누가복음 3장 12-14절 "세리들도 세례를 받고자 하여 와서 이르되 선생이여 우리는 무엇을 하리이까 하매 · 이르되 부과된 것 외에는 거두지 말라 하고 · 군인들도 물어 이르되 우리는 무엇을 하리이까 하매 이르되 사람에게서 강탈하지 말며 거짓으로 고발하지 말고 받는 급료를 족한 줄로 알라 하니라"

이것은 세리와 군인들에 대한 회개의 합당한 열매들입니다. 우리는 이 말씀 안에서 '나는 정말 회개했는가? 그래서 합당한 열매를 맺었는가?'를 생각해야 합니다.

누구든지 그리스도 안에 있으면 새로운 피조물이라고 하였습니다. 옛사람은 지나가고 새사람이 되었습니다. 그런데 지금 우리에게 새사람이 된 표가 있습니까? 성령의 열매 9가지가 나타납니까? 베드로가 말한 그리스도의 신성이 나타나고 있습니까?

기독교의 핵심은 회개하고 합당한 열매를 맺는 것입니다. 이 생각을 깊이 해야 합니다. 예수님 믿고서도 성령의 열매인 사랑, 희락, 화평이 없다면, 마음속에 평화가 없다면, 그는 회개하지 않은 사람입니다. 제가 예수님을 통해 배운 것은 인간은 죽음 앞에 맞닥뜨리지 않으면 회개하지 않는다는 것입니다. 심지어 죽음 앞에서도 회개하지 않는 사람도 있습니다.

관련된 예화 한 토막을 소개하겠습니다. 신문의 칼럼에서 읽은 이야기입니다. 무기징역을 받고 감옥에서 생활하는 노인이 있었습니다. 그는 교도소 안에서 청소도 열심히 하고 적은 양의 빵도 죄수들과 나눠 먹는 등 성실하고 인간적인 면모가 돋보이는 사람이었습니다. '저렇게 착한 사람이 왜 이런 곳에 있지?'라는 생각이 드는 사람인데, 간수가 오더니

우연의 반복은 필연이다

노인을 후려치며 "화장실 청소는 했습니까?"라고 소리를 지르는 것입니다. 옆에 있던 사람이 "아니, 왜 나이 든 노인에게 그렇게까지 하십니까?"라고 물으니 간수가 저 노인이 어떤 사람인지 아느냐며, 그 노인은 일가족을 죽인 연쇄 살인범이라고 말했습니다.

죄를 지었다면 "저의 잘못을 회개합니다. 어떤 벌도 달게 받겠습니다."라고 해야 하는데, 저 노인처럼 눈속임으로 사람들에게 그저 착하게만 보이려 하고 진정으로 회개하지 않는 사람들이 태반입니다. 잘못을 저질렀으면 그 죄에 대해 진정한 회개를 해야 합니다. 남의 마음을 상하게 했으면 그 사람을 만나서 사과해야 합니다. 그저 착한 척만 하면 안 됩니다. 진정으로 회개했다면, 세상의 일들을 정말 통찰력 있게 바라볼 수 있습니다. 좋다고 가벼이 넘어가지 않고 나쁘다고 화내지 않습니다.

두 번째 체크 사항

> 요한복음 8장 31-32절 "그러므로 예수께서 자기를 믿은 유대인들에게
> 이르시되 너희가 내 말에 거하면 참으로 내 제자가 되고 · 진리를 알지
> 니 진리가 너희를 자유롭게 하리라"

어떤 사람이 신앙한다고 하더라도 사랑이 없고 자유롭지 못하며 평화가 없다면 그 사람은 신앙을 잘못하는 것입니다. 주님께서 "내가 주는 평화는 세상이 주는 평화와 같지 않다"고 말씀하셨기 때문입니다.

두 번째로 체크해야 하는 것은 우리가 "예수, 예수"라고 하지만 실제로 예수님에 대해서는 하나도 모르고, 그저 예수님을 우상화하고 있지는

않은지에 대한 것입니다. 이를 '예수 우상'이라고 합니다. 이 우상은 다른 우상을 섬기는 것과 똑같습니다. 예수님께서는 "너희가 내 말에 거해야 한다"고 하셨습니다. 예수님의 말씀을 행해야 한다는 뜻입니다. 예수님께서 "내가 새 계명을 주노니 서로 사랑하라"고 하셨는데도 사랑은 하지 않고 그저 "예수, 예수"라고만 하면 예수가 우상이 된 경우입니다. 놀랍습니다. 예수가 우상이 되었는데 자기는 신앙을 잘하고 있는 줄 압니다. 우리는 예수 우상과 말씀 순종을 구분해야 합니다. 예수님께서 하신 말씀을 순종하는 사람이 진리에 이른다고 하셨습니다. 우리가 예수를 우상으로 섬기고 있지는 않은지, 그분의 말씀에 순종하는지를 돌아봐야 합니다. 물론 예수님의 말씀에 순종하는 것은 아주 어려운 일입니다.

> 마태복음 5장 39-42절 "나는 너희에게 이르노니 악한 자를 대적하지 말라 누구든지 네 오른편 뺨을 치거든 왼편도 돌려 대며 · 또 너를 고발하여 속옷을 가지고자 하는 자에게 겉옷까지도 가지게 하며 · 또 누구든지 너로 억지로 오 리를 가게 하거든 그 사람과 십 리를 동행하고 · 네게 구하는 자에게 주며 네게 꾸고자 하는 자에게 거절하지 말라"

우리는 예수님의 과장법을 이해해야 합니다. 그것을 문자 그대로 순종하면 안 됩니다. 이 말씀을 곧이곧대로 받아들이는 예로 우리가 좋은 옷을 입고 있는데 누가 "벗어 줘."라고 하면 벗어 줘야 한다고 생각합니다. "억지로 오 리를 가게 하거든 그 사람과 십 리를 동행하고"라는 말씀은 실제 그 당시에 로마의 군인이 이스라엘 사람에게 무거운 짐을 지우고 오 리를 가자고 하면 오 리를 가야 하는 사회적 정황을 배경으로 하고 있

우연의 반복은 필연이다

습니다. 예수님의 말씀은 "열혈당처럼 성급하게 로마에 정치적으로 반발하지 말라."는 것입니다. 또한 "네게 구하는 자에게 주며, 네게 꾸고자 하는 자에게 거절하지 말라"고 하신 말씀을 오해해서, 누가 "보증 좀 서 주세요. 성경에서 그렇게 말했잖아요."라고 한다고 이 사람에게도 보증서 주고 저 사람에게도 보증 서 주다가는 큰일 납니다. 잘 생각해 봐야 합니다. 예수님의 말씀을 구분할 줄 알아야 합니다. 예수님께서 "오른뺨을 치면 왼뺨을 돌려 대라"고 하셨지만, 빌라도 법정에서 예수님의 뺨을 치는 자에게 예수님은 "네가 왜 나를 치느냐"고 하셨습니다.

예수님께서는 민중들을 가르치시기 위해 충격요법으로 과장법을 많이 쓰셨습니다. 예컨대 "눈으로 범죄 하면 눈을 빼고 천국에 가는 것이 낫다"고 말씀하신 것은 천국에 가는 것이 그만큼 중요하다는 것을 강조하신 것입니다. 그런데 중세 때 실제로 눈을 뺀 사람이 많았습니다. 팔을 자르라고 하면 팔을 잘랐습니다. 이것을 문자주의라고 합니다. 과장법도 모르고 성경을 해석하면 안 됩니다. 그리고 눈에 티가 들어갈 수는 있지만 들보가 들어갈 수는 없습니다. 눈에 들보가 어떻게 들어갑니까? 이런 것도 예수님께서 과장법을 쓰신 것인데, 문자주의로 그대로 읽다가는 낭패를 봅니다. 세계적인 교부 오리게네스는 "어머니의 태로부터 된 고자도 있고 사람이 만든 고자도 있고 천국을 위하여 스스로 된 고자도 있도다 이 말을 받을 만한 자는 받을지어다"(마 19:12)라는 말씀을 문자 그대로 실천하기 위해 스스로 거세하여 고자(鼓子)가 되었다가 평생을 고통스러워했습니다.

다시 강조합니다. 예수님의 말씀에 순종해야지 "예수, 예수" 하면서 예수님을 우상화하지 맙시다. 복음서에서 예수님께서는 "나를 믿으라"고 하시기보다는 "나를 따르라"고 하셨습니다. 예수님을 우상 삼으려고, 자기들 임금 삼으려고 하면 얼른 도망가셨습니다. 중요한 것은 '내가 예수님의 말씀에 얼마나 순종하는가? 얼마나 자기를 이기고 제 십자가를 지고 따르는가?' 하는 것입니다. 말씀에 순종해야 열매가 맺힙니다. 열매 없는 나무가 무슨 소용이 있겠습니까? 사과 농사를 실컷 지었는데 열매가 없다면 그 나무는 베어 버릴 것입니다. 신앙도 마찬가집니다. 인간은 본질적으로 복음을 싫어합니다. 자기를 이겨야 하기 때문입니다. 대신 다른 사람을 흉보는 것이 제일 재미있고, 남의 불행을 듣는 것이 재미있습니다.

세 번째 체크 사항

세 번째 체크 사항은 '종교 생활'을 신앙으로 착각하지 말자는 것입니다. 종교 생활을 하면서 자기는 아주 잘 믿는 것처럼 오해하지 맙시다. 그렇다고 교회에 가지 않아도 된다거나 종교 생활을 하지 말라는 말이 아닙니다. 본능적으로 인간은 종교 생활을 좋아하는데 그것을 신앙으로 착각하지 말라는 것입니다.

마태복음 7장 21-23절 "나더러 주여 주여 하는 자마다 다 천국에 들어갈 것이 아니요 다만 하늘에 계신 내 아버지의 뜻대로 행하는 자라야 들어가리라 · 그 날에 많은 사람이 나더러 이르되 주여 주여 우리가 주의 이름으로 선지자 노릇 하며 주의 이름으로 귀신을 쫓아내며 주의 이름으로 많은 권능을 행하지 아니하였나이까 하리니 · 그 때에 내가 그들에

　　　　　　우연의 반복은 필연이다

게 밝히 말하되 내가 너희를 도무지 알지 못하니 불법을 행하는 자들아 내게서 떠나가라 하리라"

우리나라에 많은 이단들이 생겼습니다. 어떤 이단 집단에 가 보면 병이 낫고 능력이 마구 행해집니다. 하지만 뒤에 가면 다시 발병합니다. 마지막 날에 사람들이 예수님 앞에 와서 "주의 이름으로 많은 권능을 행했습니다. 할렐루야."라고 하지만, 예수님께서는 "불법을 행하는 자들아. 나는 너희를 모른다. 못된 것들아."라고 하신다고 했습니다. 이것은 그저 종교 생활을 한 것에 대한 벌입니다. 질병 치료는 불교의 스님도 하고 도교의 도사도 하고 이슬람교에서도 다 합니다. 질병 치료나 능력 행함을 신앙의 잣대로 삼아서는 안 됩니다.

예수님의 이름으로 권능을 행했다고 하면 예수님께서 "너희가 참 수고했다. 내 종들아."라고 하실 줄 알았는데 "내가 너희를 도무지 알지 못한다"고 하십니다. 종교 생활을 하면서 자기가 신앙을 잘했다고 착각하지 맙시다. 물론 집에 있는 것보다는 교회에 나와서 기도도 하고 찬양도 하고 헌금도 하는 것이 낫습니다. 종교 생활은 필요합니다. 하지만 그것 때문에 구원받고 천국에 가는 것이 아니라는 것을 확실히 알아야 합니다.

마태복음 7장 24절 "그러므로 누구든지 나의 이 말을 듣고 행하는 자는 그 집을 반석 위에 지은 지혜로운 사람 같으리니"

예수님께 칭찬을 받는 사람은 '나를 믿는 자'가 아니라 '내 말을 듣고 행하는 자'입니다.

세 가지 체크 사항 요약

우리는 이 세 가지가 정리되어서 확실해져야 합니다. 그렇지 않으면 문제가 발생해도 통찰력으로 꿰지 못합니다. 진짜 신앙이 아니라 '자기 복음'이기 때문에 성령 하나님께 기도해도 안 가르쳐 주십니다. "네 마음 대로 해라."고 하십니다.

세 가지를 다시 한번 정리해 보면 첫째로 내가 진짜 회개했는지, 열매 맺은 것이 있는지, 주위 사람들이 내 열매를 보고 좋다고 하고 감사하는 것이 있는지 생각해야 합니다. 둘째로, 예수 우상을 섬기면서 예수님이 누구신지 모르고 말씀도 제대로 모르는 것은 아닌지 생각해야 합니다. 셋째로, 내가 하는 것이 종교 생활인지 진리의 삶인지 잘 생각해야 합니다. "진리를 알지니 진리가 너희를 자유케 하리라"고 하셨습니다. 여러분은 정말 자유롭습니까? 남편에게, 부인에게, 혹은 자식에게 매여서 노예처럼 심각하게 살고 있지 않습니까?

각자 자기의 회개를 점검해 봅시다. 진짜 회개를 하지 않았다면, 단지 종교 생활을 하고 있는 것뿐입니다. 종교 생활만 하는 사람은 다 보따리를 싸야 합니다. 교회에는 열심히 나와야 하지만, 종교 생활만 해서는 안 됩니다. 진리의 삶을 살아야 합니다.

에스더서에 적용

이제 이 말씀을 가지고, 앞에서 설교했던 에스더서를 다시 한번 상기해 보겠습니다.

우연의 반복은 필연이다

하만이 모르드개가 자기에게 절을 안 한다고 전 유대 민족을 전멸시키려는 것은 말이 안 됩니다. 만약 모르드개가 기도를 안 했고 에스더도 목숨을 걸고 왕 앞에 나가지 않았다면, 전국의 유대인들이 거의 전멸되었을 것입니다. 10년이나 20년 후에 '하만은 아주 악한 인간이다'라고 심판을 받는다 하더라도 이미 유대인들이 다 죽었으니 아무 소용이 없습니다. 그렇게 되면 '섭리'라고 할 수가 없습니다. 그리고 모르드개가 유대인이라서 절을 안 한다는 이유로 유대 민족이 전멸의 위험 앞에 있을 때, 하나님께서 "내가 알아서 할게."라고 하지 않으셨습니다. 에스더가 "저는 왕비니까 문제없지 않겠습니까?"라고 모르드개와 함께 이 일을 회피했다면 유대인들은 다 죽었을 수도 있습니다. 그러면 '섭리'라고 할 것도 없고, '역시 세상은 이렇게 악하구나'라고 하면서 끝났을 것입니다.

그러나 모르드개는 그 문제 앞에서 기도했습니다. 그래서 인류 역사에서 놀라운 뒤집기가 일어난 것입니다. 에스더 역시 "저도 유대 민족인데 목숨을 걸고 아하수에로 왕에게 나아가겠습니다. 죽으면 죽을 것입니다."라고 목숨을 걸고 용기 있게 나갔기 때문에 이 사건이 뒤집어진 것입니다.

이것을 우리 삶에도 적용해 본다면, 우리가 불행한 일들을 겪을 때 "무슨 놈의 팔자가 이래?"라고 할 것이 아니라 "어떻게 이 현실을 뒤집지? 모르드개처럼 기도하자. 에스더처럼 금식하면서 목숨을 걸고 싸우자. 그리고 움직이자."라고 해야 합니다. 그러면 우리 삶도 뒤집어집니다.

맺는말

이번 설교의 핵심은 종교 생활이 아니라 내가 진정으로 회개해서 예수님의 말씀을 믿고 따른다면 주님께서 아신다는 것입니다. 그러면 좋은 일이 와도 '다마'를 없앨 수 있습니다. 또한 '호사'의 상황에서 진실하게 행동했다면 칭찬을 받을 것입니다. 복권 같은 것에 대해서도 내가 땀 흘려 노력한 것이 아니기 때문에 거부하고, 열심히 노력해서 번 돈으로 하나님께 십일조를 드리고 감사할 것이라는 생각으로 나가야 합니다. 그러면 흙으로 지어져 부족한 인간의 수준을 다 아시는 성령 하나님께서 우리를 보살펴 주실 것입니다.

지금 말씀드린 세 가지를 극복하면, 호사에서 다마를 없앨 수 있습니다. 고진에서 감래까지 기다릴 필요가 없습니다. 고통이 와도 빨리 극복하고 전화위복할 수 있습니다. 이것을 믿어야 합니다.

우연의 반복은 필연이다

27

예수님의 초월과 내재(적용)

마태복음 12장 1-8절

"그 때에 예수께서 안식일에 밀밭 사이로 가실새 제자들이 시장하여 이
삭을 잘라 먹으니 · 바리새인들이 보고 예수께 말하되 보시오 당신의 제
자들이 안식일에 하지 못할 일을 하나이다 · 예수께서 이르시되 다윗이
자기와 그 함께한 자들이 시장할 때에 한 일을 읽지 못하였느냐 · 그가
하나님의 전에 들어가서 제사장 외에는 자기나 그 함께한 자들이 먹어
서는 안 되는 진설병을 먹지 아니하였느냐 · 또 안식일에 제사장들이 성
전 안에서 안식을 범하여도 죄가 없음을 너희가 율법에서 읽지 못하였
느냐 · 내가 너희에게 이르노니 성전보다 더 큰 이가 여기 있느니라 · 나
는 자비를 원하고 제사를 원하지 아니하노라 하신 뜻을 너희가 알았더
라면 무죄한 자를 정죄하지 아니하였으리라 · 인자는 안식일의 주인이
니라 하시니라"

27. 예수님의 초월과 내재(적용)　　271

마태복음 12장 41-45절

"심판 때에 니느웨 사람들이 일어나 이 세대 사람을 정죄하리니 이는 그들이 요나의 전도를 듣고 회개하였음이거니와 요나보다 더 큰 이가 여기 있으며 · 심판 때에 남방 여왕이 일어나 이 세대 사람을 정죄하리니 이는 그가 솔로몬의 지혜로운 말을 들으려고 땅 끝에서 왔음이거니와 솔로몬보다 더 큰 이가 여기 있느니라 · 더러운 귀신이 사람에게서 나갔을 때에 물 없는 곳으로 다니며 쉬기를 구하되 쉴 곳을 얻지 못하고 · 이에 이르되 내가 나온 내 집으로 돌아가리라 하고 와 보니 그 집이 비고 청소되고 수리되었거늘 · 이에 가서 저보다 더 악한 귀신 일곱을 데리고 들어가서 거하니 그 사람의 나중 형편이 전보다 더욱 심하게 되느니라 이 악한 세대가 또한 이렇게 되리라"

들어가는 말

어떤 사람이 죽으면 '그 사람은 참 똑바로 살았다'라든가, '처음에는 잘 살더니 늙어서는 솔로몬처럼 잘 못 살았다'라는 등의 평을 듣곤 합니다. 그러면 예수님은 어떤 평을 들으셨을까요? 많은 종교학자들이 '예수님은 초월과 내재의 하나님이시다'라는 평을 하였습니다. 라틴어로 이 말은 '베레 데우스 베레 호모', 곧 '참 하나님이시요 참 사람이시다'라는 의미입니다.

잠시 지난 설교를 복습하겠습니다. 우리가 세상의 현실 속에서 살 때 여러 사건과 사실들을 만납니다. 그럴 때 대개의 사람들은 부분밖에 모

우연의 반복은 필연이다

르고 '내가 복이 없다', '팔자소관이다', '나는 참 운이 없다', '누구 때문에 그랬다'라는 생각에 매여서 지냅니다. 그러나 믿는 사람들은 조용히 기도하고 하나님의 말씀을 묵상하면서 '이 모든 일이 하나님의 섭리구나'라고 하나님 안에서의 주권적 섭리를 체험합니다. 이를 위해서 3가지를 확인했습니다.

첫째, '나의 회개가 참 회개인가?', '열매가 맺히는 회개인가?'를 체크해야 합니다. 회개했다면서 눈물만 흘리고 행동은 그전과 똑같다면 회개한 것이 아닙니다.

둘째, "예수, 예수" 하면서 예수님의 말씀대로 살지 않고 예수를 우상화하고 있지는 않은지 체크해야 합니다. 주님께서 "새 계명을 너희에게 주노니 서로 사랑하라 내가 너희를 사랑한 것같이 너희도 서로 사랑하라"(요 13:34), "무엇이든지 남에게 대접을 받고자 하는 대로 너희도 남을 대접하라 이것이 율법이요 선지자니라"(마 7:12)고 말씀하셨는데도 대접을 받기만 하려는 사람은 예수님을 우상화하는 사람입니다.

셋째, 교회에 나오고 새벽 기도도 열심히 하고 성경도 열심히 보지만 과연 내 삶이 진리의 삶인가, 그냥 종교적인 삶인가를 생각해 봐야 합니다. 예수님은 "진리를 알지니 진리가 너희를 자유케 하리라"고 하셨습니다. 하나님 나라의 백성으로 살면 진리 안에서의 자유로운 삶을 참으로 믿습니다. 그러면 어떤 어려움이 있어도 자유와 평안이 있습니다. 생명에 대한 사랑이 있으며 찬송하는 기쁨이 있습니다. 이런 것들이 없으면서 그저 교회에 다니는 것은 종교 생활일 뿐입니다.

이 세 가지를 체크한 사람은 최근에 현실적으로 일어난 일들을 하나로 묶어내는 통찰과 성령의 위로가 있습니다.

예수님의 초월 1

마태복음 12장은 예수님의 초월의 삶과 내재의 삶에 대하여 가장 설명을 잘했는데, 예수님께서 같은 날 모두 말씀하신 것이 아니라 마태가 이렇게 모아 놓은 것입니다. 요즘은 어떤 사람의 특성을 '그 사람의 캐릭터가 어떻다'라고 표현하는데, 예수님의 캐릭터는 바로 초월과 내재입니다. 따라서 예수님을 따르는 하나님 나라의 백성의 삶에도 초월과 내재가 있습니다. 만약 어떤 믿는 사람이 살면서 늘 심각하고 스트레스만 받는다면 그 사람은 신앙을 잘못하는 것입니다. 이번에는 우리 자신을 점검하기 위하여 먼저 예수님의 초월에 대해 배워 보겠습니다. 핵심 구절은 6절 말씀입니다.

6절 "내가 너희에게 이르노니 성전보다 더 큰 이가 여기 있느니라"

유대 나라에는 3가지 핵심적인 종교행사가 있는데, 그중 하나가 예루살렘 중심의 성전 예배입니다. 유대인들은 성전에 하나님이 계신다고 생각해서 속죄제사는 반드시 예루살렘의 성전에 가서 드렸으며, 이것을 대단히 중요시했습니다.

그런데 예수님 당시에 제사장 계열은 로마에 돈을 주고 제사장을 하고, 제사장 계열이 아닌 사두개인들은 성전에서 장사를 했습니다. 공개입찰을 거쳐 성전 안에서 환전소를 하거나 양을 팔고 사는 등의 장사를 한 것입니다. 특히 대속죄일이 되면 전 세계에 흩어져 있는 유대인들이 다 모여서 제사를 지내므로 사두개인들이 엄청나게 돈을 많이 벌었습니

우연의 반복은 필연이다

다. 그래서 예수님께서 성전 정화를 하셨다는 것을 우리가 잘 알고 있습니다.

이처럼 유대인들은 성전 예배에 매여서 사두개인들이 부정을 저질러도 눈치만 보고 말도 못 했는데, 지금 예수님께서 오셔서 "성전보다 큰 자가 여기 있다"고 하시니 난리가 난 것입니다. 이런 것을 예수님의 초월성이라고 합니다. "성전보다 큰 자가 여기 있다"는 말씀은 '성전을 계시한 창조주가 바로 나'라는 뜻입니다. "내가 성전을 계시했으며 내가 바로 참된 성전이다."라는 것이 내재이고, "창조주 하나님으로서 성전을 지으셨다."는 것이 초월입니다.

예수님 말씀의 뜻은, 사람을 위해 성전이 있는 것이지 사람이 성전을 위해 있는 것이 아니라는 것입니다. 이것을 돈 문제에 대입해서 생각해 봅시다. 하나님께서 돈을 계시할 때, 우리의 필요를 위해 계시하셨습니다. 돈은 필요한 것입니다. 하나님께서 인간에게 아이디어를 주셔서 돈을 만들게 하셨는데, 자본주의에서는 사람보다 돈이 더 큽니다. 서로 만나면 "너는 돈이 얼마 있어?"부터 묻고, "부자 되세요."라든가, "돈을 위해 어떤 고생을 해도 좋다.", "돈을 위해 무슨 짓을 못 하겠나?" 등의 말들을 합니다. 그런 말들은 돈보다 인간이 못하다는 뜻입니다. 돈에 얽매인 불행입니다. 성전보다 크신 이를 믿는 사람은 마땅히 돈보다 커야 합니다. 돈의 심각성에 빠지면 내가 돈 10만 원보다 작게 느껴집니다. 그러면 안 됩니다. 우리는 돈을 창조하신 분을 알고 돈보다 대단한 삶을 살아야 합니다.

예수님의 초월 2

8절 "인자는 안식일의 주인이니라 하시니라"

유대 나라는 안식일마다 지켜야 하는 것이 39가지나 됩니다. 이스라엘
에서는 지금도 응급실에 갈 만한 환자가 아니면 아파도 안식일에 치료
하면 안 됩니다. 그래서 이스라엘 사람들은 감기에 걸려도 안식일에는
응급실로 갑니다. 약국에 가서 약을 먹으면 죄 짓는 것이 되기 때문입니
다. 안식일에는 엘리베이터 버튼도 못 누릅니다. 그래서 아예 엘리베이
터가 층마다 자동으로 개폐되도록 해 두었습니다. 집의 전등도 켜지 못
하기 때문에 다른 사람을 불러서 부탁해야 합니다. 빵도 사 오면 안 되기
때문에 빵이 없으면 그날은 굶거나, 옆집에서 빌려야 합니다. 안식일이
사람을 위한 것이 아니라, 사람이 안식일을 위한 형편이 되고 말았습니다.
  예수님께서는 스스로 안식일의 주인이라고 하셨습니다. 하나님께 창
조된 인간이 죽어라 일만 하다가 엎어져 죽으니까 진정으로 휴식하면서
자유로워야 한다는 뜻으로 안식일을 주셨습니다. 그런데 오히려 사람이
안식일을 위해 있는 상황이 되었단 말입니다. 예루살렘에서는 사두개인
이 성전 중심으로 부정부패를 저질렀다고 했는데, 지방에 가면 바리새인
들이 주도하는 회당 예배가 중심입니다. 유대인들은 안식일을 위한 인간
이 되었으므로, 누가 안식일을 범했다면 회당의 바리새인에게 가서 돈을
내고 속죄를 해야 했습니다. 예루살렘에서 사두개인들이 성전 예배를 통
해서 돈을 번다면, 지방에서는 바리새인들이 회당에서 그런 식으로 돈을
벌었습니다. 이렇게 중간에 있는 백성들만 꼼짝없이 당하니까 예수님께

우연의 반복은 필연이다

서 "나는 안식일의 주인이다. 너희는 안식일을 왜 창조했는지 모르느냐? 인간을 위해 안식일을 창조했는데 왜 종질하고 있느냐?"라고 하시는 것입니다.

예수님의 초월 3

41절 "심판 때에 니느웨 사람들이 일어나 이 세대 사람을 정죄하리니 이는 그들이 요나의 전도를 듣고 회개하였음이거니와 요나보다 더 큰 이가 여기 있으며"

예수님께서 지금 이 말씀을 하시는 장소는 갈릴리 지역입니다. 갈릴리 지역에서 최고의 선지자로 칭송받는 한 사람이 있는데, 바로 요나입니다. 요나가 갈릴리 출신의 선지자이기 때문입니다. 갈릴리 사람들은 요나를 보낸 분이 여기 계시는데도, 예수님이 진리를 말씀하시는데도 따라다니면서 "요나가 최고다"라는 말만 합니다. 이처럼 그들은 현재의 진리는 싫어합니다. 대단한 학자나 최고의 예술가들이 살아 있을 때는 그들을 인정하지 않고 심지어 싫어하다가, 그들이 죽고 나서 50년, 100년이 지나면 사람이나 작품에 대해서 새로운 평가를 내리는 것과 비슷합니다.

그런 사람들이 예수님께 와서 "표적 좀 보여 주세요."라고 하니까, "악하고 음란한 세대가 표적을 구하나 요나의 표적밖에는 보여 줄 것이 없다"라고 하신 것입니다. 왜냐하면 요나를 창조하시고 그를 보내신 분이 오셨는데도 진리의 현재성은 모르고 과거와 미래만 바라보기 때문입니다.

50절 "누구든지 하늘에 계신 내 아버지의 뜻대로 하는 자가 내 형제요 자매요 어머니이니라 하시더라"

예수님께서는 가족 문제도 초월하셨습니다. 예수님께서 공생애를 사실 때 어머니와 형제들이 찾아왔지만 그때 "누가 내 어머니이고 형제냐" 하시면서 "하늘에 계신 내 아버지의 뜻대로 하는 자가 내 형제요 자매요 어머니이다"라고 하셨습니다. 우리는 마태복음을 통해서 예수님의 이와 같은 초월의 모습들을 살펴볼 수 있습니다.

우리에게 적용하기

예수님께서 "내가 ~보다 크다."라고 하신 대상들은 예수님의 시대인 1세기 때 유대 나라에서 가장 지배적인 가치들입니다. 성전이나 안식일 개념이 그러했습니다. 이와 마찬가지로 21세기 우리 사회에서 가장 지배적인 가치는 돈입니다. 이 말은 오늘날에는 믿는 사람이 돈보다 큰 사람이 되어야 한다는 뜻입니다. 하나님 나라의 백성이 돈보다 못해서 벌벌 떨면 안 됩니다. 돈보다 못하면 돈이 있어도 아끼기만 하고, 내야 할 데에도 내지 않습니다. 하나님께 받은 대로 감사하면서 낼 것은 반드시 내야 합니다. 만약 교회를 다닌다면 교회 운영을 위해 필요한 정도는 내야 합니다. 그런데 모른 척하고 있다가 뒤에 가서 "교회에 왜 돈이 없지?"라고 하는 것은 말이 안 됩니다. 또 "하나님께서 나를 축복하지 않으셔서 돈이 없으니 나는 못 내겠다."라는 것도 잘못입니다. 어디에 가서 강의를 들어도 수강료를 내는데, 생명의 말씀을 들으면서 밥이나 먹고 시간이나 보

우연의 반복은 필연이다

내고 가면 불한당입니다.

그리고 현대의 두 번째 지배적 가치는 스펙입니다. 어떤 사람이 대학은 나왔는지, 무슨 대학을 나왔는지, 토익이나 토플은 몇 점을 받았는지 등을 중요시합니다. 스펙이 좋으면 취직이 잘되니까 그것이 먹고사는 길입니다. 그래서 이 사회는 학벌주의 사회가 되었습니다. 그것을 기준으로 학벌이 있는 사람은 학벌이 없는 사람을 무식하다고 무시합니다. 또 학벌이 없는 사람은 "그래, 너 잘났다. 나는 무식해서 모른다. 왜?"라고 빈정거립니다. 하지만 하나님 나라의 백성은 그렇지 않습니다. 유식해도 "제가 아는 것이 없습니다."라고 겸손한 태도를 가져야 하고, 무식해도 "예수님을 알면 되지."라는 당당함이 있어야 합니다. 유식과 무식을 모두 극복해야 합니다.

우리는 학벌보다 크신 예수, 지식보다 크신 예수를 알아야 합니다. 잘못하면 '지식의 저주'에 빠집니다. 그러면 자기가 아는 것밖에는 모릅니다. 하나님 나라와 말씀은 인간의 지식으로는 알 수가 없습니다. 그런가 하면 무식한 사람들은 무식한 대로 고집을 부립니다. 교회에 오래 다닌 사람들도 잘못하면 고집밖에 남지 않습니다. 그러나 믿는 사람이라면 학벌이나 지식에 대해서 초월의 마음, 내재의 마음이 있어야 합니다. 겸손한 마음이 있어야 하고, 거기에 매이지 않아야 합니다. 인간이 더 큰 존재이기 때문입니다.

셋째로, 이 시대의 또 다른 지배적 가치는 자기 자신입니다. 현대는 자아 폭발의 시대입니다. 요즘은 작은 꼬마도 자아 폭발이 일어나서 학교에서 선생님이 학생에게 약간만 뭐라고 해도 반발을 하고, 좀 있으면 부모가 뛰어옵니다. 옛날에는 교권이 있었는데 요즘은 없어졌습니다. 우리가 자아 폭발에 대해 깊이 생각해야 하는 것은, 사람들이 자기 자신에게 사로잡혀서 자기 생각만 하기 때문입니다. 어떤 사람은 과거에 매여서 '나는 부모를 잘못 만나서 고생했다. 그래서 이렇게밖에 되지 못했다'라는 생각에 함몰됩니다. 또한 젊은 사람은 미래에 매여서 현실을 직시하지 못하고 무조건 '앞으로 잘될 거야'라고 막연한 희망만 가집니다.

우리는 그런 자기 자신에서 뛰어 올라야 합니다. 예수님을 아는 사람은 그런 것들이 문제가 되지 않습니다. 예수님은 요즘으로 말하면 대학도 안 나오셨지만 참으로 당당하셨습니다. 믿는 사람은 영원한 현재를 사는 사람입니다. 그러니 과거나 미래에 매이지 않아야 합니다. 영원한 현재를 살면서 예수님 안에서 감사하고 기쁘게 살아야 합니다. 믿는 사람은 예수님 안에서 새사람을 입었기 때문입니다.

> 골로새서 3장 10절 "새사람을 입었으니 이는 자기를 창조하신 이의 형상을 따라 지식에까지 새롭게 하심을 입은 자니라"

그다음은 권력 문제입니다. 권력이 있으면 돈 문제나 성적 타락, 살인과 같은 문제와 얽히게 됩니다. 권력보다 사람이 작아져서 그렇습니다. 권력도 하나님이 필요해서 주신 것인데, 사람이 그보다 못해져서 권력 앞에 바른말도 못 하고 눈치나 보게 됩니다.

맺는말

설교를 정리하겠습니다.

우연의 반복은 필연이다

우리는 예수님의 초월을 배워야 합니다. 하나님의 백성은 이 땅에서 예수님께 초월을 배우며 평화롭고 기쁘게 살다가 죽으면 천년국에서 살 사람들입니다. 예수님께서 성전보다 크시다고 하셨으니까 우리는 현대의 절대 가치인 돈보다 크게 살아야 합니다. 그렇다고 돈도 안 벌고 가만히 있으면서 "내가 돈보다 크다."라고 해서는 안 됩니다. 경제를 위해서도 매일매일 열심히 노력해야 합니다. 자본주의는 돈이 없으면 안 되기 때문입니다. 둘째, 지식을 초월해야 합니다. 우리는 그리스도 안에서 새 사람이 된 사람들입니다. 셋째, 과거나 미래에 얽매인 우리 자신을 뛰어넘어야 합니다. 마지막으로 권력이 무엇인지 바로 바라보고, 그것을 부러워하거나 그것 자체로 무엇이 있는 것처럼 생각하는 것을 극복해야 합니다. 이것이 바로 예수님의 초월과 내재를 아는 삶입니다.

하나님 나라 백성은 살아 있을 때 영원한 현재 속에서 감사하면서 마음속에 사랑과 평안과 기쁨이 있는 사람입니다. 살아서는 그와 같이 살고, 세월이 지나 죽게 되면 예수님 앞으로 갑니다. 이것이 하나님 나라 백성의 삶과 죽음입니다. 하나님 나라 백성은 하나님이 그분의 권한대로 하는 사람들입니다. 자신 있게 확신을 가지고 예수님의 삶을 배우며 살아갑시다.

28

우리는 왜 말씀을 알아듣지 못하는가

2018. 9. 2.

요한복음 12장 20-36절

"명절에 예배하러 올라온 사람 중에 헬라인 몇이 있는데 · 그들이 갈릴
리 벳새다 사람 빌립에게 가서 청하여 이르되 선생이여 우리가 예수를
뵈옵고자 하나이다 하니 · 빌립이 안드레에게 가서 말하고 안드레와 빌
립이 예수께 가서 여쭈니 · 예수께서 대답하여 이르시되 인자가 영광을
얻을 때가 왔도다 · 내가 진실로 진실로 너희에게 이르노니 한 알의 밀
이 땅에 떨어져 죽지 아니하면 한 알 그대로 있고 죽으면 많은 열매를
맺느니라 · 자기의 생명을 사랑하는 자는 잃어버릴 것이요 이 세상에서
자기의 생명을 미워하는 자는 영생하도록 보전하리라 · 사람이 나를 섬
기려면 나를 따르라 나 있는 곳에 나를 섬기는 자도 거기 있으리니 사람
이 나를 섬기면 내 아버지께서 그를 귀히 여기시리라 · 지금 내 마음이
괴로우니 무슨 말을 하리요 아버지여 나를 구원하여 이 때를 면하게 하

우연의 반복은 필연이다

여 주옵소서 그러나 내가 이를 위하여 이 때에 왔나이다 · 아버지여, 아버지의 이름을 영광스럽게 하옵소서 하시니 이에 하늘에서 소리가 나서 이르되 내가 이미 영광스럽게 하였고 또다시 영광스럽게 하리라 하시니 · 곁에 서서 들은 무리는 천둥이 울었다고도 하며 또 어떤 이들은 천사가 그에게 말하였다고도 하니 · 예수께서 대답하여 이르시되 이 소리가 난 것은 나를 위한 것이 아니요 너희를 위한 것이니라 · 이제 이 세상에 대한 심판이 이르렀으니 이 세상의 임금이 쫓겨나리라 · 내가 땅에서 들리면 모든 사람을 내게로 이끌겠노라 하시니 · 이렇게 말씀하심은 자기가 어떠한 죽음으로 죽을 것을 보이심이러라 · 이에 무리가 대답하되 우리는 율법에서 그리스도가 영원히 계신다 함을 들었거늘 너는 어찌하여 인자가 들려야 하리라 하느냐 이 인자는 누구냐 · 예수께서 이르시되 아직 잠시 동안 빛이 너희 중에 있으니 빛이 있을 동안에 다녀 어둠에 붙잡히지 않게 하라 어둠에 다니는 자는 그 가는 곳을 알지 못하느니라 · 너희에게 아직 빛이 있을 동안에 빛을 믿으라 그리하면 빛의 아들이 되리라 예수께서 이 말씀을 하시고 그들을 떠나가서 숨으시니라"

들어가는 말

설교를 시작하기에 앞서 한 가지 질문을 여러분께 드리려고 합니다. 우리는 왜 말씀을 알아듣지 못하는 것일까요? 한 예로 과거 기독교 선교사가 파푸아뉴기니에 전도를 하러 갔는데, 예수님께서 능력을 행하시는 내용은 열심히 들으면서도 다른 이야기들은 어리석다고 하다가 배신자 가룟 유다 이야기에는 그가 제일 똑똑하다며 기뻐했다는 일화가 있습니다. 결국 복음화에는 실패했습니다.

28절 "아버지여, 아버지의 이름을 영광스럽게 하옵소서 하시니 이에 하
늘에서 소리가 나서 이르되 내가 이미 영광스럽게 하였고 또다시 영광
스럽게 하리라 하시니"

하늘에서 소리가 나는데, 예수님 옆에 있던 백성들이 "할렐루야"라고
하는 것이 아니라, "천둥이 울었나?" 합니다. 또 어떤 이들은 "천사가 그
에게 말했나?"라고 합니다.

요한복음 12장은 6개의 문단으로 나눌 수 있는데 첫째와 둘째 문단에
서, 예수님께서 나귀를 타고 오실 때 많은 사람들이 박수를 치고 찬송하
며 따라왔습니다. 그 사람들이 바로 지금 예수님 옆에 있는 사람들입니
다. 그런데 그들이 하나님의 말씀을 듣지 못하고 "천둥소리인가?" 합니다.

이와 같이 말씀을 듣지 못하는 것은 그때나 지금이나 마찬가지입니다.
계곡에 흐르는 물을 소가 마시면 우유가 되고 독사가 마시면 독이 됩니
다. 하나님의 말씀이 선포되어도 서기관, 바리새교인들에게는 그것이 독
이 됩니다. 제가 오랫동안 말씀을 가르쳐 왔지만 설교 후에 오늘 무슨 말
씀을 했는지 물으면 뜻을 모르니 서로 보고 웃기만 합니다. 그런 것도 한
두 번이지 평생 그러면 큰일입니다. 어떻게든지 말씀을 바로 듣고 이해
하겠다는 절실함이 우리에게 필요합니다. 그런데 우리가 말씀을 들어도
그 뜻을 알아듣지 못하는 이유가 무엇일까요?

말씀을 알아듣지 못하는 이유 1

첫째, 설교자가 자기는 설교를 아주 잘하는 것으로 알고 청중들이 알아듣거나 말거나 자기 식대로 설교하기 때문입니다. 인터넷 영상을 통해서 이단들이 설교하는 것을 들어보면 자기가 재림주이고 메시아입니다. 자기를 하나님과 동급으로 놓습니다. 그런데도 그런 설교를 듣는 청중들이 "할렐루야" 합니다. 설교자는 이에 대해서 깊이 생각하고 '주님 안에서 내가 설교를 하지만 능력을 행하시는 분은 성령 하나님이시다'라는 마음을 항상 품어야 합니다. 사람들이 와서 "오늘 목사님이 설교를 아주 잘하셨습니다."라고 하면 "주님의 은혜입니다."라고 해야지, "설교의 어떤 부분을 제가 잘했습니까?" 하면서 우쭐댄다면 그는 한참 멀었습니다.

설교자가 조심할 것은, 양 무리 앞에서 하나님의 말씀을 전할 때 설교 준비를 많이 했어도 목적과 방향이 잘못되면 엉뚱한 말만 할 수 있다는 사실입니다. 운전할 때도 방향을 한번 잘못 잡으면 한참을 더 가서 돌아와야 하듯이 빠르게만 간다고 되는 것이 아닙니다. 방향이 안 맞는데 계속 가면 안 됩니다. 목적 없이 가는 것도 마찬가집니다. 청중들과 소통할 때는 말이 아주 중요합니다. 항상 설교자는 '나는 설교를 잘 못한다. 내가 할 수 없다.'는 겸손한 마음을 가지고 기도하며 많은 준비를 해야 합니다. 본문을 많이 읽고 신학 주석을 참고하고 한국의 젊은 목사님들이 설교한 것도 다 들어 봐야 합니다. 그래야 핵심을 알 수 있습니다. 주님의 말씀은 2천 년 전의 말씀이므로 지금과는 상황이 다릅니다. 그런데 오늘 이 시대의 사람들에게 그냥 그대로 말하면 본인은 열정을 가지고 설교하지만 듣는 사람들에게는 적용이 안 됩니다.

본문 말씀을 설교하거나 들을 때 전체와 부분을 생각해야 합니다. 이 것을 '숲 이론'이라고 합니다. 예수님에 대한 기록은 사복음서와 사도행전까지 5권이 있습니다. 유대인들을 위해서는 마태복음이 있고, 로마 사람들을 위해서는 마가복음이 있습니다. 전 인류를 위해서는 누가복음이 있는데, 구원자로서의 예수님을 이야기하고 있습니다. 요한복음은 또 다른 제4의 복음서라 해서 완전히 다릅니다. 그래서 공관복음을 읽다가 요한복음을 읽으면 약간 헷갈릴 수도 있습니다. 예컨대 요한복음을 읽을 때는 첫째로 책의 목적을 알아야 합니다. 요한복음을 기록한 목적은 20장 31절에 기록되어 있습니다. 예수님이 하나님의 아들이심을 믿게 하려 함이 요한복음 기록의 목적입니다. 그분은 인성과 신성을 가지고 계시는 아들로서의 하나님이십니다.

지금 숲을 이야기하고 있습니다. 높은 곳에서 요한복음을 바라봅니다. 하나님이 6일 동안 천지 창조를 하시고 일곱째 날에 쉬셨습니다. 그러므로 요한은 많은 이적과 기사들 중에서 7가지만 뽑았습니다. 물로 포도주를 만드시고, 물 위로 걸으시고, 5천 명을 먹이시는 내용들이 모두 그분이 하나님으로서 하시는 일을 나타내는 것인데, 다 나타내시고 나니까 아무도 안 믿습니다. 12장에 보면 안 믿을 뿐 아니라 죽이려고 합니다. 우리는 인간의 본질적인 악을 잘 이해해야 합니다. 그래서 12장 본문의 내용이 '그리스도를 배척함'입니다.

이제 숲에서 나무로 들어갑니다. 전체 요한복음이 숲이라면 12장은 나무와 같습니다. 앞에서 말씀드렸던 것처럼 12장에는 6개의 문단이 있습니다. 물론 5개로 볼 수도 있습니다. 이런 것에 너무 구애받지 않으셔도 됩니다. 12장의 내용은 이렇습니다. 예수님의 소문이 크게 나니까 헬라 사람들이 그분을 만나러 왔습니다. 제자들 중에서 헬라 이름을 가진 '빌립'에게 가서 예수님을 좀 만나 뵙고 싶다고 말했습니다. 그랬더니 빌립이 그 말을 안드레에게 전달하고, 안드레와 빌립이 예수님께 가서 여쭤봅니다. 그런데 그때 예수님께서 "때가 되었다" 하시며 동문서답을 하십니다.

> 23-24절 "예수께서 대답하여 이르시되 인자가 영광을 얻을 때가 왔도다
> · 내가 진실로 진실로 너희에게 이르노니 한 알의 밀이 땅에 떨어져 죽지
> 아니하면 한 알 그대로 있고 죽으면 많은 열매를 맺느니라"

'인자가 영광을 얻을 때'는 십자가 수난을 말씀하시는 것입니다. 한 알의 밀이 땅에 떨어져서 그대로 있으면 아무 일도 안 일어나지만, 밀이 죽으면 안에 있는 눈이 단백질을 먹고 나중에 많은 열매를 맺습니다. 예수님의 죽음을 그렇게 말씀하시고 있습니다. 그리고 '때'라는 개념은 그 안에 시간과 공간과 사람이 모두 있는 것입니다. 때를 아는 사람은 시간을 지배하고 공간을 뛰어넘을 수 있습니다. 하지만 때를 모르고 행동하면 시간에 지배되어서 무엇을 하려고 하면 항상 시간이 없습니다. 또 무엇을 한다 해도 잘못된 장소에서 합니다.

> 27절 "지금 내 마음이 괴로우니 무슨 말을 하리요 아버지여 나를 구원하
> 여 이 때를 면하게 하여 주옵소서 그러나 내가 이를 위하여 이 때에 왔나
> 이다"

예수님의 신성과 인성이 잘 드러나고 있습니다. 예수님이 십자가 수난을 받으실 때 신성만 가지고 계셨다면 "얘들아, 아버지와의 약속대로 이제 십자가 수난을 당한다."고 하시며 웃으셨을 것입니다. 당대의 영지주의자들이 그렇게 생각했습니다. 만약 아버지와 이미 의논하셨다면 별로 고통스럽지도 않으실 것이고 인류를 구원하는 일이니까 얼굴에 빛도 날 것입니다. 그러나 그분은 "마음이 괴롭다."라고 하십니다. 이것이 예수님의 인성입니다. 인성이 없는 분이 우리 인간의 구원자가 될 수 없습니다. 그분은 '베레 데우스 베레 호모', 즉 '참 하나님이요 참 사람'이십니다. "십자가 수난을 받는 것이 너무 고통스럽습니다. 좀 면하게 해 주실 수 없습니까?"라고 하십니다. 예수님의 인성을 가장 잘 나타낸 부분입니다.

그런데 뒤에 보면 "그러나 내가 이를 위하여 이 때에 왔나이다"라고 하십니다. 겟세마네에서도 "이 잔을 내게서 떠나게 하소서"라고 하시며 고통스럽게 기도하시지만 "그러나 나의 원대로 마옵시고 아버지의 원대로 하옵소서"라고 하십니다. 그때에도 제자들은 역시 잠이나 자고 도움이 안 됩니다. 최후의 만찬을 한다고 음식을 실컷 먹은 모양입니다. 그래도 예수님은 그들을 용서하십니다.

다시 요한복음의 본문으로 돌아갑시다. "내 마음이 괴로워 죽을 것 같습니다. 아버지여 나를 구해 주소서."라고만 말씀하셨으면 하늘에서 소리가 안 났을 것입니다. "사람들이 나를 비난하고 욕하는데 내가 왜 합니까?"라고 하셨다면 하나님이 대답도 안 하셨을 것입니다. 그러나 예수님께서 "내가 이때를 위해 왔습니다. 아버지의 영광을 나타내시옵소서."라고 하셨을 때 하늘에서 소리가 났습니다. 그런데 여기서 핵심은 사람들이 이 소리를 듣지 못한다는 것입니다.

우연의 반복은 필연이다

말씀을 알아듣지 못하는 이유 2

모세가 시내산에서 십계명을 받을 때도 밑에서는 겁이 나서 쳐다보면서 번개가 치고 우레 소리만 나더라고 했습니다. 다니엘도 놀라운 계시를 받을 때 옆에 있는 사람들은 무서워서 다 도망갔습니다. 사도 바울도 다메섹으로 가다가 부활하신 예수님이 나타나셔서 "나는 네가 박해하는 예수다"라고 하시는데, 같이 따라오는 사람들은 아무도 보지 못하고 "무슨 일이지? 무슨 소리가 났나?"라고 했습니다. 물론 하나님의 말씀을 들을 때 못 듣는 것이 오히려 왜곡해서 듣는 것보다 나을지도 모릅니다.

그러면 오늘날 우리가 말씀을 듣지 못하는 이유를 5가지 정도 말씀드리겠습니다.

첫째, '확증편향'입니다. 확증편향이 있으면 자기가 듣고 싶은 것만 듣고, 자기가 이해하고 싶은 것만 이해하려고 합니다. 이렇듯 자기 식대로만 생각하니까 말씀을 듣지 못합니다. 어떤 목사가 범죄를 저질러 유치장에 가서 10년을 살고 나와도 "우리 목사님은 죄 없다."라고 하면서 그 앞에서 "할렐루야" 합니다. 설교단에서 목사가 말씀은 하지 않고 이상한 소리를 계속해도 "아멘, 할렐루야." 합니다. 확증편향에 사로잡힌 사람들은 자기가 알고 경험한 것만을 확신하는 경향이 강하기 때문에 거기에 반대하면 "너는 내 원수다. 너 죽고 나 죽자."라는 식으로 나옵니다.

둘째, '후광효과'입니다. 예를 들어 어떤 목사님이 대단하다거나 나쁘다는 평을 들으면 그 선입견을 끝까지 고수하면서 그 목사님을 평가하는 것입니다. 또 어떤 사람의 아버지가 대단하다고 하면 그 아들도 당연히 그럴 것이라고 생각하는 것도 이에 해당합니다. 아들과 이야기를 해

본 적도 없으면서 그렇게 판단합니다. 하지만 우리는 반드시 사실을 중요시해서 이야기를 해 봐야 합니다. 가장 상식적이고 원칙적인 사람이어야 합니다. 정직해야 합니다. 예를 들어 "아버지가 국회의원이란다. 그러니까 그 사람은 괜찮을 거야."라고 생각한다면, 그 생각 때문에 쉽게 부정부패로 이어집니다.

셋째, '지식과 무식'입니다. 유식이나 무식을 기준으로 신앙을 판단해서는 안 됩니다. 오히려 공부를 많이 해서, 또는 공부를 하지 않아서 말씀을 이해하지 못하는 경우가 많습니다. 성령께서는 다양하게 역사하시기 때문에 지식의 많고 적음으로 말씀을 이해하면 안 됩니다.

넷째, '환원적 편견'입니다. 복잡한 일을 자기 식대로 간단하게 이해해서 "이제 됐다. 알았다."라며 넘어가는 것입니다. 부정부패가 많다고 하면 "뭐, 돈 조금 해먹었겠지."라고 생각하고, 적폐 청산을 하려고 하면 "뭐 또 적폐냐."라고 합니다. 환원적 편견은 복잡한 상황을 간단하게 뭉뚱그려서 결론을 내리고 자기 식대로 "이렇다"라고 결론 내리는 것입니다. 예수님께서 말씀하시면 "돈 없으니 온갖 이야기를 다 한다."라고 쉽게 판단합니다. 예수님이 오셔서 능력을 행하시고 말씀을 하시는데 "자기가 메시아라고? 웃기고 있네."라고 합니다. 생명의 말씀을 듣고는 독사처럼 독만 피웁니다. 그러니까 예수님께서 그들에게 "독사의 새끼들아"라고 하신 것입니다.

다섯째, 목적이 다르기 때문입니다. "교회에 비즈니스하려고 왔는데 그 교회에는 사람이 별로 없더라.", "좋은 사람 만나서 결혼하려고 했는데 그 교회에는 청년이 없더라."는 식입니다. 교회에 오는 목적이 이미 다르니 말씀이 들리지 않습니다. 또 '나 같은 것이 되겠나'라는 자학적인 생각을 가지고 있어도 말씀을 이해하지 못합니다.

　바울은 이런 것들에 대해서 '견고한 성'이라고 했습니다. 이런 견고한 성이 우리가 말씀을 듣지 못하게 막습니다. 우리는 이 성을 격파해야 할 것입니다.

29

부자와 나사로

2018. 9. 23.

누가복음 16장 19-31절

"한 부자가 있어 자색 옷과 고운 베옷을 입고 날마다 호화롭게 즐기더라 · 그런데 나사로라 이름하는 한 거지가 헌데투성이로 그의 대문 앞에 버려진 채 · 그 부자의 상에서 떨어지는 것으로 배불리려 하매 심지어 개들이 와서 그 헌데를 핥더라 · 이에 그 거지가 죽어 천사들에게 받들려 아브라함의 품에 들어가고 부자도 죽어 장사되매 · 그가 음부에서 고통 중에 눈을 들어 멀리 아브라함과 그의 품에 있는 나사로를 보고 · 불러 이르되 아버지 아브라함이여 나를 긍휼히 여기사 나사로를 보내어 그 손가락 끝에 물을 찍어 내 혀를 서늘하게 하소서 내가 이 불꽃 가운데서 괴로워하나이다 · 아브라함이 이르되 얘 너는 살았을 때에 좋은 것을 받았고 나사로는 고난을 받았으니 이것을 기억하라 이제 그는 여기서 위로를 받고 너는 괴로움을 받느니라 · 그뿐 아니라 너희와 우리 사이에

우연의 반복은 필연이다

큰 구렁텅이가 놓여 있어 여기서 너희에게 건너가고자 하되 갈 수 없고 거기서 우리에게 건너올 수도 없게 하였느니라 · 이르되 그러면 아버지여 구하노니 나사로를 내 아버지의 집에 보내소서 · 내 형제 다섯이 있으니 그들에게 증언하게 하여 그들로 이 고통받는 곳에 오지 않게 하소서 · 아브라함이 이르되 그들에게 모세와 선지자들이 있으니 그들에게 들을지니라 · 이르되 그렇지 아니하니이다 아버지 아브라함이여 만일 죽은 자에게서 그들에게 가는 자가 있으면 회개하리이다 · 이르되 모세와 선지자들에게 듣지 아니하면 비록 죽은 자 가운데서 살아나는 자가 있을지라도 권함을 받지 아니하리라 하였다 하시니라"

비유의 청중은 누구인가

이번에는 강해설교를 하도록 하겠습니다.

19-20절 "한 부자가 있어 자색 옷과 고운 베옷을 입고 날마다 호화롭게 즐기더라 · 그런데 나사로라 이름하는 한 거지가 헌데투성이로 그의 대문 앞에 버려진 채"

예수님께서 비유를 시작하시는데, 이때 누구에게 이 말씀을 전하시는지 청중이 중요합니다.

14절 "바리새인들은 돈을 좋아하는 자들이라 이 모든 것을 듣고 비웃거늘"

14절에서 바리새인들이 청중인 것을 알 수 있습니다. 그리고 "이 모든 것을 듣고 비웃거늘"이라고 했기 때문에 본문에서의 '이 모든 것'이 무엇인지 먼저 알고 있어야 합니다.

누가복음은 예수님께서 갈릴리에서 예루살렘까지 십자가 수난을 받으시기 위해 올라가시는 여행기처럼 기록되어 있습니다. 12-13장을 보면 예수님께서 당시의 소외계층인 죄인, 세리, 가난한 자, 여자들과 식사를 하셨습니다. 바리새인들은 예수님과 같이 가다가 "왜 저런 죄인들과 같이 식사를 하시지?"라는 의문을 나타냈습니다. 그때 예수님께서 '잃어버린 양', '잃어버린 드라크마', '돌아온 탕자' 등의 비유들을 말씀하셨습니다. 바리새인들도 처음에는 예수님에 대해서 좋게 생각하다가, 예수님께서 회개하는 소외계층에 대해서 이야기를 하시고 갈수록 죄인들이나 소외계층들과 식사하시고 대화하시니 심사가 뒤틀렸습니다.

이번 주제 말씀인 16장에서 청지기 비유를 하실 때 그들의 속이 완전히 뒤집어집니다. 뭘 저렇게까지 말씀하시는지 양심의 가책도 되고 도저히 더 못 듣겠다는 것입니다. 그들은 예수님에 대해서 '자기가 돈이 없으니 돈 없는 이야기만 하는구나. 가난한 자와 친구네. 세례 요한은 금식도 하는데 먹기는 잘만 먹네'라고 생각했습니다.

> 1절 "또한 제자들에게 이르시되 어떤 부자에게 청지기가 있는데 그가 주인의 소유를 낭비한다는 말이 그 주인에게 들린지라"

"제자들에게 이르시되"라고 했으므로 여기서 제1 청중은 제자들입니다. 그런데 이 비유가 끝나자 바리새인들이 심사가 뒤틀려서 빈정댔습

우연의 반복은 필연이다

니다. 그러자 예수님께서 "한 부자가 있는데 자색 옷과 고운 베옷을 입고 날마다 호화롭게 즐기더라" 하시면서 본문의 비유를 말씀하신 것입니다.

주석에 의하면, 이 비유의 '자색 옷'과 '고운 베옷'은 이집트산과 인도산이라고 합니다. 이렇게 한 부자가 외국에서 들어온 비싼 옷을 입고 잔치를 매일 연다는 것입니다. 예수님께서 이 비유를 하시는 이유가 있습니다. 비유는 얼개가 중요하지만 핵심이 무엇인지, 청중이 누구인지 알고 우리 삶에 적용해야 합니다.

부자와 나사로

이 비유에서 부자의 이름은 나오지 않습니다. 그런데 부자와 대칭되는 거지가 나오는데 그의 이름은 '나사로'라고 언급됩니다. 이 둘은 비유 속에서 완전히 이원적으로 대칭됩니다.

> 20-21절 "그런데 나사로라 이름하는 한 거지가 헌데투성이로 그의 대문 앞에 버려진 채 · 그 부자의 상에서 떨어지는 것으로 배불리려 하매 심지어 개들이 와서 그 헌데를 핥더라"

누가복음에는 예수님의 비유가 19개 있는데, 그중에서 유일하게 이 본문에서만 사람의 이름이 언급됩니다. 본문의 의미를 한 단계 더 나아가면 천국에 갈 사람은 이름이 있다는 것입니다. 여기서 '나사로'란 이름은 '하나님의 도우심' 또는 '나의 도움이 되시는 하나님'이란 뜻을 가진 히브리어 '엘리에셀'에서 나온 것으로, 아브라함의 종이었던 엘리에셀과 그 이름이 같습니다.

부자들이 음식을 먹을 때 상에서 떨어지는 부스러기를 나사로가 얻어 먹으려고 합니다. 그보다 더 불쌍한 사람이 없습니다. 게다가 온몸에 피부병이 걸려 진물까지 납니다. 예수님의 비유에서 아주 극단적으로 두 사람이 대비되고 있습니다.

요즘에 〈신과 함께〉라는 영화가 인기입니다. 사람이 죽으면 49일 동안 일곱 개의 지옥을 통과하면서, 그 사람이 평소에 지은 죄를 다 판단받고 지옥에 가서 고통을 겪어야 한다는 것이 주요 내용입니다. 예수님께서 천국과 지옥을 자주 말씀하셨는데, 영화 속의 일곱 군데의 지옥들을 보니, 이 부자가 간 곳은 '불의 지옥'과 비슷합니다.

다시 본문으로 돌아가겠습니다. 나사로의 삶이 개보다도 못하다는 것이 개가 헌데를 핥더라는 말입니다. '심지어'라는 표현을 썼습니다. 신학자들 중에는 옛날에 거머리로 종기를 치료했듯이 개가 종기를 핥아서 치료하는 법이 있었던 것이 아닌가 하고 주장하는 사람도 있습니다. 하지만 여기서는 그런 것을 따지는 것이 아니라, 극단적으로 두 사람을 대비시키고 있다는 것이 중요합니다.

> 22-23절 "이에 그 거지가 죽어 천사들에게 받들려 아브라함의 품에 들어가고 부자도 죽어 장사되매 · 그가 음부에서 고통 중에 눈을 들어 멀리 아브라함과 그의 품에 있는 나사로를 보고"

모든 생명은 결국에는 다 죽습니다. 부자도 죽고 가난한 자도 죽습니다. 거지 나사로는 아마 장사도 하지 않고 그냥 둘둘 말아서 버렸을 것입

　　　　　　　　　　　　우연의 반복은 필연이다

니다. 그런데 그는 죽어서 천사들에게 받들려 아브라함의 품에 갔습니다. 그의 믿음이 대단했던 것 같습니다. 유대인들의 소망이 아브라함의 품으로 가는 것입니다. 반면에 부자는 아마 요란하게 장사해서 무덤에 들어간 후에 음부로 내려갔을 것입니다. 두 공간이 분리되기 시작합니다.

> 24절 "불러 이르되 아버지 아브라함이여 나를 긍휼히 여기사 나사로를 보내어 그 손가락 끝에 물을 찍어 내 혀를 서늘하게 하소서 내가 이 불꽃 가운데서 괴로워하나이다"

"아버지 아브라함이여"라고 하는 것을 보면 그 부자는 유대인입니다. 그가 지옥불 속에서 "나를 긍휼히 여기소서"라고 합니다. 부자는 지옥불이 뜨거워서 견딜 수가 없는데, 자기가 개보다도 못하게 생각한 나사로는 아브라함의 품에서 편안히 잘 지내고 있는 것을 보았습니다. 그래서 부자가 "아버지 아브라함이여, 당신은 우리 아버지잖아요. 불이 너무 뜨거워서 못 살겠습니다. 나사로의 손에 물 한 방울이라도 찍어서 내 혀에 닿도록 좀 해 주세요."라고 비참하게 부탁했습니다. 살아생전에는 나사로를 무시하면서 한 번도 긍휼을 베풀지 않고 돌아보지도 않고서는 자기가 답답하니까 나사로를 시켜서 물 좀 찍어 달라고 또 갑질을 합니다. 갑질하는 습관이 아주 몸에 뱄습니다. 그러나 성경의 원리는 긍휼을 베풀지 않는 자는 긍휼을 받지 못합니다. 이처럼 예수님의 비유는 뼈가 저릿저릿합니다.

> 25-26절 "아브라함이 이르되 얘 너는 살았을 때에 좋은 것을 받았고 나

사로는 고난을 받았으니 이것을 기억하라 이제 그는 여기서 위로를 받고 너는 괴로움을 받느니라 · 그뿐 아니라 너희와 우리 사이에 큰 구렁텅이가 놓여 있어 여기서 너희에게 건너가고자 하되 갈 수 없고 거기서 우리에게 건너올 수도 없게 하였느니라"

아브라함이 "너는 살았을 때 호의호식했잖아. 그리고 우리가 가려고 해도 우리와 너 사이에는 구렁텅이가 있어서 못 간단다. 그러니 참아라. 너는 살아 있을 때 잘 지냈잖아. 그 속에서 고통을 겪는 수밖에 없다."라고 매정하게 말합니다. 이 구렁텅이를 '죄'라고 합니다.

27-28절 "이르되 그러면 아버지여 구하노니 나사로를 내 아버지의 집에 보내소서 · 내 형제 다섯이 있으니 그들에게 증언하게 하여 그들로 이 고통받는 곳에 오지 않게 하소서"

이 부자가 이제야 자기가 잘못 살았다는 것을 깨달았습니다. 그런데 살아 있을 때 깨달아야지 죽어서 깨닫는 것은 소용이 없습니다. 자유의지를 가지고 있을 때 회개해야지, 죽어서 깨닫는 것은 이미 늦습니다. 예수님 당시에도 귀신들이 와서 "나자렛 예수여"라고 예수님이 누구신지 고백했지만 예수님께서는 "더러운 귀신아 나가라"고 꾸중하셨습니다.

그런데 부자가 생각하니 자기 형제들 다섯도 다 거만하고 탐욕스러워서 그대로 두면 안 될 것 같아 부탁을 합니다. "나사로를 내 아버지 집에 보내 주세요. 우리 형제들에게 가서 죽으면 얼마나 고통을 당할지 이야기해 주세요. 그러면 그들도 회개할 것입니다."

우연의 반복은 필연이다

29절 "아브라함이 이르되 그들에게 모세와 선지자들이 있으니 그들에
게 들을지니라"

아브라함이 이렇게 말한 것은 이런 내용이 이미 성경에 다 있다는 뜻
입니다. "그들은 모두 성경을 가지고 있잖아. 성경이 있는데 뭘 또 가서
이야기를 한단 말이냐?"라고 합니다.

30절 "이르되 그렇지 아니하니이다 아버지 아브라함이여 만일 죽은 자
에게서 그들에게 가는 자가 있으면 회개하리이다"

부자가 아브라함과 계속 이야기합니다. "아닙니다. 죽었다가 살아난
사람이 그들에게 가서 이야기하면 우리 형제들이 회개하지 않겠습니
까?"

31절 "이르되 모세와 선지자들에게 듣지 아니하면 비록 죽은 자 가운데서
살아나는 자가 있을지라도 권함을 받지 아니하리라 하였다 하시니라"

'모세와 선지자들'은 성경을 상징합니다. 그리고 여기서 '죽은 자가 살
아난다'고 할 때 요한복음 11장에서 죽었다 살아난 나사로를 생각해 보면
좋습니다. 나사로가 죽었다가 살아나니 대제사장들과 바리새인들은 회
개하기는커녕 오히려 나사로를 죽이려고 합니다. 이 사건이 사람들에게
알려지면 큰일 난다는 것입니다. 이렇게 강퍅한 자들은 누가 죽었다가
살아나도 회개하지 않습니다. 예수님께서 살아나셔서 빈 무덤이 되어도,

지키던 자들에게 돈을 줘서 "시체를 훔쳐 갔다고 하라"고 거짓말을 하게 하는 사람들입니다.

부자의 죄는 무엇인가

우리는 이 이야기에서 핵심을 찾아야 합니다. 이 부자는 무슨 죄를 지었을까요? 비유 속에서 부자는 나사로를 때리지도 않았고, 대놓고 무시한 것도 없습니다. 그런데 왜 예수님께서 이런 비유를 하실까요? 핵심적으로 말씀을 드리면 부자의 잘못은 자기가 경제적으로 축복받은 것을 모두 자기 돈이라고 생각했다는 것입니다. 그는 이웃을 위해 아무것도 베풀지 않았습니다. 그것이 부자의 가장 큰 죄였습니다.

> 마가복음 12장 28-31절 "서기관 중 한 사람이 그들이 변론하는 것을 듣고 예수께서 잘 대답하신 줄을 알고 나아와 묻되 모든 계명 중에 첫째가 무엇이니이까 · 예수께서 대답하시되 첫째는 이것이니 이스라엘아 들으라 주 곧 우리 하나님은 유일한 주시라 · 네 마음을 다하고 목숨을 다하고 뜻을 다하고 힘을 다하여 주 너의 하나님을 사랑하라 하신 것이요 · 둘째는 이것이니 네 이웃을 네 자신과 같이 사랑하라 하신 것이라 이보다 더 큰 계명이 없느니라"

예수님께서는 "이보다 더 큰 계명이 없다"고 하시면서 하나님 사랑과 이웃 사랑을 분명하게 말씀하셨습니다. 그런데 이 부자는 이웃을 사랑하지 않았습니다. 그런 이웃은 무시해도 된다고 생각했습니다. '저 거지는 자기 잘못으로 가난하게 사는 것이고 나는 그에게 잘못한 것이 없다'라고 생각했습니다. 우리도 그렇게 생각하지 않습니까? 이 점에 대해 우리는 잘 생각해야 합니다.

우리가 경제적으로 부유해지면 '이것은 내 것이다'라고 생각하고 자기 혼자서 호의호식하려고 합니다. 하지만 성경의 원리에 의하면 그것이 바로 죄입니다. 가진 자가 나누지 않는 것이 가장 큰 죄인 것입니다. 부자는 그것을 적극적으로 행하지 않았습니다.

예수님께서는 왜 이 비유를 하셨을까요? 당시에 서기관과 바리새인들이 하나님을 사랑하지 않으니까 이웃 사랑도 안 한다는 것입니다. 다시 말하면 하나님 사랑과 이웃 사랑은 한 문장이라서 이웃을 사랑하지 않는 자는 하나님을 사랑하지 않습니다. 대신 무엇을 사랑합니까? 돈을 사랑합니다. 이것이 바로 그들의 죄입니다. '왜 너는 이웃을 위해 하나도 나누지 않느냐?', '왜 너는 혼자서 잘 먹고 잘 사느냐?'는 것입니다. 우리가 세상적으로 생각하면 부자는 무조건 하나님께 축복을 받은 것 같습니다. 거지 나사로가 축복을 받았다고는 아무도 생각하지 않습니다. 그러나 하나님의 법칙은 그런 것이 아닙니다. '네가 부자로서 어떻게 하는지 보자'는 것입니다.

서기관이나 바리새인들이 말로는 하나님을 사랑한다고 합니다. 그러나 실제로는 하나님을 사랑하지 않습니다. 소외계층, 죄인, 여자 등 이웃을 무시하고 그들을 내쳤기 때문입니다. 지금 예수님께서 여행 중에 그것을 말씀하시고 계십니다. "네 이웃을 네 몸과 같이 사랑하라"고 했는데 그저 말만 "하나님 사랑합니다." 하고 실제로는 사랑하지 않으면서 자기들만 호의호식하고 있다는 것이 비유의 핵심입니다. 그러니 "너희가 지옥의 형벌을 각오하라"는 것입니다.

예수님은 또한 누가복음 16장 18절에서 뜬금없이 "무릇 자기 아내를 버리고 다른 데 장가드는 자도 간음함이요 무릇 버림당한 여자에게 장가드는 자도 간음함이니라"고 말씀하십니다. 이것을 어떻게 이해하면 좋을까요? 이것은 지금 예수님의 말씀을 듣고 있는 청중인 바리새인들이 결혼 문제에 있어서는 힐렐 학파의 주장을 따라서 부인이 나이가 많고 결점도 많아 같이 살기 싫으면 젊은 여자에게 새로 장가가기 위해 온갖 이유를 갖다 붙여 이혼했기 때문입니다. 예수님께서는 그것을 지적하며 "실제로 너희 모두 율법을 어기지 않느냐? 그래놓고 율법을 옹호하고 하나님을 사랑한다고?" 하시면서 바리새인들을 질타하고 계신 것입니다.

우리의 이웃은 누구인가

최근에 영국의 옥스퍼드 대학에서 유명한 목사이자 학장이신 분이 한국에 왔습니다. 그분이 하는 말이 전 세계뿐만 아니라 한국 교회도 성장이 멈추었는데, 그 근본 이유가 무엇인가 하면 본질적인 사역인 이웃을 돌보지 않는다는 것입니다. 한국에도 그렇게 많은 교회가 있지만 이웃을 돌보지 않는다고 하면서, "네 이웃을 네 몸과 같이 사랑하라"는 설교는 안 하고 자기들에게 맞는 설교만 한다는 것입니다.

그러면 우리의 이웃은 누구입니까? 먼저 교회 안을 돌아보면 자식이 없는 연로한 분들이나 일찍 배우자를 사별해서 오랫동안 외롭게 사는 분들이 계십니다. 그런 분들을 돌보아드려야 합니다. 하지만 자녀들이 있는데도 부모를 돌보지 않는다면 부모가 자녀에게 전화라도 해서 말씀

우연의 반복은 필연이다

에 어긋나게 사는 것에 대하여 정의롭게 분노해야 합니다. 사람이 정의롭지 못하면 "세상이 다 그렇지 뭐." 하며 분노하지 않습니다. 부모로서 자식에게 정의롭게 말하지 못하고 혼자 거지처럼 사는 사람은 나사로가 아닙니다.

우리 한국 사회에는 진정한 이웃들이 많습니다. 폐지 줍는 노인들, 쪽방촌에 사는 사람들, 너무 가난해서 끼니를 거르는 사람들, 독거노인들 같은 사람들이 이 시대의 이웃입니다. 우리는 이런 사람들을 생각하고 행동해야 합니다. 그렇지 않고 예수님의 비유 속의 부자처럼 이웃에게 아무 관심도 없이 호의호식하면서 살면 전부 지옥에 갑니다. 우리 주위에 가난한 소외계층이 없는지 살펴야 합니다. 이웃 사랑은 하지 않고 그저 입으로만 하나님을 사랑한다고 하면서 종교적인 언어로 축복이니 기도니 온갖 좋은 말을 하는 것은 소용이 없습니다.

교회에 열심히 나와서 기도하고 헌금하는 것은 종교 행위입니다. 여기서 그치면 안 되고 더 나아가서 '내 이웃이 누구인가', '이 시대의 우리 이웃이 누구인가'를 생각해야 합니다. 불행하고 가난한 이웃들을 위해 무엇을 하느냐가 중요합니다.

맺는말

우리는 정의로운 분노를 되찾아야 합니다. 그리고 예수님의 이 비유를 깨달아야 합니다. 이웃을 사랑해야 하나님을 사랑하는 것입니다. 이웃을 내 몸과 같이 사랑하지 않으면서 예수 믿고 천당 가겠다는 생각을 하면 안 됩니다. 우리는 예수님께서 서기관과 바리새인들의 모든 위선적인 삶을 보고 비유로 말씀하시면서 비판하신 것을 깊이 생각해 보아야 합니다. 종교 생활도 중요하지만 '내 이웃은 누구인가'를 분명히 해야 합니다. 아니면 주님 앞에 갔을 때 "너는 얼마나 챙겼느냐? 너도 비유 속의 부자와 한통속이구나."라는 말씀을 듣게 됩니다.

우연의 반복은 필연이다

30

일상 속의 거룩함

....

2018. 10. 7.

레위기 19장 1-17절

"여호와께서 모세에게 말씀하여 이르시되 · 너는 이스라엘 자손의 온 회
중에게 말하여 이르라 너희는 거룩하라 이는 나 여호와 너희 하나님이
거룩함이니라 · 너희 각 사람은 부모를 경외하고 나의 안식일을 지키라
나는 너희의 하나님 여호와이니라 · 너희는 헛된 것들에게로 향하지 말
며 너희를 위하여 신상들을 부어 만들지 말라 나는 너희의 하나님 여호
와이니라 · 너희는 화목제물을 여호와께 드릴 때에 기쁘게 받으시도록
드리고 · 그 제물은 드리는 날과 이튿날에 먹고 셋째 날까지 남았거든 불
사르라 · 셋째 날에 조금이라도 먹으면 가증한 것이 되어 기쁘게 받으심
이 되지 못하고 · 그것을 먹는 자는 여호와의 성물을 더럽힘으로 말미암
아 죄를 담당하리니 그가 그의 백성 중에서 끊어지리라 · 너희가 너희의
땅에서 곡식을 거둘 때에 너는 밭 모퉁이까지 다 거두지 말고 네 떨어진

이삭도 줍지 말며 · 네 포도원의 열매를 다 따지 말며 네 포도원에 떨어진 열매도 줍지 말고 가난한 사람과 거류민을 위하여 버려두라 나는 너희의 하나님 여호와이니라 · 너희는 도둑질하지 말며 속이지 말며 서로 거짓말하지 말며 · 너희는 내 이름으로 거짓 맹세함으로 네 하나님의 이름을 욕되게 하지 말라 나는 여호와이니라 · 너는 네 이웃을 억압하지 말며 착취하지 말며 품꾼의 삯을 아침까지 밤새도록 네게 두지 말며 · 너는 귀먹은 자를 저주하지 말며 맹인 앞에 장애물을 놓지 말고 네 하나님을 경외하라 나는 여호와이니라 · 너희는 재판할 때에 불의를 행하지 말며 가난한 자의 편을 들지 말며 세력 있는 자라고 두둔하지 말고 공의로 사람을 재판할지며 · 너는 네 백성 중에 돌아다니며 사람을 비방하지 말며 네 이웃의 피를 흘려 이익을 도모하지 말라 나는 여호와이니라 · 너는 네 형제를 마음으로 미워하지 말며 네 이웃을 반드시 견책하라 그러면 네가 그에 대하여 죄를 담당하지 아니하리라"

레위기 19장 32-37절

"너는 센 머리 앞에서 일어서고 노인의 얼굴을 공경하며 네 하나님을 경외하라 나는 여호와이니라 · 거류민이 너희의 땅에 거류하여 함께 있거든 너희는 그를 학대하지 말고 · 너희와 함께 있는 거류민을 너희 중에서 낳은 자같이 여기며 자기같이 사랑하라 너희도 애굽 땅에서 거류민이 되었었느니라 나는 너희의 하나님 여호와이니라 · 너희는 재판할 때나 길이나 무게나 양을 잴 때 불의를 행하지 말고 · 공평한 저울과 공평한 추와 공평한 에바와 공평한 힌을 사용하라 나는 너희를 인도하여 애

우연의 반복은 필연이다

굽 땅에서 나오게 한 너희의 하나님 여호와이니라·너희는 내 모든 규례
와 내 모든 법도를 지켜 행하라 나는 여호와이니라"

들어가는 말

전직 대통령 중 한 분이 교회 장로인데, 근래에 가장 큰 도둑으로서 재
판을 받는 것을 봅니다. 성경에 '도적질하지 말라', '거짓말하지 말라', '정
직하라'고 했는데 장로라는 사람이 그렇게 큰 도둑인지 아무도 몰랐습니
다. 한국 교회도 마찬가지입니다. 그리고 우리도 마찬가지입니다. 주님
앞에 경건하게 말씀을 새겨들어야 합니다. 예수를 믿는다는 사람들이 더
큰 도둑들이라니 어떻게 된 일입니까? 교회에 다니면 면죄부라도 주는
지, "나는 교회에 나갑니다." 하면서 정직한 것처럼 보였는데, 다 속았습
니다. 하나님의 복음은 지식 위주가 아닙니다. 믿고 행해야 합니다. 그리
고 일상이 변해야 합니다.

레위기에 대한 개괄적 이해

저는 어릴 때 성경을 읽다가 레위기에서 항상 멈추었습니다. 하지만
철이 들수록 레위기가 아주 꿀처럼 달콤한 말씀이라는 것을 알게 되었
습니다.

모세오경을 히브리어로 '토라'라고 합니다. 다섯 권이라서 '오경'이라
고 했는데, 번역에 문제가 있다고 학자들은 말합니다. 토라는 '가르친다',
'신앙인의 로드맵이다', '교훈이다'라는 뜻이 있는데, 그냥 오경이라고 하

면 그 뜻이 살지 않는다는 것입니다.

레위기를 읽을 때 먼저 전체를 이해해야 합니다. 하나님께서 인류 역사의 모든 제국들의 백성을 보니 나중에는 다 탐욕스러워지고 악해졌습니다. 그래서 거룩한 백성이 필요했습니다. 그 모델로 삼은 민족이 430년 동안 이집트에서 종살이하던 이스라엘 민족입니다. 그들을 유월절을 통해 불러냈습니다.

우리나라는 36년간 일제강점기를 겪었는데 아직까지 친일파들을 걸어내지 못하고 있습니다. 친일파가 가장 많았던 시기는 일본이 막 들어왔을 때가 아닙니다. 그때는 양심 있는 많은 사람들이 그들을 거부했습니다. 그러면 언제인가 하면 해방 바로 전인 1944년이었습니다. 이 말인즉슨, 일본제국은 절대 망하지 않을 것이라고 생각하는 사람이 많았다는 뜻입니다. 기껏해야 36년인데도 그렇습니다. 우리 민족의 가장 큰 문제가 친일파 근성, 사대주의 근성입니다. 지금 배우는 역사도 친일파들이 만든 식민사관이 큰 영향력을 행사하고 있습니다. 36년 정도 일본 식민지로 있었는데도 친일파 문제가 이처럼 어렵습니다. 노무현 대통령도 친일파와 격돌했다가 불행한 일을 겪었습니다. 현재 문 정권에게도 친일파 처리 문제가 큰 고민입니다. 그런데 우리나라에서 친일파가 제일 많은 곳이 교회입니다. 서울의 가장 큰 교회의 건물들은 친일파들의 건물인데 공짜로 받았습니다. 친일파 문제가 보통 문제가 아닙니다.

36년 지배당한 후에 우리 속의 식민사관을 극복하는 것도 힘이 드는데, 이스라엘 민족은 430년 동안이나 이집트 파라오 밑에서 종살이했습니다. 그러면 종의 속성을 거의 벗지 못합니다. 무엇을 하든 노예의 속성이 나옵니다. 하나님께서 출애굽 시키시고 노예 상태에서 해방시키셨는

우연의 반복은 필연이다

데도, "우리가 지금 좀 어렵지만 자유인으로 살게 되었으니 너무 감사하다. 하나님만 믿고 투쟁하자."라고 하는 것이 아니라 "애굽에 있을 때 고기 가마 옆에서 얼마나 잘 먹었는가? 오이도 먹었고 참외도 먹었고 부추도 먹었다."라고 합니다. 애굽에서 노예로 산 것은 생각하지 않고 그때 잘 먹었던 것만 기억합니다. 우리는 이런 이스라엘 민족을 잘 생각해야 합니다.

하나님께서 우리에게 자유를 주셨다면 삶이 좀 어려워도 감사하며 참아야 합니다. 어려워도 견뎌내야 합니다. 닛시 하나님의 깃발로 참으며 나가야 하는데, 우리는 이리저리 쏠리고 정의롭지 못합니다. 그러면 결국 망합니다.

하나님께서 이스라엘 민족을 출애굽 시키시고 세 달 만에 모세를 앞세워 그들을 시내산으로 데리고 가셨습니다. 그리고 십계명부터 계시하셨습니다. 모세가 십계명을 받기 위해 시내산에 올라갔는데, 백성들은 금식하며 예배드리는 것이 아니라 '돈이 최고다'라는 표로 바로 금송아지를 만들고 춤을 추었습니다. 하나님은 너무 멀리 계시지만 돈은 주머니에 넣고 언제든지 꺼내 쓸 수 있으니 역시 돈이 최고라는 것입니다.

그래서 하나님께서 계시하신 말씀이 레위기입니다. '바이크라'가 원래 이름입니다. '그가 부르셨다'라는 뜻입니다. 모세를 부르셔서 받아 적게 하시고 말씀하신 것이 레위기입니다. 레위기의 첫 번째 핵심이 '하나님과 만나는 법'입니다. 1장에서 17장까지입니다. 하나님은 거룩하신데 이스라엘 민족은 아직 노예의 속성이 가득해서 늘 먹는 것만 생각합니다. 그래서 하나님이 "너희들의 귀한 양, 귀한 소, 귀한 염소를 바쳐라. 하나님 앞에 거룩한 제사를 지내고 하나님을 만나러 와야 한다."라고 5대 제사를 정했습니다. 양과 염소와 비둘기를 잡아야 하나님께 갈 수 있습니다. 각자의 재산 상황에 따라서 소 바칠 사람은 소를 바치고, 양 바칠 사람은 양을 바치고, 비둘기 바칠 사람은 비둘기를 바쳐야 합니다. 이것이 정확하게 정해졌습니다. "내가 하나님을 만나고 싶습니다."라고 하면, "그래, 네 형편을 보자. 너는 양을 가져와라, 너는 비둘기를 가져와라."고 합니다. 비둘기를 바쳐야 할 형편의 사람이 소를 가져오다가는 재산이 거덜 납니다. 그러나 요즘은 무조건 소만 가져오면 "할렐루야" 합니다. 그리고 얼마 안 있으면 장로가 됩니다. 그래서 한국 교회가 망한 것입니다.

레위기의 두 번째 핵심은 '하나님과 함께하는 법'입니다. 레위기 18-27장입니다. '임마누엘'로서 성도가 일상을 거룩하게 지내는 법입니다.

우리는 지금 성경에서도 가장 어려운 레위기를 공부하고 있습니다. 요약하면 1-17장은 하나님과 어떻게 만나는가, 18-27장은 어떻게 살면 매일 하나님과 함께할 수 있는가, 어떻게 하면 거룩하게 사는가 하는 것이 주된 내용입니다.

레위기의 거룩

"거룩하게 살라"고 했는데, 그렇다면 '거룩함'이란 무엇일까요? 이것이 이번 설교에서 가장 핵심적인 내용입니다. 모든 종교가 거룩함을 강조합니다. 그런데 학자들이 연구해 보니 성경의 거룩함과는 다릅니다. 우리도 그 핵심들을 알고 있어야 합니다.

히브리어로 '카도쉬'가 '거룩'인데 레위기에서 152회나 나옵니다. 참 놀랍습니다. 얼마나 하나님께서 거룩하셨으면 그렇게 거룩이라는 단어가

우연의 반복은 필연이다

많이 나오겠습니까? 1-17장의 '거룩함'은 "정직하게 네 형편대로 양이나 소나 비둘기를 가져오면 너는 거룩하다"라는 말씀에서 비롯됩니다. 예를 들어 소를 바칠 사람이 "비둘기 여기 있습니다."라고 하면 거룩하지 못하다는 말입니다. 자칫하면 '거룩함'을 종교의 지도자 앞에서 꼼짝 못하는 것이나, 무언가 근엄하게 설교하는 것으로 오해할 수 있습니다. 그것은 거룩함이 아니라 종교적 감정일 뿐입니다. 레위기서의 거룩함이란 하나님 앞에서 정직한 것을 말합니다.

레위기 18장에서의 거룩함은 "네가 일상적으로 직장생활하거나 집에 있거나 거룩해야 하나님이 함께하신다."라는 것입니다. 이중적으로 생활하면 거룩하지 않다는 말입니다. 우리나라 감옥에 가면 예수 믿는 사람들이 많습니다. 거룩함이 하나도 일상화가 되지 않았기 때문입니다. 이런 사람들에게는 그저 값싼 은혜로 믿는 것이 면죄부가 되어서, 자기는 죄가 없다고 생각합니다.

이제 레위기 19장의 거룩함을 우리 삶에 적용하여 말씀드리겠습니다.

첫째, 농부는 어떻게 거룩해질 수 있을까요? 농부에게 '거룩함'은 농사 지으러 새벽에 일어나서 기도하고 찬송 부르고 "할렐루야" 하는 것이 아니라, 추수할 때 모퉁이에 가난한 사람들을 위해 곡식을 남기는 것입니다. 그것을 남기면 거룩하고, 안 남기면 부정합니다.

그러면 풍년이 들 때와 흉년이 들 때 어떻게 다르게 해야 할까요? 이런 문제에 대해 구체적으로 적어 놓은 것이 '미드라쉬(Midrash)'입니다. 미드라쉬는 유대의 성경 주석이라고 할 수 있습니다. 미드라쉬에는 성경의 율법 부분을 다룬 '할라카'와 비율법적 부분을 다룬 '학가다'가 있습니다. 두 개의 미드라쉬를 체계화한 사람이 랍비 '아키바 벤 요셉'입니다. 랍비들은 추수할 때 모퉁이에 곡식을 얼마나 남겨야 하는가에 대해서 논의를 했습니다. 풍년 때는 16분의 1로 하기로 의견 일치를 보았는데 흉년 때는 20분의 1로 할지 말지에 대해 논쟁했습니다.

아키바 벤 요셉이 어떤 사람인지 잠시 소개하겠습니다. 아키바가 어릴 때 그의 집이 너무 가난해서 큰 부잣집에서 양치기를 했습니다. 그때 그 집의 딸과 사랑하는 사이가 되어서 그 집 부모들의 반대에도 불구하고 결혼을 했습니다. 그래서 집에서 쫓겨났습니다. 아키바는 가난했기 때문에 공부를 하지 못했는데, 부인이 그에게 "당신은 공부를 해야 합니다."라고 해서 뒤늦게 학교에 가서 다시 공부를 했습니다. 그는 13년 만에 공부를 마치고 당대의 유명한 학자로 이름을 떨쳤습니다.

다시 본론으로 돌아와서 둘째, 장사꾼의 '거룩함'은 무엇일까요? 공평한 저울과 공평한 추와 공평한 에바와 공평한 힌을 사용하는 것입니다. 정직하고 속이지 않아야 합니다. 속이는 장사꾼은 살 때는 큰되로 사고, 팔 때는 작은되로 팝니다. 또한 살 때는 무거운 추로 사고, 팔 때는 가벼운 추로 팝니다. 하나님께서는 그렇게 정직하지 못하게 장사하면 부정한 사람이라고 하셨습니다.

셋째, 재판관의 '거룩함'은 무엇일까요? 불의를 행하지 않는 것, 가난한 자가 불쌍하다고 편들지 않는 것, 세력 있는 자라고 두둔하지 않는 것입니다. 요즘 세상에서는 법무팀이 있어서 해결해 주는 사람, 변호사가 여럿 딸린 사람을 모두가 대단하게 생각하고 부러워합니다. 그러나 재판관은 가난하거나 부자거나 법에 따라서 확실하게 재판을 해야 합니다. 그래야 거룩합니다.

거듭 말씀드리지만, 하나님의 말씀과 복음은 지식이 아닙니다. 믿고

우연의 반복은 필연이다

행동해야 합니다. 믿고 행동한 결과로써 이야기하는 것입니다. 장사꾼이 저울로 모두를 속이면서 교회에 나와서는 "할렐루야" 하면서 헌금을 많이 하면 죄가 없는 것 같아 보입니다. 그러나 하나님은 그를 심판하십니다. 조금 늦는 것 같아도 결국에는 다 심판하십니다.

안식일 문제도 마찬가지입니다. 하나님께서는 "안식일을 거룩하게 지켜라"라고 하셨습니다. 안식일은 휴식하는 날이고 휴식을 시키는 날입니다. 안식일에는 자기 집에서 유하는 사람들도 다 편하게 쉬게 해야 합니다. 이것은 이웃 사랑의 실천입니다.

오늘날 이 시대에 불행한 이웃들이 있습니다. 폐지 줍는 사람들, 겨울이 되면 난방으로 연탄을 사용하면서 작은 방에서 이산화탄소를 마시며 사는 사람들이 있습니다. 그런 사람들이 오늘날 현실 속에서의 이웃들입니다. 그들에게 어떻게 하느냐가 우리가 거룩해지는 길입니다.

하나님 사랑과 이웃 사랑

많은 신학자들이 중근동의 역사에 대한 연구를 해 보니, 아시리아나 바벨론 등의 고대 종교에도 경전이 있음을 발견했습니다. 거기서도 신을 사랑하고 이웃을 사랑하라는 말이 있습니다. 그러면 헷갈립니다. 구약의 하나님도 똑같아 보이기 때문입니다. 그래서 신학자들이 고민하면서 레위기서를 연구하다가 무릎을 탁 쳤습니다. 다른 종교와 하나님 신앙이 무엇이 다른지를 알게 되었기 때문입니다. 무엇이 다르다는 것일까요?

구약에서는 하나님 사랑과 이웃 사랑이 두 문장이 아닙니다. 이웃 사랑을 하지 않으면 하나님도 사랑하지 않는다는 말입니다. 다른 말로 하나님을 사랑하지 않으면 이웃 사랑을 하지 않는다는 말이 됩니다. 그러나 다른 고대 종교들에서는 이것이 분리되어 있습니다. 예를 들어 "저는 하나님만 사랑합니다. 이웃은 사랑하지 않습니다."라고 해도 봐준다는 말입니다. 그러나 유대교에는 이런 것이 없습니다. 하나님 사랑이 곧 이웃 사랑입니다.

"하나님을 사랑하고 네 이웃을 네 자신과 같이 사랑하라"는 예수님의 말씀도 한 문장입니다. 하나님 사랑이 이웃 사랑이고, 이웃 사랑이 곧 하나님 사랑입니다. 그런데 요즘 교회는 이것을 분리합니다. 이웃 사랑은 안 하면서 새벽부터 교회 나온다는 사람은 짝퉁 기독교인입니다.

사람들이 경주에 가면 불국사나 석굴암보다 ○○빵의 원조집이 어디 있는지 찾습니다. 그리고 유명한 최 부잣집도 찾습니다. 그는 하나님을 모르는 사람이지만 다른 부자들과 달랐습니다. 대개 잘나가던 집안들을 살펴보면 3대를 못 내려갑니다. 신앙을 잘해도, 재산이 많아도 그것이 거의 3대를 못 내려갑니다. 아버지가 예수를 잘 믿었다면 아들은 엉뚱한 짓을 하거나, 아버지가 돈을 많이 아껴서 부자가 되면 그다음에는 그 돈을 펑펑 쓰는 자식이 나옵니다. 그런데 경주 최 부자는 9대 진사, 12대 만석꾼으로, 5백 년간 그 부가 이어졌습니다. 그 이유가 무엇일까요?

최 부잣집은 여섯 가지 가훈이 있었다고 합니다. 그중의 몇 개를 소개하면 1) '동서남북 사방의 100리 안에 굶어 죽는 사람이 없게 하라' 집사 두 사람을 세워서 100리 안에 굶는 사람이 있는지 없는지 찾아다니면서 굶는 사람에게 쌀을 갖다주도록 했습니다. 또 집 앞에 창고를 두고, 누구든지 하루 분의 쌀을 식구별로 가져갈 수 있게 했습니다. 동네의 어려운 사람은 거기 가서 쌀을 얻어먹은 것입니다. 이것이 바로 이웃 사랑입니

우연의 반복은 필연이다

다. 이 사랑이 곧 하나님 사랑입니다. 2) '과객을 후하게 대접하라' 집을 크게 짓고, 전국에서 오고 가는 사람들이 며칠씩 자고 머물다 갈 수 있도록 했습니다. 이때 전국의 사람들로부터 새로운 소식이나 정보들을 많이 들을 수 있었다고 합니다. 이 밖에 '흉년기에는 재산을 늘리지 마라', '과거를 보되 진사 이상은 하지 마라' 등의 가훈이 있습니다. 진사 이상의 벼슬을 하지 않으니 정치적인 풍파에 휘말리지 않았던 것입니다.

마지막 최 부자인 최준은 일제강점기 때 상해임시정부에 독립자금을 지속적으로 대어 주었습니다. 그리고 해방 후에는 영남대의 전신인 대구대와 계림대에 전 재산을 기부했습니다. 최 부잣집은 하나님 신앙을 하지 않았는데도 이웃 사랑을 실천한 대단한 가문이었습니다.

맺는말

1. 중근동의 고대 종교와 성경의 사상을 비교해서 이해했다면 이번 설교의 중요한 부분을 알았다고 할 수 있습니다.
2. 레위기는 토라의 가장 중심인 심장과 같습니다. 레위기 19장에서 이웃 사랑이 곧 '거룩함'이라고 했습니다. 우리는 이방인이라서 외적인 요소를 중시합니다. 학벌이 어떻다고 하면 기죽습니다. 그러나 그런 것은 카도쉬, 즉 거룩함이 아닙니다. 이웃 사랑이 카도쉬입니다.
3. 하나님과 만나는 법은 거룩한 제사를 지내는 것입니다. 거룩한 제사란 정직하게 내가 번 만큼 내놓는 것입니다. 우리 교회도 그렇고 한국 교회 전부가 이웃 사랑을 위해 나가야 합니다. 하나님의 말씀과 예수님을 통해 답을 얻어야 합니다.

31

예수님처럼 질문하자

· ·

2018. 10. 21.

누가복음 12장 54-57절

"또 무리에게 이르시되 너희가 구름이 서쪽에서 이는 것을 보면 곧 말하기를 소나기가 오리라 하나니 과연 그러하고 · 남풍이 부는 것을 보면 말하기를 심히 더우리라 하나니 과연 그러하니라 · 외식하는 자여 너희가 천지의 기상은 분간할 줄 알면서 어찌 이 시대는 분간하지 못하느냐 · 또 어찌하여 옳은 것을 스스로 판단하지 아니하느냐"

마태복음 14장 28-33절

"베드로가 대답하여 이르되 주여 만일 주님이시거든 나를 명하사 물 위로 오라 하소서 하니 · 오라 하시니 베드로가 배에서 내려 물 위로 걸어서 예수께로 가되 · 바람을 보고 무서워 빠져 가는지라 소리 질러 이르되

우연의 반복은 필연이다

주여 나를 구원하소서 하니 · 예수께서 즉시 손을 내밀어 그를 붙잡으시며 이르시되 믿음이 작은 자여 왜 의심하였느냐 하시고 · 배에 함께 오르매 바람이 그치는지라 · 배에 있는 사람들이 예수께 절하며 이르되 진실로 하나님의 아들이로소이다 하더라"

마태복음 16장 15-20절

"이르시되 너희는 나를 누구라 하느냐 · 시몬 베드로가 대답하여 이르되 주는 그리스도시요 살아 계신 하나님의 아들이시니이다 · 예수께서 대답하여 이르시되 바요나 시몬아 네가 복이 있도다 이를 네게 알게 한 이는 혈육이 아니요 하늘에 계신 내 아버지시니라 · 또 내가 네게 이르노니 너는 베드로라 내가 이 반석 위에 내 교회를 세우리니 음부의 권세가 이기지 못하리라 · 내가 천국 열쇠를 네게 주리니 네가 땅에서 무엇이든지 매면 하늘에서도 매일 것이요 네가 땅에서 무엇이든지 풀면 하늘에서도 풀리리라 하시고 · 이에 제자들에게 경고하사 자기가 그리스도인 것을 아무에게도 이르지 말라 하시니라"

들어가는 말

미국에서 있었던 일입니다. 공원 옆에 지하철역이 있는데, 그 입구에서 남루한 차림의 한 사람이 모자를 쓰고 바이올린 연주를 했습니다. 지나가는 사람들은 그의 연주에 별다른 관심을 가지지 않았습니다. 연주자 앞에 있는 통에 1~2달러 정도 넣어 주고 가는 것이 전부였습니다. 그로부터 열흘 후에 뉴욕에서 가장 큰 국립 심포니 홀에서 조슈아 벨이라는 세계적인 바이올리니스트가 연주를 했습니다. 그 연주회는 7천 석이 이미 오래전에 매진되었고 입석도 100달러는 줘야 했습니다. 그래도 사람들은 기를 쓰고 300~500달러 하는 표를 구해서 연주를 들으러 갔습니다. 그런데 몇 명이 조슈아 벨을 자세히 보니 며칠 전에 공원 옆 지하철역 입구에서 연주했던 바로 그 사람이었습니다. 사람들은 그가 거지인 줄 알았는데 알고 보니 세계적인 바이올리니스트였고 사람들이 무시하고 지나갔던 그날, 350년 된 귀한 바이올린으로 연주를 했던 것입니다.

우리의 신앙도 잘못하면 이렇게 됩니다. 예수님의 삶이 대단하다고 하면서도 십자가에 수난 당하신 것을 보면 '왜 저렇게 고생하나?' 싶습니다. 어디 비싸고 대단한 곳에서 세계적인 바이올리니스트라고 하면서 연주를 하면 "정말 대단하다."라고 하지만 거리에 서서 볼품없는 모습으로 연주하면 그냥 "동냥하는 거지네."라고 하듯이 우리도 혹시 예수님을 그렇게 생각하는 것은 아닐까요? 구원받을 때는 감동이 와서 "저는 죄인입니다."라고 고백하는데, 일상 속에서 그 시간이 오래 지나면 관심이 없어집니다.

질문하시는 예수님

예수님은 질문을 많이 하신 분입니다. 특히 사복음서와 사도행전을 보면 질문을 많이 하셨는데, 성경학자들의 연구에 의하면 300회나 질문을 하셨다고 합니다. 이분은 왜 그렇게 제자들과 민중들에게 질문을 많이 하셨을까요? 그것은 "너의 진실이 무엇이냐?"라는 것을 묻기 위해서였

우연의 반복은 필연이다

습니다. 제자들의 진실한 마음을 알기 위해서, 또 큰 진리를 가르쳐 주기 위해서 질문을 하셨습니다.

이번에는 예수님의 300회의 질문 중에 3가지 질문에 대해 말씀드리겠습니다. 예수님이 질문을 하셨을 당시의 배경은 1세기 팔레스타인입니다. 그때 주님은 이 땅에 오셔서 놀라운 말씀을 하시고 구원의 역사를 베푸셨습니다. 어떤 작가는 예수님의 질문의 내용과 질문하는 방식이 엄청난 비밀이라고 해서 '그레이트 미스터리'라고 불렀습니다. 1세기 예수님의 질문을 통해서 우리는 스스로에게 질문을 할 수 있어야 합니다. 예컨대, '나는 신앙을 바르게 하고 있는가?', '나는 이렇게 살아도 되는가?'를 스스로에게 물어야 합니다. 예수님의 질문을 보고 우리 자신에게도 질문하자는 것이 이번 설교의 핵심입니다.

유대 민족은 3살이 되면 아버지가 집에서 창세기부터 신명기까지 율법서를 암송시키는데, 3살에서 12살까지 약 10년이 걸린다고 합니다. 그리고 '바 미스바'라는 성인식을 할 때 율법서를 암송해야 하는데, 예를 들어 "신명기 5장을 외워 봐라." 하면 달달 외워야 합니다. 그래야 성인식을 합니다. 그런 히브리식 교육 내용을 '하브루타'라고 합니다. 하브루타 교육이 유대 민족의 최고의 비밀이라고 할 수 있습니다.

유대 민족의 모든 아이들은 어릴 때부터 하브루타 교육을 받습니다. 어릴 때부터 질문하고 대답하고 논쟁하는 것을 끊임없이 훈련합니다. 유대인들의 인구는 세계에서 1%밖에 안 되는데, 노벨상 수상자 중에 20%가 유대인들인 이유가 이런 교육 때문이 아닌가 합니다. 이 하브루타 교육을 예수님도 아마 받으셨을 것입니다. 그리고 예수님께서 공생애 동안 제자들과 지내면서 이것을 활용하셨습니다. 많은 서기관과 바리새인들도 이 교육을 다 받았지만 그들은 제대로 활용하지 못했습니다. 예수님께서는 하브루타 교육을 완전히 체질화해서 제자들에게 질문하셨습니다.

예수님의 첫 번째 질문

> 누가복음 12장 56절 "외식하는 자여 너희가 천지의 기상은 분간할 줄 알면서 어찌 이 시대는 분간하지 못하느냐"

예수님의 첫째 질문이 '이 세대가 어떤 시대인지 분간하지 못하느냐?'라는 것입니다. 예수님은 1세기 사람이고 우리는 21세기 사람입니다. 2천 년의 시공이 사이에 있습니다. 예수님의 이 질문 앞에서, 세상이 다 변했는데 변하지 않겠다고 고집하는 사람이 없는지 살펴봅시다. 우리는 예수님에 대해 잘 알고 변화할 수 있는 것은 변화해야 합니다. 단, 성경을 근본으로 해서 변화해야 합니다.

56절의 예수님의 질문에서 '이 시대'는 그분이 메시아로 온 시대입니다. 그런데 사람들이 예수님을 알지 못합니다. 서기관과 바리새인들은 예수님을 율법을 어기는 사람으로 생각해서 어떻게 하면 죽일까 궁리했습니다. 그러니까 예수님께서 분노하셔서 "아침에 일어나면 구름을 보고 오늘 맑겠다고 하거나 비가 오겠다고 하면서, 이 시대는 왜 분별하지 못하느냐?"라고 물으십니다.

우리는 시대를 분별하기 위해서 우리 자신으로부터 시작해서 국내와 국제의 정치를 알아야 합니다. 국내 정치판에는 시대가 아무리 변해도 변하지 않고 되지도 않는 말을 계속하는 사람들이 많이 있습니다. 지금

우연의 반복은 필연이다

문 대통령이 유럽 순방 중에 바티칸까지 가서 교황을 만나고 그를 앞세우는 것은 우리의 이익보다는 평화 때문입니다. 북한도 밖으로 끌어내려고 합니다. 북한에서 두 번이나 초청해도 교황이 안 갔는데, 문 대통령이 가서 이야기를 하니 가려고 했습니다. 김정일 정권 때는 말만 오라고 했지만 이번에는 초청장을 보내면 교황이 북한에 갈 것처럼 보입니다. 교황도 폼 잡으려고 가는 것이 아닙니다. 북한에는 천주교인도 없고 교구장도 없지만 평화에 도움이 되기 위해 가려는 것입니다. 그런데 세계가 평화를 말하고 있는 이때에, 일부 정치권에서는 안보 문제로 전쟁을 운운하면서 "속지 말라"고 합니다. 이런 것이 시대를 분별하지 못하는 것입니다. 문 대통령이 국내 정치에서는 지금 소득 주도 성장 문제에 부딪혀서 안 좋은 소리를 듣고 있지만 국제 외교는 잘한다는 평가를 받습니다.

근래에 한국 교회가 '이제 신사참배와 동방요배에 대해서 우리도 회개하자'라고 해서 10만여 명이 동조했습니다. 하지만 일제강점기 당시에 목숨을 걸고 그런 주장을 해야 의미가 있습니다. 이제 와서 회개하자고 하는 것은 이런 방식으로 사람들을 끌어 모으려는 것입니다. 한국 교회가 심리학이나 경영학 이론을 활용해서 사람의 마음을 끌어 모으다가 다 망하고 있습니다.

우리는 이런 시대를 잘 알고 있어야 합니다. 제가 정치적인 이야기를 하려는 것이 아니라, 믿는 사람은 국내와 국제의 시대적 문제를 알고 있어야 합니다. 특히 나이 든 분들은 반드시 뉴스와 종이로 된 신문을 봐야 합니다. 신문도 안 보고 옛날 소리나 하면서 시대에 뒤떨어진 정보나 듣고 열 내면 안 됩니다. 그리고 이제는 여성들도 나서야 합니다. 주님의 제자들 중에도 여성 제자가 많았습니다. 이제는 동등하게 앞장서서 일을 해야 합니다.

예수님의 첫째 질문은 '시대를 분별할 줄 아느냐?'라는 것입니다. 제가 아는 치매 노인이 한 분 계셨는데, 하루는 저에게 물어볼 것이 있다면서 "지금 우리나라 왕이 누구지?"라고 물었습니다. 잘못하면 우리도 이 치매 노인처럼 됩니다. 교회 사정을 잘 분별하고 있어야 합니다. 고집만 부릴 것이 아닙니다. 신앙은 고집이 아닙니다. 예수님처럼 탄력적이어야 합니다. 말씀을 근거로 하되 항상 탄력적으로 변화에 대처할 수 있어야 합니다. 우리 교회가 신사참배와 동방요배를 반대하는 신앙에서는 세계에서 앞섰지만, 해방 이후에 여러 가지 일들을 정리하다 보니 일반적인 교회 발전은 다른 곳보다 많이 늦습니다.

하지만 요즘에 요한계시록 주석도 출판하고 영국의 그레이슨 목사님도 직접 우리 교회에 오셔서 우리 교회의 역사를 연구하고 영국을 비롯한 유럽에서 우리 시온산 교회에 대해 발표를 했습니다. 그러자 그들은 "그런 역사를 가진 교회가 다 있나요?"라고 하며 놀랐다고 합니다.

예수님의 두 번째 질문

마태복음 14장 28-33절 "베드로가 대답하여 이르되 주여 만일 주님이시 거든 나를 명하사 물 위로 오라 하소서 하니·오라 하시니 베드로가 배에서 내려 물 위로 걸어서 예수께로 가되·바람을 보고 무서워 빠져 가는지라 소리 질러 이르되 주여 나를 구원하소서 하니·예수께서 즉시 손을 내밀어 그를 붙잡으시며 이르시되 믿음이 작은 자여 왜 의심하였느냐하시고·배에 함께 오르매 바람이 그치는지라·배에 있는 사람들이 예

우연의 반복은 필연이다

수께 절하며 이르되 진실로 하나님의 아들이로소이다 하더라"

갈릴리 호수에서의 사건입니다. 여기서 예수님의 이 질문이 핵심입니다. "믿음이 작은 자여 왜 의심하였느냐?" 베드로가 예수님의 말씀을 믿었을 때는 물 위로 걸어갈 수 있었는데, 바람이 불어 밑을 보자 물이 두려워졌습니다. 그래서 점점 가라앉았습니다.

마태복음 14장 30절 "바람을 보고 무서워 빠져 가는지라 소리 질러 이르되 주여 나를 구원하소서 하니"

여기서 "나를 구원하소서"는 번역에 문제가 있습니다. 원어인 헬라어 '소테르'는 목숨을 구원해 달라는 뜻입니다. 그러므로 "나를 건져 주소서"라고 해야 합니다.

예수님이 베드로에게 하신 질문을 2천 년을 뛰어넘어서 오늘 우리에게 질문해 봅시다. 이번 설교는 여러분이 깨닫기를 기대하는 설교가 아닙니다. 복음의 그 당시 정황을 정확하게 이야기하면서 예수님의 질문을 여러분의 마음속에 직접적으로 질문해 보려는 것입니다.

예수님의 두 번째 질문은 내가 돈 앞에서, 나이와 병 앞에서, 정말 믿음 있는 사람으로 살고 있느냐는 것입니다. 나이가 들면 믿음이 더 약해집니다. 노화되고 죽음이 앞에 있으니 믿음이 떨어집니다. 또 병 앞에서 믿음이 떨어집니다. "내가 열심히 신앙했는데 하나님이 이렇게 아프게 하실 수 있나? 교회 출석도 잘 했는데."라고 하면서 하나님을 원망합니다. 그런데 중요한 것은 내가 병이 들었을 때 정말 믿음으로 극복하는 신앙을 보이느냐는 것입니다.

우리는 나이와 병 앞에서 믿음이 떨어진 사람으로서 인생에 대한 푸념만 하면서 죽어 갈까 봐 겁을 냅니다. 믿음이 없으니 겁이 나는 것입니다. 믿음이 있으면 죽으면 주님 앞에 간다는 평안이 있습니다. 기계도 오래 써서 신용보증기간이 끝나면 탈이 납니다. 그래서 나이가 들면 병원에 가는 것이 항상 대화의 화제입니다. 하지만 인체의 신비에 대해서 사실 의사들도 별로 아는 것이 없습니다. 한 방면에는 전문가들이지만 그 외에는 알지 못합니다. 하나님을 믿는 사람이 의사에게만 의존하고 그들을 우상화하면 안 됩니다. 물론 의학도 하나님이 내신 것이니 의사에게 도움을 받으며 감사하면서 지내면 됩니다.

또한 돈이 없어도 믿음이 떨어집니다. "믿음이 작은 자여 돈 없다고 왜 그렇게 기죽어 있느냐?"라고 돈에 대하여 예수님께서 질문하십니다. 우리는 믿음이 있는 사람으로서 가난하고 어렵더라도 하나님을 믿고 나가야 합니다.

어제 신문에서 나이가 드니 다섯 가지가 변하더라는 칼럼을 읽었습니다. 이번 설교와 관련하여 참고하시라고 그 내용을 간단히 소개하겠습니다. 첫째, 자기 분수를 알게 되었다고 합니다. 그 전에는 다른 사람이 보이지 않았는데, 스스로의 능력과 한계에 대해서 알게 되니 다른 사람이 보이고 그들을 귀히 여기게 되었다고 합니다. 둘째, 삶의 우선순위를 분명하게 인식하게 되었다고 합니다. 분수를 알고 나니 소원이 동일하게 채워질 수 없다는 것을 깨달았고, 인생에서 가장 소중한 것부터 채워가면서 불가능한 욕구는 포기하거나 버릴 수도 있게 되더라는 것입니다. 셋째, 세상에는 다양한 삶의 모습이 있다는 것을 알게 되었다고 합니다.

우연의 반복은 필연이다

나의 삶은 세상의 다양한 삶의 방식 가운데 아주 작은 부분에 지나지 않는다는 것을 받아들이게 된다는 것입니다. 넷째, 세상에는 공짜가 없다는 것을 깨달았다고 합니다. 이것은 비단 돈에만 국한되는 것은 아닙니다. 다섯째, 새로운 인생이 남아 있다는 것을 배웠다고 합니다. 새로운 인생을 디자인하여 열매를 맺는 삶을 사는 것이 중요하다는 것입니다.

예수님의 세 번째 질문

마태복음 16장 15-20절 "이르시되 너희는 나를 누구라 하느냐 · 시몬 베드로가 대답하여 이르되 주는 그리스도시요 살아 계신 하나님의 아들이시니이다 · 예수께서 대답하여 이르시되 바요나 시몬아 네가 복이 있도다 이를 네게 알게 한 이는 혈육이 아니요 하늘에 계신 내 아버지시니라 · 또 내가 네게 이르노니 너는 베드로라 내가 이 반석 위에 내 교회를 세우리니 음부의 권세가 이기지 못하리라 · 내가 천국 열쇠를 네게 주리니 네가 땅에서 무엇이든지 매면 하늘에서도 매일 것이요 네가 땅에서 무엇이든지 풀면 하늘에서도 풀리리라 하시고 · 이에 제자들에게 경고하사 자기가 그리스도인 것을 아무에게도 이르지 말라 하시니라"

예수님의 세 번째 질문은 "너희는 나를 누구라 하느냐?"입니다. 당시 민중들은 예수님에 대해 선지자나 엘리야라고 하기도 하고, 심지어는 세례 요한이 죽었다가 다시 살아왔다고 하기도 했습니다. 그런 상황에서 예수님께서 제자들에게 "너희는 나를 누구라 하느냐?"고 질문하셨습니다. 설교의 서두에 세계적인 바이올리니스트가 뉴욕 심포니 홀에서 연주

할 때는 모두가 감격했지만, 길가에서 볼품없이 모자를 쓰고 바이올린을 켤 때는 다 무시했다는 이야기를 드렸습니다. 그처럼 우리도 혹시 예수님을 무시하는 것은 아닐까요? 그렇다면 예수님께서 그와 같은 모습으로 오실 때 우리는 모두 다 불합격입니다.

"너희는 나를 누구라 하느냐?"라는 질문 앞에서 여러분은 예수님을 누구라고 대답하실 것입니까? "그분은 나의 구원자이시고, 내게 새로운 삶을 선물하셨고, 그래서 나는 새로운 삶을 살고 있습니다."라는 대답을 하는 사람이 되어야 합니다. "그분은 하나님의 아들이시지요."라고 하는 것만으로는 안 됩니다. 예수님께서 우리의 구원자 되시고 새 삶을 허락한 것에 대한 확신이 없기 때문에 실제로는 예수님이 누군지를 모릅니다. 그래서 주님이 "서로 사랑하라"고 하셔도 사랑하지 않고, "용서하라"고 하셔도 용서하지 않는 것입니다.

예수님은 하나님의 아들이신데 우리는 사람의 아들입니다. 예수님이 누구신지 알려면 우리 자신을 알아야 하고, 사람은 자기를 알기 위해 부모를 잘 알아야 합니다. 어머니의 난자와 아버지의 정자가 수정되었기 때문에 내게 발현되는 부모의 유전자 비율은 50 대 50입니다. 외모가 아버지를 닮았다면 대개 성격은 어머니를 닮습니다. "나는 우리 부모와 다르다."라는 것은 말이 안 됩니다. 그래서 부모를 알아야 합니다. 어머니의 한이 무엇인지, 아버지의 한이 무엇인지를 알아야 합니다. 부모님 위에는 할아버지와 할머니가 있습니다. 그렇게 3대는 알아야 합니다. 조부모님의 꿈은 무엇이었으며 삶은 어떠했는지도 알아야 합니다. 그 정도를 알면 자기 자신을 알 수 있습니다. 부모를 모르고 자기 식대로 살면 인간은 거의 좌충우돌하다가 실패합니다.

우연의 반복은 필연이다

부부간에도 서로에 대해서 잘 알기 때문에 서로 물어보는 것이 좋고, 부모의 입장에서는 맏자식에게 물어보는 것이 좋습니다. 부모의 결점을 환히 아는 것이 맏자식이기 때문입니다.

맺는말

2천 년 전에 그분이 하신 질문을 우리에게 해 봅시다. 그래야 자신이 누구인지, 내 삶이 맞는지, 신앙을 이렇게 하면서 끝까지 살아도 되는지를 알게 됩니다. 메타 인지가 됩니다. 메타 인지의 핵심은 자기 부족을 아는 것입니다. 나의 부족이 무엇이고, 나의 결점이 무엇인지 아는 것입니다. 세상에 결점이 없는 사람은 없습니다. 장점이 클수록 결점도 큽니다. 주님께 기도하면서 자기 부족이 무엇인지 이야기를 해야 합니다. "저는 이런 것은 잘하지만 이런 것은 못합니다."라고 말입니다.

돈이 있다고 행복해지는 것이 아닙니다. 우리는 하나님을 알고 예수님의 구속의 역사를 알아야 합니다. 성령 하나님의 놀라운 신비를 알아야 합니다.

이번 설교를 통하여 여러분께 전하고자 하는 것은 예수님처럼 질문하는 것을 배우자는 것입니다. 내가 이렇게 살아도 되는지, 내 신앙이 옳은지, 나는 행복한지와 같은 질문을 해 보고 만약 그렇지 않다면 그리스도 안에서 고쳐 나아가야 합니다.

32

성경의 문학적 특징 1

2018. 11. 11.

디모데후서 3장 15-17절

"또 어려서부터 성경을 알았나니 성경은 능히 너로 하여금 그리스도 예수 안에 있는 믿음으로 말미암아 구원에 이르는 지혜가 있게 하느니라 · 모든 성경은 하나님의 감동으로 된 것으로 교훈과 책망과 바르게 함과 의로 교육하기에 유익하니 · 이는 하나님의 사람으로 온전하게 하며 모든 선한 일을 행할 능력을 갖추게 하려 함이라"

들어가는 말

재미있는 통계가 있습니다. 지식인들과 학자들이 많이 다니는 서울의 모 대형 교회에서 모태신앙이거나 신앙을 한 지 20년 이상 되는 사람들 중 2천 명을 대상으로 성경에 대한 설문 조사를 했다고 합니다. "성경을

우연의 반복은 필연이다

잘 아십니까?"라고 물으니 대부분 모른다고 해서 "교회 다니면서 성경을 모르면 어떻게 합니까?"라고 물었더니 그중 많은 사람들이 목사님에게 물어보면 된다고 대답하였답니다.

일반 교인들 사이에서는 천하에 밉상이 모태신앙 교인이라는 말도 있습니다. 성경도 모르고 신앙도 없으면서 교회에 와서 자리만 지키고 있는 경우가 많기 때문입니다. 인류 최고의 보물이 성경인데, 집집마다 성경은 다 있습니다만 성경을 잘 아는 사람은 별로 없습니다.

바울이 디모데에게 보내는 편지

바울이 로마 감옥에서 사랑하는 디모데에게 마지막 유언의 편지를 보낸 것이 디모데후서입니다. 네로 황제 때인 주후 68년경에 바울이 순교했는데, 이번 말씀은 67년 말에 쓴 것입니다. 바울은 디모데후서 3장을 통해 말세의 19가지 증상을 하나씩 말합니다. 그리고 마지막에는 성경에 대해서 강조합니다.

이번 설교의 핵심은 성경을 이해하는 인간적인 방법으로 문학적 특징을 밝히고, 어떤 방식으로 이해하면 좋은가 하는 것입니다.

> 15절 "또 어려서부터 성경을 알았나니 성경은 능히 너로 하여금 그리스도 예수 안에 있는 믿음으로 말미암아 구원에 이르는 지혜가 있게 하느니라"

15절 말씀으로 보아 디모데는 모태신앙이었습니다.

바울은 지금 자신의 유언에서 성경에 대해 이야기하고 있습니다. 우리는 이 말씀을 통해서 성경을 얼마만큼 이해하고 있는지 양심적으로 스스로 평가해 봅시다.

계시로서의 하나님의 말씀

하나님의 말씀은 계시적 차원과 문학적 차원으로 볼 수 있습니다. 우선적으로 하나님의 말씀은 계시입니다. 모여서 기도하고 예배드리는 것을 일반계시라고 하며, 종교 행위라고 합니다. 자연의 법칙도 일반계시입니다. 그런데 특별계시가 있습니다. 특별계시는 성경에 있습니다. 왜 특별계시라고 할까요? 우리가 죄인임을 깨닫게 하고 예수님을 통해 구원받고 새사람이 되어 새 삶을 사는 법을 가르치기 때문입니다. 말하자면 위의 15절 말씀이 특별계시입니다.

> 16절 "모든 성경은 하나님의 감동으로 된 것으로 교훈과 책망과 바르게
> 함과 의로 교육하기에 유익하니"

모든 성경은 하나님의 감동으로 되었다고 합니다. 여기서 하나님의 감동은 헬라어로 '데오프뉴스토스'입니다. 하나님이 입김으로 부셨다는 뜻입니다.

"모든 성경이 하나님의 감동으로 되었다."라고 할 때 '모든 성경'은 구약입니다. 성경 39권의 구약 정경이 완성된 것은 바울의 사후 약 30년 후에 열린 얌니아 회의에서입니다. 예수님이 "성경에 일렀으되"라고 말씀

우연의 반복은 필연이다

하실 때의 성경은 전부 구약입니다. 기독교 정경 속에 신약 27권까지 합해진 것은 그로부터 약 2백 년 후의 카르타고 회의 등에서입니다.

그럼 성경은 어떻게 기록되었을까요? 여러 학설이 있지만 세 가지만 기억합시다.

첫째는, 기계적 영감설입니다. 하나님이 기계적으로 말씀을 부르셨고 기록자는 자신의 생각이 없이 계속 받아서 적었다는 것입니다. 이것은 성경의 문자가 절대적으로 완전하다는 것을 의미합니다. 이러한 입장을 가지고 성경을 해석하면 문제가 많이 생깁니다. 물론 하나님의 계시이지만 사람이 받아 적은 것이고, 맛소라 학파에 의해 45명 이상이 다시 교정하고 또 교정한 예가 있습니다.

둘째는, 부분 영감설입니다. 일부는 하나님이 말씀을 하셨고 일부는 기록자가 상식적으로 기록했다는 것입니다.

셋째는, 유기적 영감설입니다. 하나님이 기록자에게 감동을 주셨는데 그 사람의 기질, 재능, 경험 등 인간적인 요소들을 사용하여 성경을 기록했다는 것입니다.

성경을 알고 사랑하는 사람의 특징

성경의 문학적 특징으로 들어가기 전에, 우리가 도전을 받아야 하는 내용이 있습니다. 어떤 사람이 정말 성경을 알고 사랑한다면 사람을 책망할 수 있습니다. 하나님 앞에 바르게 살려고 하기 때문에 사람들에게 할 말이 있는 것입니다. "네 삶을 이렇게 살아라.", "건강의 원칙이나 신앙의 원리가 지금 잘못된 것이 아니냐?"라고 의롭게 권면합니다. 이런 사람은 가정에서도 교회에서도 사회에서도 참 의롭습니다.

우리 사회는 다른 이에 대해서 책망을 잘 안 합니다. 바른말 하기를 꺼려합니다. 나이 들어서 정의롭게 말할 수 있는 원로가 없습니다. 그래서 사회 자체가 엉망입니다. 모임이나 사회에 진실한 사람들이 있어야 합니다. 그래서 바울도 17절에서 성경은 하나님의 사람을 온전하게 한다고 당부합니다. 온전하다는 것은 균형적이고 사랑이 있는 사람을 말합니다.

부모가 자식들 중에 한 명을 편애하는 것은 보통 있는 일입니다. 그런데 특히 재산 문제에 있어서 자식을 편애하면 그 집안은 콩가루 집안이 됩니다. 그래서 부모는 공평해야 합니다. 부모의 역할이 어려운 이유가 이 때문입니다. 요즘은 만약 자녀가 다섯 명 있다면 재산을 똑같이 5분의 1로 나눠 주어야 합니다. 아니면 소송이 일어납니다. 어느 자식이 자기에게 더 잘한다고 아버지가 그 자식에게 재산을 더 주었다면, 아버지가 살아 있을 때는 몰라도 돌아가시고 나면 다른 자식이 바로 소송을 겁니다.

제가 이런 말씀을 드리는 것은 우리는 하나님의 사람으로서 온전해야 하기 때문입니다. 공평해야 합니다. 인간의 기본적인 감정은 원래 편협하게 되어 있습니다. 그러나 새사람으로서 그러한 편협성을 극복하는 법을 알고 변화에 적응해야 합니다.

17절 하반절을 보면 성경은 "모든 선한 일을 행할 능력을 갖추게" 한다고 했습니다. 여기서 '선한 일'은 원어로 '아가돈'입니다. 하나님의 말씀을 전하고, 교회에 오면 봉사하고, 이 시대의 가난하고 불행한 소외계층을 사랑을 가지고 돌보는 것이 바로 '아가돈'입니다. 성경을 똑바로 알면 그와 같은 역할을 합니다. 성경은 들고 다니면서도 자기와 자기 집밖에 모른다면, 그 사람은 성경을 모르는 사람입니다.

우연의 반복은 필연이다

우리는 이 말씀을 가지고 '내가 과연 성경을 아는 사람인가?', '내가 성경을 알고 실천하는 사람인가?' 하는 것을 돌아봐야 합니다. 성경을 아는 사람으로서의 행동에 합당하지 않다면 본인은 성경을 모르는 사람이라는 것을 인정해야 합니다.

앞에서도 말씀드렸듯이 이 본문은 바울의 유언입니다. 로마의 감옥에서 죄수가 되어 마지막 유언의 편지를 쓰고 있습니다. 이 편지를 통해 바울은 19가지 종말의 현상이 나타나는 말세의 시대에 모두가 성경을 모르고 자기 생각대로 자기 멋대로 살아간다고 말하고 있습니다.

문학으로서의 하나님의 말씀

성경은 첫째로는 계시이고 둘째로는 문학입니다. 이제부터 성경을 문학적 차원에서 말씀드리겠습니다.

> 누가복음 1장 1-4절 "우리 중에 이루어진 사실에 대하여 · 처음부터 목격자와 말씀의 일꾼 된 자들이 전하여 준 그대로 내력을 저술하려고 붓을 든 사람이 많은지라 · 그 모든 일을 근원부터 자세히 미루어 살핀 나도 데오빌로 각하에게 차례대로 써 보내는 것이 좋은 줄 알았노니 · 이는 각하가 알고 있는 바를 더 확실하게 하려 함이로라"

누가가 데오빌로 각하에게 예수님에 대하여 글로 써서 보낸다고 말하고 있습니다. 여기에 성령의 감동을 받았다는 명시적인 말은 없습니다. 이런 것을 보았을 때 누가복음은 사람의 글입니다. 아주 간결하게 "제가 예수님에 대해 연구했습니다. 이전에도 많은 사람이 그분에 대해 썼지만 저는 모든 일을 근원부터 자세히 미루어 살펴서 처음부터 차례대로 썼습니다."라고 합니다. 이런 것을 성경의 문학적 특성이라고 합니다. 하나님의 말씀이지만 사람이 기록한 글인 것입니다.

문학적 특징 - 1. 양식이 다르다

문학적 특징에서 제1로 꼽는 것이 '양식'이 다르다는 것입니다.

율법서인 레위기는 법조문의 형식이고, 시편은 시의 형식, 잠언은 격언의 형식으로 되어 있습니다. 시편은 현실 속에서 고통과 괴로움을 겪으면서도 어떻게 하면 하나님을 찬양하는가에 대한 것이고, 잠언은 악인과 의인을 구분해서 지혜롭게 말합니다. 욥기는 마치 시나리오와 같은데, 그 내용이 인과관계가 아니라 상관적 빅데이터로 되어 있습니다. 요나서는 동화와 비슷하고 룻기는 재미난 이야기입니다. 열왕기는 우리나라의 역사서 중에서도 왕조실록과 유사합니다.

이렇게 양식을 통해 성경을 이해하자는 것이 '양식비평'입니다. 성경을 해석할 때 성경의 양식이 무엇인지 살펴야 한다는 것입니다. 성경을 양식으로 구분해서 읽으면 핵심이 어디 있는지, 주제가 어디 있는지를 빠르게 찾을 수 있습니다.

국가에서 가장 중심이 헌법인 것처럼 모세오경에서 가장 중심은 레위기이며, 레위기는 하나님의 헌법과 같습니다. 모세오경을 반지에 비유하자면 레위기는 다이아몬드 반지입니다. 그중에서도 19장이 핵심입니다. 그래서 만약 모세오경을 처음 읽는다면 레위기부터 읽는 것이 좋습니다.

우연의 반복은 필연이다

일반적으로는 창세기부터 읽는데, 스토리 중심으로 진행되다가 갑자기 법조문 형식의 레위기가 나오면 더 이상 진도가 나가지 않습니다. 그러니 성경을 읽을 때 문학적 전략이 필요합니다. 모세오경은 레위기가 헌법처럼 가장 중심이 되는 말씀이라는 것을 알고 읽으면 좋습니다. 오늘날 우리 사회도 헌법을 기초로 법과 명령이 만들어지는 것과 비슷합니다.

하나님께서 종살이하는 이스라엘을 데리고 나와서 시내산에서 헌법과 같은 율법을 주셨고 그것을 일상생활에서 지키는 것이 핵심인데, "바로 지키는가 안 지키는가."를 보는 것이 역사서입니다. 역사서 중에서도 열왕기는 유다와 이스라엘 왕들이 율법을 잘 지키는가에 대한 기록입니다. '우리나라 대통령들이 헌법을 잘 지키나 보자' 하고 봤더니 안 지키고 적폐가 되듯이 이스라엘도 똑같습니다. 열왕기를 읽을 때는 왕들이 레위기 율법을 지키는지 안 지키는지 보면 쉽게 읽을 수 있습니다. '어느 왕이 율법을 지키지 않았다. 우상을 섬겼다. 하나님이 버렸다'라는 식으로 기록을 합니다. 북이스라엘에는 약 200년간 19명의 왕이 있었는데, 이들은 율법을 하나도 안 지켰습니다. 참 놀라운 일입니다. 남유다도 20명의 왕이 있었는데 8명만 지키고 나머지 12명은 안 지켰습니다. 열왕기를 읽을 때 왕들이 율법을 지키는지 안 지키는지만 보면 된다고 했는데, 이것을 '신명기 사학파'의 관점이라고 합니다.

하나님께서는 시대마다 율법을 지키게 하기 위해 선지자를 보내셨습니다. 선지자가 권면도 하고 퍼포먼스를 보이기도 했습니다. 지키라는 것을 지키지 않는 소극적 범죄와 적극적으로 범죄를 저지르는 것, 이 두 가지를 시비했습니다. 그런데 선지자가 수십 명씩 와도 유다와 이스라엘의 왕들과 백성들은 율법을 지키지 않았습니다. 이러한 내용들이 기록된 것이 이사야, 예레미야, 에스겔, 다니엘서 같은 대선지서 4권과 호세아, 아모스 등의 소선지서 12권입니다. 선지서는 하나님이 계시한 레위기 율법을 너희가 지키라는 내용입니다. 이것을 알면 성경을 보는 길이 확 열립니다. 구약은 주로 이런 방식으로 접근하면 좋습니다.

문학적 특징 - 2. 문서가 다르다

양식이라는 특징 외에 문서설을 이해해야 합니다. 독일의 신학자인 율리우스 벨하우젠에 의해서 창안된 'JEDP'라는 문서설이 있습니다. 창세기 1장에서 하나님의 이름은 엘로힘인데 창세기 2장에서는 여호와라고 기록한 것은, 하나님을 엘로힘이라고 기록한 문서와 여호와라고 기록한 문서가 따로 있다는 주장에서 나온 이론입니다. 'J'는 야훼 문서, 'E'는 엘로힘 문서, 'D'는 신명기 문서, 'P'는 제사장 문서입니다. 이 외에 노마드 문서라고 부르는 'N' 문서도 있습니다.

문학적 특징 - 3. 문맥과 평행 본문

우리는 성경을 읽는 방법으로 첫째는 양식, 둘째는 문서로 나누어 보는 것을 알았습니다. 어떤 곳은 여호와 하나님으로 기록되어 있고 어떤 곳은 만군의 여호와로 기록되어 있는 것을 구분해서 읽어야 합니다. 그 외에도 성경을 문학적으로 볼 때 문맥을 알고 봐야 합니다. 앞도 보고 뒤도 보고 전체를 생각하면서 이해해야 합니다. 또한 문학적 특징 중에 평행 본문이 있습니다. 단어 평행이 있고 문장 평행이 있고 전체적인 평행

우연의 반복은 필연이다

이 있습니다. 또 은유법을 많이 씁니다.

맺는말

전체적으로 이번 설교를 다시 요약하겠습니다. 나라에도 법이 있듯이 신구약 39권에도 법이 있는데, 헌법에 해당하는 것이 레위기입니다. 그 헌법을 일반 백성이 지키는지 안 지키는지 본 것이 역사서입니다. 왕들이 지키는지 안 지키는지 본 것은 열왕기서입니다. 그런데 대부분 지키지 않으니까 하나님께서 시대마다 선지자를 보내셨고, 그 내용이 선지서입니다. 그다음에 시편, 잠언, 전도서는 양식을 알고 읽으면 좋습니다. 헤르만 궁켈이라는 유명한 신학자가 성경을 양식적으로 잘 구분했습니다. 그리고 벨하우젠의 문서설이 있습니다. 그런데 성경을 계시로서 보지 않고 문학적으로만 해석하고 이해하려다가 대부분 실패하고 믿음만 떨어진 사람들이 많습니다.

인간이 성경을 알려고 하는 여러 가지 방법들이 있습니다. 그러나 하나님의 말씀은 신비하고 초월적이라서 인간이 알 수 없습니다. 그렇다고 그냥 앉아 있을 수만은 없습니다. 인간의 학문과 모든 것을 동원하여 성경을 이해하고자 하는 노력이 있어야 합니다.

33

다윗의 착각
·················

시편 51편 1-4절

"하나님이여 주의 인자를 따라 내게 은혜를 베푸시며 주의 많은 긍휼을 따라 내 죄악을 지워 주소서 · 나의 죄악을 말갛게 씻으시며 나의 죄를 깨끗이 제하소서 · 무릇 나는 내 죄과를 아오니 내 죄가 항상 내 앞에 있나이다 · 내가 주께만 범죄 하여 주의 목전에 악을 행하였사오니 주께서 말씀하실 때에 의로우시다 하고 주께서 심판하실 때에 순전하시다 하리이다"

마태복음 5장 23-24절

"그러므로 예물을 제단에 드리려다가 거기서 네 형제에게 원망 들을 만한 일이 있는 것이 생각나거든 · 예물을 제단 앞에 두고 먼저 가서 형제

338   우연의 반복은 필연이다

와 화목하고 그 후에 와서 예물을 드리라"

들어가는 말

성경의 위대한 점은 보통 사람의 이야기를 다룬다는 것입니다. 완전한 사람은 없습니다. 영웅이나 평범한 사람이나 다 똑같습니다. 성경이 보통 사람들의 이야기를 하기 때문에 중근동의 그 어떤 자료와 경전보다 더 아름답고 위대합니다.

우리에게는 완전에 대한 소망이 있어서 자꾸만 완전을 원하고, 성경에서 가장 위대한 영웅이라는 다윗에 대해서 생각할 때에도 '영웅은 뭔가 다르겠지' 하는 마음이 있습니다. 하지만 성경은 '그도 우리와 별로 다르지 않다'고 말합니다.

그래서 성경은 이원론이 아니라 일원론입니다. 한 사람이 착한 사람이 되기도 하고 악한 사람이 되기도 합니다. 흔히 우리는 착하고 훌륭한 사람이 따로 있고, 악한 인간이 따로 있다고 생각해서 사람을 구분합니다. 조선시대에도 노론[12]이 인간을 몇 층으로 구분해서 민중을 압박하고 희생시켰습니다. 또 함무라비 법전이나 이집트 역사에서도 왕후장상이 따로 결정되어 있었습니다. 하지만 성경의 가장 위대한 점은 그가 어떤 지위나 부를 가지고 있든, 모두 다 똑같은 인간이라는 것을 강변하고 있다는 점입니다.

---

12) 조선 후기에 있었던 붕당의 하나로 17세기 말부터 권력을 잡고 조선의 정치를 주도했다. - 편집자 주

다윗이 저지른 죄

다윗은 15년 동안 장인어른인 사울에게 쫓겨 다녔습니다. 사냥감처럼 쫓기다가 하나님의 이름을 부르면서 구사일생으로 겨우 살았습니다. 그리고 30세가 되어서 그는 성공했습니다. 오늘날 우리 사회에서도 고생하면서 성공하는 사람이 있듯이 그도 고생 끝에 성공했습니다. 가까이 있는 여섯 나라를 모두 정복해서 땅도 많이 차지했고 막대한 재산도 소유했습니다. 우리 식으로 말해서 다윗이 크게 출세한 것입니다.

그러던 어느 날 다윗이 전쟁터에 안 나가고 궁전의 옥상에 올라가서 '내가 온갖 고생을 다해서 이루었다'라고 생각하며 통일왕국에 대한 뿌듯함을 느끼면서 예루살렘 시내를 내려다보았습니다. 그때 저 멀리 보니 어떤 아름다운 여자가 목욕을 하고 있습니다. 다윗이 15년간 쫓기다가 이제는 더 이상 쫓기지 않습니다. 이제 그가 자유롭게 되었을 때 어떤 짓을 하는지 잘 봐야 합니다. 우리 모두의 이야기이기 때문입니다.

다윗은 14명이나 되는 부인들이 이미 있는데 왜 또 멀리서 보고 그 여자가 탐이 났는지, "저 여자 좀 데려오라"고 명했습니다. 그 여자는 젊고 아름다웠지만 이미 결혼을 한 여자였습니다. 그런데도 다윗은 그 여자를 취했습니다. 여자가 임신을 해 버렸습니다. 이에 대해 다윗은 '전쟁터에 있는 남편을 오라고 하자. 둘이서 오랜만에 만나서 합방을 하면 임신한 것을 뒤집어씌울 수 있겠지'라고 생각하면서 전쟁 중에 있는 그녀의 남편인 우리야 장군을 불러냈습니다. "우리야 장군, 고생한다. 요압 장군도 잘 있지? 오랜만에 왔으니 집에 가서 쉬고 가라."고 했습니다. 그런데 우리야가 집에 가지 않습니다. 왜 집에 가지 않느냐고 물으니 "요압 장군을

우연의 반복은 필연이다

비롯한 전우들이 모두 전쟁터에서 힘든데, 저 혼자 집에 가서 잘 지낼 수 없습니다."라고 합니다. 다윗이 애가 탑니다. 그래서 이번엔 술까지 먹여서 "오늘은 집에 가서 쉬고 가라."고 해도 집에 가지 않습니다.

죄는 은밀하게 벌어집니다. 다윗이 요압에게 편지를 보냅니다. '우리야가 가거든 전쟁터에 앞장세워서 적으로 하여금 우리야를 죽이게 해라'고 썼습니다. 이것을 고사성어로 '차도살인(借刀殺人)'이라고 합니다. 남의 칼을 빌려서 사람을 죽인다는 뜻입니다. 결국 우리야가 죽었습니다. 그리고 그 여자와 다윗이 결혼을 했습니다. 다윗은 지금 죄를 지었으므로 바보같이 되어서, 자기가 무엇을 잘못했는지 아무것도 모르고 있습니다. 그런데도 왕관을 쓰고 앉아서 왕 노릇이나 하고 있습니다.

나단 선지자가 이런 다윗을 보니 아주 기가 막힙니다. 나단 선지자가 어느 날 다윗을 찾아갔습니다. 그리고 이런 이야기를 했습니다. "부자와 가난한 자가 있었는데, 부자는 양과 소가 아주 많고 가난한 자는 양 한 마리를 자식같이 생각하며 살았습니다. 그런데 어느 날 부잣집에 손님이 왔는데 부자가 자기 양을 안 잡고 가난한 집의 양을 잡아서 대접했습니다." 그러자 다윗이 발끈해서 "예루살렘에 도대체 그런 인간이 어디 있느냐? 당장 죽여야 한다."고 화를 냈습니다. 그러자 나단 선지자가 "당신이 바로 그런 사람입니다."라고 했습니다.

나단 선지자가 아주 지혜롭습니다. "당신이 밧세바를 취하고 우리야를 죽였습니다."라고 직접적으로 이야기하지 않고, 비유를 들어 다윗에게 이야기한 것입니다. 그러고 나서 다윗의 죄를 지적합니다. 다윗은 십계명을 어겼습니다. 십계명의 10번째가 "네 이웃의 아내나 재물을 탐하지 말라"인데, 다윗은 남의 아내인 밧세바를 탐했습니다. 6계명은 "살인하지 말라"인데, 그는 차도살인으로 우리야를 죽였습니다. 그리고 7계명은 "간음하지 말라"인데, 다윗은 밧세바와 간통도 했습니다. 십계명 중 세 가지 계명을 다 어기고는 바보같이 자기는 아무 잘못이 없는 것처럼 앉아 있습니다. 그래서 나단 선지자가 그 죄를 지적한 것입니다. 다윗은 선지자의 지적을 듣고 "제가 잘못했습니다."라고 하나님 앞에 엉엉 울며 회개합니다.

다윗의 착각

> 시편 51편 4절 "내가 주께만 범죄 하여 주의 목전에 악을 행하였사오니 주께서 말씀하실 때에 의로우시다 하고 주께서 심판하실 때에 순전하시다 하리이다"

그런데 다윗이 "내가 주께만 범죄 했습니다."라고 말합니다. '만'은 다른 것은 제외하고 어느 특정한 것에 한정하는 뜻을 나타내는 보조사입니다. 그것만 한정하는 것입니다.

우리 믿는 사람의 모든 죄는 십자가와 같습니다. 수직적으로 하나님께 죄를 짓고 수평적으로 사람에게 죄를 짓는다는 말입니다. 다윗도 하나님께 불순종해서 십계명을 어겼습니다. 십계명에서 "네 이웃의 아내를 탐하지 말라"고 했는데 신하의 부인을 가로채고 그를 죽인 것입니다. 그 당시에 십계명의 계명을 어기는 사람은 사형을 받았습니다.

이처럼 다윗의 죄가 큰데 이상하게도 다윗은 "내가 주께만 범죄 했습니다"라고 합니다. 그러면 차도살인당한 우리야는 어떻게 됩니까? 우리

우연의 반복은 필연이다

야는 용병이었습니다. 그는 헷 사람이었는데, 헷은 오늘날 터키에 해당합니다. 다윗이 그곳까지 어떻게 잘못을 빌러 가겠습니까? 우리야의 부모나 형제를 찾으러 가겠습니까? 그것은 차치하고라도 밧세바의 가족들도 있는데, 밧세바의 집에 다윗이 어떻게 사죄하는가에 대한 기록이 성경 속에는 없습니다. 그래서 설교의 제목을 '다윗의 착각'이라고 정했습니다. 우리 모두 죄를 짓고 나면 하나님께만 잘못했다고 기도하고 끝내 버립니다.

다윗이 치러야 할 죗값

그러면 다윗의 죄에 대하여 하나님은 어떻게 하시는지를 보아야 합니다. 다윗이 회개는 했습니다. 나단도 용서한다고 했습니다. 그런데 "네 집에 칼이 영원할 것이다"라고 합니다. 다윗에게 벌이 내리기 시작합니다. 첫 번째 벌이 맏아들입니다. 맏아들인 암논이 이복 여동생에게 근친상간의 마음이 불같이 일어납니다. 이것은 다윗의 죄 때문입니다. 암논이 여동생 때문에 상사병까지 걸렸습니다. 아들이 다 죽어 간다고 하니 다윗이 병문안을 가서 "왜 이리 아프냐?"고 하자, 암논이 "여동생 다말이 와서 저를 돌봐 주면 나을 것 같습니다."라고 합니다. 그래서 다윗이 그렇게 하라고 했습니다. 다말은 압살롬의 여동생입니다. 압살롬의 외모가 아름다웠듯이 다말도 그러했습니다. 다말이 암논을 보살펴 주려고 갔는데 암논이 다말을 성폭행하고 버려 버립니다. 다말이 고통과 괴로움 중에 있는 것을 보고 압살롬이 나중에 암논을 죽였습니다.

이제 다윗 집에 벌이 내립니다. 다윗이 하나님께 용서는 받았으나 죗

값은 치러야 합니다. 나중에 압살롬이 도망갔다가 돌아와서 쿠데타를 일으킵니다. 결국 다윗이 예루살렘에서 쫓겨나는데, 그 쿠데타의 제1 전략가가 아히도벨입니다. 아히도벨은 밧세바의 외할아버지입니다. 평생 다윗에게 전략을 주던 사람으로서 얼마나 전략이 뛰어난지 그의 전략을 '신의 전략'이라고 했는데, 그 아히도벨이 압살롬에게 가 버립니다. 압살롬이 예루살렘을 차지하니 아히도벨이 압살롬에게 "당신이 왕이 되었으니, 다윗 왕의 부인들을 데리고 대낮에 옥상에서 동침해야 합니다."라고 합니다. 압살롬이 아히도벨의 말을 듣고 자기 아버지의 아내, 곧 자기 어머니와 한 가지인 여자들과 무리의 눈앞에서 동침했습니다.

다윗은 엉엉 울면서 도망갑니다. 다윗은 수평적으로 잘못에 대한 용서를 빌지 않았습니다. 말하자면 당사자에게 용서를 안 빌어서 이런 문제가 터지는 것입니다. 왕국 자체가 근원적으로 흔들려서 고통을 겪기 시작합니다. 쫓겨난 다윗이 나중에 다시 돌아왔습니다. 후새를 보내서 아히도벨을 막고 결국 아히도벨은 집에서 자살하고 끝났습니다. 아히도벨의 마음에 다윗이 자기 손녀를 데리고 그런 짓을 하니까 얼마나 속으로 마음이 상했겠습니까? 그 제갈공명 같은 평생의 전략가가 다윗을 버리고 압살롬이 쿠데타를 일으키는 데 동조하는 것을 보면 압니다.

우리 생각에는 '이 정도 하면 안 되겠나' 싶지만, 하나님께서는 용서하시되 잘못에 대한 벌은 끝까지 받게 하십니다. 하나님 앞에 항상 두려운 것이 이것입니다. 압살롬 다음으로 아도니야도 쿠데타를 모의합니다. 세상에 이보다 더 불행한 일이 없습니다. 정치적으로 볼 때 왕조가 바로 서야 하는데 본부인에게서 난 아들들에게 거의 다 문제가 생깁니다. 밧세바라는 새 여자에게서 낳은 첫 자식도 죽었습니다. 밧세바에게서 난 아

　　　　　　　　　우연의 반복은 필연이다

들에게 병이 났는데, 다윗이 끝까지 금식기도를 합니다. 본인은 몰라도 다른 사람이 볼 때는 불의하게 낳은 아들을 위해 금식기도까지 하는 다윗이 주책입니다. 그리고 밧세바가 낳은 솔로몬을 왕으로 올리려고 하니까, 다른 아들들의 감정적인 정황이 말도 못 합니다. 솔로몬을 왕위에 올리라고 나단 선지자가 말했는데, 그 전에 다윗의 아들 아도니야가 쿠데타를 모의했습니다. 평생 다윗과 같이 한 요압도, 제사장들도 모두 아도니야에게 갔습니다. 왕국 자체가 피폐해졌습니다. 이런 벌이 계속 내립니다.

우리에게 적용하기

다윗의 이 이야기에서 시편 본문으로 돌아갑시다.

> 1-3절 "하나님이여 주의 인자를 따라 내게 은혜를 베푸시며 주의 많은 긍휼을 따라 내 죄악을 지워 주소서 · 나의 죄악을 말갛게 씻으시며 나의 죄를 깨끗이 제하소서 · 무릇 나는 내 죄과를 아오니 내 죄가 항상 내 앞에 있나이다"

1절은 '죄악', 2절은 '죄', 3절은 '죄과'입니다. 1절의 죄악은 '페샤'라고 하는데, 십계명에 위배되었다는 말입니다. 2절의 죄는 '아본'인데 주로 살인하는 것으로 영어로는 'crime'입니다. 'sin'이 아닙니다. 3절의 죄과는 '핫타트'로 마음이 비틀어져서 저지르는 죄입니다. 고대에는 이렇게 구분했습니다. 지금은 '죄과'라는 말을 잘 쓰지 않습니다.

이 시편이 꼭 다윗의 시라는 말은 없습니다. 표제는 학자들이 '아마 그런 것 같다'고 해서 나중에 붙인 것입니다. 시 속에서 너무 참회를 하는 것을 보니 '다윗의 시가 아니겠나' 하고 추측한 것입니다. 그래서 '참회시'라고 합니다.

여기서 중요한 결론을 내리겠습니다. 우리의 삶 속에서 죄를 짓게 되면, 하나님하고만 해결하지 말아야 합니다. 관련된 당사자에게 "내가 잘못했다"고 용서를 빌고 해결해야 합니다.

마태복음 5장 23-24절 "그러므로 예물을 제단에 드리려다가 거기서 네형제에게 원망 들을 만한 일이 있는 것이 생각나거든 · 예물을 제단 앞에 두고 먼저 가서 형제와 화목하고 그 후에 와서 예물을 드리라"

이것이 예수님께서 우리에게 중요하게 말씀하신 것입니다. 수평적으로 잘못한 사람이 있는데, 왜 그 사람에게 가서는 죄송하다고 용서를 구하지 않고 기도할 때 하나님께만 "잘못했습니다."라며 울고불고 하고 마느냐는 것입니다. 그것은 전부 가짜라는 말입니다.

교회에 와서 헌금만 내면 다 용서해 준다고 착각하는 사람들이 많습니다. 그런 '예수쟁이들' 중에 죄인들이 많습니다. 지금 한국의 부패한 정치가들 중에도 조사해 보면 예수쟁이들이 많습니다. 이런 말씀을 드리는 이유는 우리도 이럴 수 있기 때문입니다. 하나님께만 잘못했다고 할 수 있고, '나는 기도하고 회개했는데 왜 어려운 일이 이렇게 많지?'라고 생각할 수 있습니다. 그것은 '네가 수평적으로 잘못한 것이 있다'라는 뜻입니다.

부모 자식 간에도 마찬가지입니다. 부모가 잘못을 했으면 자식에게 잘

우연의 반복은 필연이다

못했다고 해야 합니다. 아무리 작아도 생명이라면 어린아이에게도 "내가 잘못했다. 나를 용서해 줘."라는 말을 해야 화해가 일어납니다. 그래서 예수님께서 그런 화해는 하지 않고 성전에 와서 예물만 드리지 말라는 말씀을 하신 것입니다. "평소에 헌금 1만 원을 하는데 죄를 지었으니 오늘은 2만 원 할 거야. 그러니 하나님, 봐주세요."라고 해도 안 봐주십니다.

이스라엘 선지자들은 오히려 제단에 예물이 너무 많아서 문제라고 합니다. 모두가 죄를 짓고는 인간적으로 화해는 안 하고 와서 예물만 드리니까, 하나님께서 "또 양 잡고 소 잡느냐? 진동하는 피 냄새를 견딜 수가 없다. 꼴도 보기 싫다."라고 말씀하시는 것입니다.

맺는말

우리도 세상에서 살아갈 때 다윗처럼 잘못을 많이 합니다. 그때는 불화한 당사자를 찾아가야 합니다. 멀리 살거나 말거나 꼭 그 사람을 찾아가서 화해를 하고 난 후에 교회에 와야 합니다. 그리고 "하나님 죄송합니다. 제가 잘못했습니다."라고 기도해야 합니다. 당사자와 화해하지 않고 헌금으로 대신하는 것은 하나님께서 받지 않으십니다. 자기가 잘못한 것을 덮기 위해 수 쓰는 것을 하나님이 봐주시지 않습니다. 수직적으로만 잘못했다고 하지 말고, 수평적으로 그 사람에게 가서 진정으로 용서를 구해야 합니다.

우리는 다윗이 죄는 용서받았지만 끝까지 벌 받는 모습을 보았습니다. 이것을 우리도 바로 알아서 의로우신 하나님을 알고 우리 삶에 적용해야 합니다.

성경의 문학적 특징 2

2018. 12. 2.

여호수아 1장 7-9절

"오직 강하고 극히 담대하여 나의 종 모세가 네게 명령한 그 율법을 다 지켜 행하고 우로나 좌로나 치우치지 말라 그리하면 어디로 가든지 형통하리니 · 이 율법책을 네 입에서 떠나지 말게 하며 주야로 그것을 묵상하여 그 안에 기록된 대로 다 지켜 행하라 그리하면 네 길이 평탄하게 될 것이며 네가 형통하리라 · 내가 네게 명령한 것이 아니냐 강하고 담대하라 두려워하지 말며 놀라지 말라 네가 어디로 가든지 네 하나님 여호와가 너와 함께하느니라 하시니라"

지난 설교 복습

앞에서 하나님의 말씀에 대한 문학적 이해를 시도한 것을 복습하겠습

우연의 반복은 필연이다

니다. 철학자들도 문학자들도 모두가 어떻게 하면 성경을 이해할까를 고민하며 이해를 시도했습니다. 그렇지만 결국 인간의 학문으로는 이해할 수 없고 또 설명할 수도 없습니다. 그러나 자기들 나름대로 한번 시도해 보는 것입니다. 이번에도 전체적인 성경을 이해하는 길잡이를 여러분에게 말씀을 드리고자 합니다.

말씀에 대한 문학적 이해는 인간이 성경을 이해한 방식이라고 했는데, 하나님의 말씀은 계시입니다. 계시에는 일반계시가 있고 특별계시가 있습니다. 일반계시는 자연의 모든 법칙들을 말합니다. 특별계시는 성경 말씀을 지칭합니다. 그러므로 믿는 사람은 특별계시에 주목해야 합니다. 특별계시는 받는 자밖에 알지 못합니다. 객관적으로 중립적으로 설명할 수 없는 아주 신비한 내용들입니다.

성경을 이해하는 방식으로서 성경의 양식을 구분하기도 하고 문서를 구분하기도 합니다. 하나님을 '여호와'라고 기록하는 문서가 다르고, '엘로힘'이라고 기록하는 문서가 다르다고 보았습니다. 이것을 문서설이라 합니다. 여호와를 부르는 야훼 문서를 'J 문서'로 불렀습니다. 엘로힘 문서는 'E 문서'라고 했습니다. 하나님의 말씀을 지키면 복 받고 안 지키면 저주를 받는다는 내용의 신명기 문서는 'D 문서'입니다. 레위기에서 하나님께 제사하는 방식을 세밀하게 기록했는데, 제사를 잘 지내야 하나님께서 받으시고 축복하신다는 제사장 문서는 'P 문서'입니다. 그다음에 노마드 문서라고 하는 'N 문서'가 있는데, 셈족인 유목민들이 가지고 있는 문서로 추정합니다.

성경의 1단계 폴딩 벗기기

이 내용에 이어서 더 나아가 보겠습니다. 성경은 3단계로 폴딩되어 있는데, 한 단계 한 단계 벗겨가면서 말씀을 드리겠습니다.

모세가 이스라엘 민족을 종살이하던 애굽에서 데리고 나왔습니다. 그리고 광야를 지나서 가나안의 축복된 땅 앞에 왔는데 거기서 모세가 죽었습니다. 그 뒤를 이은 지도자가 여호수아입니다. 여기서 중요한 것은 성경은 책의 이름 속에 이미 상당한 비밀이 들어 있다는 것입니다.

'모세'라는 이름의 뜻은 '건지는 자'입니다. '여호수아'는 헬라어로 '이에수스'인데, 신약의 예수님의 이름입니다. 예수님의 구속사와 성경 속의 이름들이 많이 관계되어 있습니다. 죄에서 건져내서 십자가 수난을 당할 때까지가 모세의 역할이고, 천년국은 여호수아를 통해 가나안에 들어가는 것입니다. 결국 모세의 사역과 여호수아의 가나안 정복 사업이 예수님을 통해 이루어지는 구속사의 완성을 의미하는 것입니다. '폰 라드'라는 세계적인 구약학자가 이렇게 구속사적인 관점에서 성경을 설명했습니다.

한 단계 더 나아갑시다. 앞에서 전체를 설명할 때는 헌법에 해당하는 레위기를 지키나 안 지키나 보는 것이 역사서의 내용이라고 말씀드렸습니다. 여호수아서는 그 율법을 지키는 방법에 대해서, 하나님 말씀을 지킴으로써 가나안 정복에 승리할 수 있는 비밀을 계시하였습니다. 이스라엘 민족은 결국 하나님의 말씀을 안 지켜서 후에 북이스라엘은 앗수르에, 남유다는 바벨론에 망해서 많은 사람들이 아시리아와 바벨론으로 포로가 되어 갔습니다. 아시리아에 포로가 되어 간 이스라엘 열 지파는 역사 속에서 사라졌습니다. 이것은 여담이지만, 최근에 시므온 지파가 인

350 　　　　　　　　　　　　　　　우연의 반복은 필연이다

도에서 발견되었다는 기사를 보았습니다. 또 에브라임 지파라는 사람들도 중국에서 발견되었습니다.

이스라엘 민족에게 하나님의 말씀이 주어졌는데 그들은 왜 말씀을 지키지 않았을까요? 종의 속성 때문에 강제로 명령하고 잔소리를 하면서 먹을 것을 주면 지키는데, 자유롭게 하라고 하면 지키지 않습니다. 이것이 이스라엘의 역사입니다.

비유로 설명해 보겠습니다. 어떤 집에 아버지와 맏딸, 둘째 아들이 있었습니다. 맏딸을 북이스라엘로 보고, 둘째 아들을 남유다로 봅시다. 아버지가 자식들에게 어떤 것을 지키라고 말했습니다. 그런데 맏이는 현실을 중요시해서 "아버지가 그렇게 사시는 모습을 보니까 나는 지킬 수 없습니다."라고 했습니다. 아버지가 믿는 하나님 대신 금송아지를 섬겨야겠다고 했습니다. 돈이 최고라는 것입니다. 이스라엘이 이와 같습니다. 그들은 시간만 있으면 금송아지를 숭배했습니다. 현실적으로 돈만 숭배한 것이 이스라엘 역사입니다. 그래서 그들은 200년 동안 있었던 왕들 중에서 하나도 똑바른 왕이 없고 거의 돈과 권력을 추구하다가 끝났습니다. 하나님께서 이미 여호수아를 통해 전략을 주시고 방법도 제시했는데 지키지 않으니, 아시리아를 시켜서 열 지파를 세계로 흩으셨습니다. 되돌아올 길도 없습니다. 돈돈돈 하다가는 하나님의 나라에 들어가지 못합니다. 북이스라엘은 끝까지 자기 고집대로 하다가 세계로 흩어져서 일부만 남았는데, 그들이 사마리아인들입니다. 사마리아는 성경도 오경밖에 없고, 지금도 양 잡고 소 잡아서 제사를 지냅니다.

남유다 역시 하나님 말씀을 지키는 것처럼 하면서 오만해졌습니다. 자기들은 말씀을 맡은 민족이라는 생각으로 교만해지기만 하고 실제로 말씀은 지키지 않았습니다. 그러다가 요시야 왕 때 힐기야 제사장이 성전을 수리하다가 말씀을 찾아냈습니다. 학자들은 이 성경을 신명기서라고 말합니다. 말하자면 요시야 이전 2백 년 동안 성경을 잊었다는 말입니다. 성경 없이 자기들끼리 예배드리고 살았습니다. 그래서 제사장 힐기야가 찾은 책을 서기관 사반에게 주어서 사반이 요시야 앞에 가서 말씀을 읽으니까 요시야가 듣고 옷을 찢고 통곡하며 회개했습니다. 그리고 요시야 왕의 개혁이 있었습니다.

이처럼 오만해져서 성경도 잊고 '나는 똑똑하다'면서 자기중심적으로 살았던 민족이 유대 민족이었습니다. 그래서 하나님께서는 이들에게 계속 선지자를 보내셨습니다. 남유다에는 선지자가 12명이나 갔습니다. 시대마다 선지자를 보내서 말씀을 순종하라고 해도 선지자들의 말을 무시하고 끝까지 고집하다가 8명 정도는 정신을 차리고 요시야 왕 때 잠시 개혁하더니, 결국 바벨론에 망해 버렸습니다.

바벨론 유폐를 당하기 전에 중요한 사건들이 있습니다. 예레미야가 하나님의 말씀을 전하자, 요시야의 둘째 아들 여호야김이 칼로 말씀 양피지를 쪼개서 불에 태워 버렸습니다. 아버지는 하나님의 말씀을 듣고 감동했는데, 아들은 성경을 칼로 찢어서 불에 집어넣었습니다. 말씀을 버린 것입니다. 말씀을 버리면 고생을 시키는 수밖에 없습니다. 그래서 바벨론으로 잡혀갔습니다.

바벨론으로 잡혀간 길이 4천 리입니다. 신발도 안 좋은데 온갖 고생을 다 하며 잡혀갔습니다. 1차로 포로들이 잡혀갈 때 바벨론의 느부갓네살 왕이 "똑똑한 자들을 먼저 뽑아라"고 해서 1만 명을 잡아갔는데, 그중에 다니엘도 속해 있었습니다. 그렇게 잡혀가서 70년이라는 세월을 바벨론

우연의 반복은 필연이다

유폐 생활을 했습니다. 역사 기록을 보면 바벨론에서 성을 만들거나 농사를 지으며 대체로 잘 지냈다고 합니다. 70년이 되니까 하나님이 다시 이스라엘로 돌아가게 하셨습니다.

> 느헤미야 8장 9절 "백성이 율법의 말씀을 듣고 다 우는지라 총독 느헤미야와 제사장 겸 학사 에스라와 백성을 가르치는 레위 사람들이 모든 백성에게 이르기를 오늘은 너희 하나님 여호와의 성일이니 슬퍼하지 말며 울지 말라 하고"

70년을 고생하고 나니 이제 말씀이 들립니다. 그 전에는 종의 속성에다 자기중심적인 생각에 빠져서 말씀이 들리지 않았습니다. 하나님의 말씀보다 자기 생각을 더 중요하게 생각하니 잡혀가서 고생을 해야 했던 것입니다.

성경의 2단계 폴딩 벗기기

성경은 3단계로 폴딩되어 있다고 했습니다. 이제 1단계 폴딩을 벗겼고, 2단계 폴딩을 벗기겠습니다. 여호수아서로 다시 돌아가겠습니다. 구속사와 연결되어 모세를 통해 출애굽 하는 것은 죄에서 구원되는 것을 의미하고, 여호수아를 통해 가나안에 들어가는 것은 천국에 가는 것을 의미한다고 말씀드렸습니다. 천국으로 가는 길의 방법에 대해 여호수아서에 계시되었습니다.

가나안에 들어가서 이기는 역사가 우리 믿는 사람에게는 일상적인 삶에서 믿음의 열매를 맺는 것이고, 그럼으로써 천국과 같은 삶을 사는 것입니다. 여호수아서의 핵심을 잘 알아야 합니다. 하나님께서 계시할 때는 영적 투쟁의 역사가 반드시 동반됩니다. 성도라는 말은 거룩하게 구별한 무리라는 뜻입니다. 하나님께서 구별하셨는데 세상 사람보다 못하면 고생하는 수밖에 없습니다. 바닥을 치는 수밖에 없습니다.

여호수아서에서 전쟁의 역사는 우리가 세상 속에서 고생하는 것과 같습니다. 그 나물에 그 밥처럼, 물에 물 탄 것처럼 살면 믿는 사람이 아닙니다. 예수님께서는 "자기를 이기고 제 십자가를 지고 나를 따르라"고 말씀하셨습니다. 아주 중요한 비밀입니다. "여호수아서가 비밀이구나! 천국으로 가는 마스터키구나."라는 것을 찾아낸다면 그는 복됩니다. 여호수아서는 그냥 전쟁사가 아닙니다. 영적으로 우리 믿는 사람이 승리하는 비결입니다.

여호수아는 모세의 시종이었습니다. 모세가 죽은 후 여호수아는 여호와의 종이 됩니다. 모세는 120세에 죽었고, 여호수아는 110세에 죽었습니다. 그래서 또 다른 핵심은, 믿는 사람이거나 아니거나 사람은 때가 되면 다 죽는다는 사실입니다. 나이가 들면 다 죽습니다. 이것을 받아들여야 합니다. 죽음을 받아들이고 나면 마음이 편안합니다. '열심히 살다가 주님이 부르시면 가야지' 하는 마음이 있으면 항상 마음이 편안합니다. 죽은 후에는 천국이 있습니다. 나는 신앙을 열심히 하니까 죽어서 하나님 나라에 가고 예수님을 만난다는 두 가지 생각만 있으면 세상 속에서 정말 편하고 자신 있게 삽니다. 모든 생명은 죽는 것이 뻔한데, 안 죽으려고 발버둥 치는 것 자체가 불신자들이 하는 일입니다.

모세가 120세가 되었을 때 "나는 죽지 않겠다."고 하지 않았습니다. 여

우연의 반복은 필연이다

호수아 역시 110세가 되어서 죽을 때가 되었을 때 "모세가 돌아가신 지 얼마 안 되었고 이제 잠시 내 시간이 났는데 나는 죽고 싶지 않다."고 떼를 쓰지 않고 감사하고 받아들였습니다. 믿는 사람은 죽는 것에 대해서 너무 걱정하지 말아야 합니다. 육은 다 죽게 되어 있습니다. 우리의 믿음 안에서 영혼들은 하늘나라로 갑니다. 그러니 불신자들이 볼 때는 뭐가 그리 당당하나 싶습니다. 죽음 문제를 극복하고, 죽음 이후에 어떻게 되는지 확신하고 믿는 것이 두 번째 폴딩에서 중요합니다. "늘 세상에 지기만 하고, 죽음이 겁나서 불안에 휩싸여 사냥감처럼 살래? 아니면 당당하게 살래?"라고 하는 것이 여호수아서가 우리에게 말하는 것입니다.

성경의 3단계 폴딩 벗기기

마지막으로 세 번째 폴딩을 벗기겠습니다.

> 여호수아 1장 7절 "오직 강하고 극히 담대하여 나의 종 모세가 네게 명령한 그 율법을 다 지켜 행하고 우로나 좌로나 치우치지 말라 그리하면 어디로 가든지 형통하리니"

전쟁에서 승리하는 비결은 율법, 즉 말씀을 생활화하는 것입니다. "이 율법책을 네 입에서 떠나지 말게 하며 주야로 그것을 묵상하여 그 안에 기록된 대로 다 지켜 행하라 그리하면 네 길이 평탄하게 될 것이며 네가 형통하리라"(여호수아 1:8)고 말씀하셨습니다. 누워 있을 때나 잠이 안 올 때나 말씀을 묵상할 기회로 삼읍시다. 믿는 사람은 온갖 걱정이 있어도 그것을 이기고 말씀을 묵상하는 사람입니다.

여호수아는 말씀을 묵상하고 기도했을 때 항상 승리했습니다. 기도 없이 나아갈 때는 아이성 싸움처럼 밀렸습니다. 이것은 무슨 의미입니까? 여호수아서는 우리의 영적 삶에 대한 말씀입니다. 그러니까 "이 율법책을 네 입에서 떠나지 말게 하며 주야로 그것을 묵상하여 그 안에 기록된 대로 다 지켜 행하라."고 하시는 것입니다. 그리고 좌로나 우로나 치우치지 말아야 합니다. 성경 속에는 인생의 참다운 길이 다 정해져 있습니다. 여호수아의 승리를 이끈 비밀은 기도와 말씀 묵상, 암송 등 영적 삶을 매일 생활화한 것입니다. 이것이 여호수아서의 핵심입니다.

하나님의 경전에는 미래에 일어날 일을 과거완료로 써 놓았습니다. 하나님께서는 이미 여호수아가 태어나기 550년 전에 아브라함을 통하여 이스라엘 민족에게 가나안을 주시겠다고 말씀하셨습니다. 이 말은 여러분이 신앙을 잘하면 이미 천국에 가 있다는 뜻으로 이해할 수 있습니다. 하나님 나라에서 예수님과 같이 있습니다. 이것을 과거완료로 기록했는데, 우리는 현재에 묻혀서 미래에 어떻게 될지 걱정만 합니다.

이것이 여호수아서의 세 번째 폴딩의 핵심입니다. 여호수아는 그것을 뒤에 가서 깨달았습니다. 여호수아는 원래 마음이 약했습니다. 그래서 하나님께서 여호수아에게 하신 첫 말씀이 "하자크 워 아마츠", "강하고 담대하라"였습니다. 여호수아 1장에서 세 번이나 하나님께서 "강하고 담대하라"고 하셨습니다. 이것은 여호수아의 성정을 나타내는 것이기도 하지만 우리도 세상에서 강하고 담대하게 살아야 한다는 뜻입니다. 약하고 소심하게 눈치 보며 살지 맙시다. 우리는 하나님의 백성으로서 영원히 하나님 나라에서 살 사람입니다. 우리의 미래는 이미 과거완료로 완

우연의 반복은 필연이다

성되어 있습니다.

말씀을 생활화하고 암송합시다. 저도 신구약 전체의 중요한 말씀들은 다 암송하려고 합니다. 그것만이 우리가 신앙생활로 이 세상을 이기는 방법입니다. 우리도 여호수아처럼 세상을 이깁시다. 가나안의 7족속을 몰아내듯이 우리 속에 있는 7족속의 속성을 다 몰아내야 합니다. 이는 기도와 말씀을 통해서만 가능합니다.

여호수아가 인간적으로 너무 괴롭고 자신이 없어 기도했을 때 여호와의 군대장관을 만났습니다. 여호수아가 급한 마음에 "당신은 누구 편입니까?"라고 하니, 그가 "여호와의 군대장관으로 이제 왔노라"고 대답했습니다. 구약에 나타난 예수님의 모습입니다.

우리가 이 세상에서 죽음을 극복하고 하늘나라에 가기 위한 방법은 말씀을 일상화하고 암송하는 것입니다. '구구구' 하는 비둘기 소리도 경건한 이스라엘 사람들은 말씀을 묵상하는 소리라고 들었습니다. 우리가 세상에서 살면서 구약의 이스라엘이나 유다처럼 되지 말아야 합니다. 그들은 황금숭배 사상으로 "돈밖에 없어." 하고 살다가 결국 다 흩어졌습니다. 오만하게 굴다가 70년 동안 바벨론에 잡혀가서 온갖 고생을 하고 돌아오니까 말씀을 듣고 엉엉 웁니다. 이제 알겠다는 것입니다.

맺는말

세상을 이기는 마스터키가 여호수아서 안에 있습니다. 그 방법은 다른 것이 아니라 기도하고 말씀을 암송하는 데 있습니다. 이것을 깨닫기를 바랍니다.

35

예수님의 조상이 요셉 지파가 아니라

유다 지파가 된 이유

2018. 12. 16.

마태복음 1장 2절

"아브라함이 이삭을 낳고 이삭은 야곱을 낳고 야곱은 유다와 그의 형제
들을 낳고"

들어가는 말

창세기는 전체가 50장인데 1장부터 11장을 원역사라고 합니다. 이후 12
장부터 50장까지는 아브라함과 그의 아들과 손자들의 역사, 곧 아브라
함과 이삭과 야곱과 요셉의 역사입니다. 여기서는 창세기의 내용들을 생
각하면서 설교를 들으시기 바랍니다.

인간 사회에서는 제일 중요한 것이 '실적'입니다. 그 사람이 살면서 결
과적으로 무엇을 했느냐는 것입니다. 창세기 전체에서 열두 장이나 기록

우연의 반복은 필연이다

된 사람이 요셉입니다. 요셉은 꿈을 통해 핍박받고 꿈을 통해 성공했습니다. 히브리 민족의 역사에서 너무나 놀라운 최고의 성공을 한 사람의 일대기가 열두 장에 걸쳐서 기록되어 있습니다. 창세기 37장부터 50장까지가 거의 요셉의 이야기입니다. 그러면 우리는 당연히 요셉이 지도자가 되어야 한다고 생각하기 마련입니다. 요셉은 또한 다니엘과 같이 너무나 고매하고 대단한 인격을 가진 사람이므로 예수님도 요셉의 후손으로 오시는 것이 자연스럽다고 생각합니다.

이것은 우리가 가진 결정론적인 사유의 결론입니다. 그런데 뉴턴 물리학이 결정론이라면 양자역학은 비결정론입니다. 요셉이 최고의 성공을 했고, 성경이 많은 양을 할애해서 요셉 이야기를 하고 있고, 마지막 이야기도 요셉 이야기로 끝나기 때문에 예수님께서 요셉 지파로 오도록 결정되어야 한다고 생각하기 쉬운데, 성령께서는 요셉이 아니라 유다라고 하십니다. 너무 놀랍습니다. 인간 사회에서는 요셉이 최고로 출세한 사람인데, 예수님께서 요셉의 후손이 아니라 유다 지파로 오신다는 사실입니다. 우리는 본문을 통해 이러한 비결정론적인 선택을 깨달아야 합니다.

창세기 49장 8-10절 "유다야 너는 네 형제의 찬송이 될지라 네 손이 네 원수의 목을 잡을 것이요 네 아버지의 아들들이 네 앞에 절하리로다 · 유다는 사자 새끼로다 내 아들아 너는 움킨 것을 찢고 올라갔도다 그가 엎드리고 웅크림이 수사자 같고 암사자 같으니 누가 그를 범할 수 있으랴 · 규가 유다를 떠나지 아니하며 통치자의 지팡이가 그 발 사이에서 떠나지 아니하기를 실로가 오시기까지 이르리니 그에게 모든 백성이 복종

하리로다"

　야곱이 죽기 전에 하나님께 기도하고 성령 안에서 열두 아들에게 축복
하고 예언하는 장면입니다. 여기서 '규'라는 것은 왕을 상징하는 '홀'입니
다. 통치자를 말합니다. 야곱이 성령 안에서 요셉이 아니라 유다에게 그
이야기를 합니다.

> 창세기 49장 22-25절 "요셉은 무성한 가지 곧 샘 곁의 무성한 가지라 그
> 가지가 담을 넘었도다 · 활 쏘는 자가 그를 학대하며 적개심을 가지고
> 그를 쏘았으나 · 요셉의 활은 도리어 굳세며 그의 팔은 힘이 있으니 이는
> 야곱의 전능자 이스라엘의 반석인 목자의 손을 힘입음이라 · 네 아버지
> 의 하나님께로 말미암나니 그가 너를 도우실 것이요 전능자로 말미암나
> 니 그가 네게 복을 주실 것이라 위로 하늘의 복과 아래로 깊은 샘의 복
> 과 젖먹이는 복과 태의 복이리로다"

　요셉에 대한 축복에서 '왕'과 '통치자'에 대한 것이 빠졌습니다. 야곱의
마지막 기도에서 자식들의 장래를 예언하는데, 당연히 요셉을 가장 많이
축복할 것이라고 생각했지만 축복의 손이 전부 유다에게로 갔습니다. 우
리는 이 비밀을 풀어야 합니다.

유다 이야기

> 요한계시록 7장 5절 "유다 지파 중에 인침을 받은 자가 일만 이천이요

우연의 반복은 필연이다

르우벤 지파 중에 일만 이천이요 갓 지파 중에 일만 이천이요"

하늘나라에 14만 4천이 들어가는데 유다 지파가 첫째로 나옵니다. 장자라는 말입니다. 왜 이런 일이 일어났을까요? 유다는 야곱의 넷째 아들입니다. 야곱이 편애했던 라헬의 아들도 아닙니다. 그는 야곱이 원하지 않았던 레아의 아들입니다. 이것도 사람들의 상식을 뒤집는 이야기입니다. 야곱과 레아는 어쩔 수 없이 같이 지내게 되었는데, 레아에게서 르우벤, 시므온, 레위, 유다가 났습니다. 그러므로 유다에 대한 축복은 야곱스스로도 예상을 못 한 것입니다. 사람의 뜻대로라면 요셉에게 축복의 손이 다 갔을 것입니다. 그러나 하나님은 요셉이 아니라 유다를 선택하셨습니다. 천년국에서는 유다가 장자가 됩니다. 왜 그럴까요? 이 비밀을 풀기 위해 창세기 38장으로 가야 합니다.

> 창세기 38장 1-2절 "그 후에 유다가 자기 형제들로부터 떠나 내려가서
> 아둘람 사람 히라와 가까이하니라 · 유다가 거기서 가나안 사람 수아라
> 하는 자의 딸을 보고 그를 데리고 동침하니"

유다가 집에 있으니 형제들은 싸우고 아버지는 나이가 많아서 편협하고 고집을 부리니 "이런 집구석에는 더 이상 못 있겠다. 지긋지긋하다."고 하면서 집을 버리고 가나안으로 갔습니다. 아브라함이 아들 이삭의 부인을 얻으러 먼 곳까지 종을 보냈듯이 아브라함의 후손은 아무와 결혼해서는 안 됩니다. 그런데 유다는 가나안에 내려가서 있다가 가나안 사람의 딸을 부인으로 얻었습니다. 그리고 아들을 셋이나 낳았는데, 나

중에 부인이 죽고 홀아비가 되었습니다. 맏아들을 장가보냈는데 가정교육도 못 받고 신앙도 없어서 자기 멋대로 악하게 살다가 하나님이 벌을 내려서 맏아들이 죽고 말았습니다.

이것은 3500년 전의 이야기로서 현대의 상황과는 많이 다릅니다. 당시 제도 중에 계대결혼제도인 '레비레이트(Levirate Marriage)'라는 것이 있었습니다. 형이 죽으면 동생이 형 대신 형수에게 들어가서 자식을 낳아 주는 제도였는데, 과부를 긍휼히 여기는 하나의 방법이었습니다. 당시 사회에서는 남편이 죽으면 여자의 삶은 끝입니다. 봉양할 사람도 없고 아무도 없습니다. 그러니 그 집에서 책임을 져야 하는 것입니다. 여자는 사랑이고 뭐고 자식이라도 하나 낳아야 거기서 겨우 먹고살 수 있는 형편이었습니다.

유다의 맏아들이 죽었으니 할 수 없습니다. 계대결혼제도에 의해 둘째 아들 오난이 형수에게 아이를 낳아 줘야 합니다. 그런데 오난은 형수에게 씨를 남겨도 그 씨가 자기 것이 되지 않음을 알기 때문에 형수에게 들어가면서도 씨를 땅에 설정해 버렸습니다. 그래서 하나님의 벌을 받아 오난이 또 죽어 버렸습니다. 유다는 이렇게 하다가 막내아들까지 죽겠다 싶은 생각이 들었습니다. 속된 말로 '재수 없는 여자'여서 그 여자에게 장가만 가면 아들이 죽는다는 것입니다. 그래서 막내아들이 장성하기까지 기다리라며 며느리를 친정으로 쫓았습니다.

얼마 후에 유다의 아내가 죽었습니다. 혼자 지내다가 딤나에 양털을 깎으러 갔습니다. 목축업자에게는 가장 큰 명절이 양 털 깎는 날입니다. 며느리 다말은 친정에서 고생하면서 "이 영감쟁이가 왜 막내아들을 안 주지?" 하고 생각하고 있는데, 누가 와서 "네 시아버지가 양털 깎으러 딤

우연의 반복은 필연이다

나로 온다고 하더라."고 알려 주었습니다. 그 당시에는 신전에 창녀 제도가 있었습니다. 창녀에 대한 인식이 요즘과는 달라서 그 창녀와 관계를 맺어서 자식이라도 낳으면 그 집이 풍요해지고 복되다는 사상이 있었습니다. 다말은 유다가 막내아들을 주지 않으니 시아버지를 유혹해야겠다고 생각해서 창녀 복장을 하고 새카만 너울을 쓰고 창녀들이 앉는 문 앞에 앉아 있었습니다.

유다가 지나가다가 창녀로 분장한 다말을 보고 하룻밤을 지내자고 했습니다. 본문을 통해 두 사람 사이에 오간 대화를 상상해 보겠습니다. "화대를 내야 합니다." "얼만데?" "염소 새끼 한 마리를 주세요." "내가 주지. 그런데 들에 두고 지금은 안 가져왔다." "나중에 보내 주면 되지요. 다만 담보물을 주세요." "무슨 담보물을 주면 되지?" "당신의 지팡이와 끈과 도장을 주세요." 지팡이는 족장의 상징으로서 지팡이에 글을 써서 다음 족장인 아들에게 넘기는 물건입니다. 끈은 허리띠이고, 도장은 우리 식으로 말하면 인감도장과 같습니다. 그 세 개의 담보물을 주고 창녀와 지냈습니다. 그러고는 "조금 기다려라. 염소를 보내 줄게." 하고 돌아갔습니다. 다말은 유다가 떠나자 과부의 옷으로 다시 갈아입고 집으로 돌아갔습니다.

유다는 친구에게 염소를 주며 그 창녀에게 갖다주고 담보물을 받아 달라고 부탁했습니다. 그런데 유다의 친구가 아무리 찾아도 창녀는 보이지 않고, 사람들에게 물어보니 딤나에는 창녀가 없다고 합니다. 유다에게 돌아와서 이 사실을 전하니 유다는 "할 수 없지. 이 일이 알려지면 내가 수치를 당할 수 있으니 그 여자가 가지도록 두는 수밖에."라고 했습니다. 그리고 몇 달 후에 누가 와서 "당신 며느리가 임신했소."라고 전해 주었습니다. 유다는 불같이 화를 내며 행음한 며느리를 죽이겠다고 동네 사람들을 다 모았습니다. 당시에 행음한 여자는 돌로 쳐 죽이거나 화형을 시켰습니다. 동네 사람을 다 모아서 여자를 끌어내려고 하니 며느리가 사람을 유다에게 보내서 "이 물건의 주인으로 말미암아 임신했습니다. 이 지팡이와 끈과 도장이 누구의 것입니까?"라고 했습니다. 유다가 가만히 보니 자기 물건들입니다.

유다의 첫 번째 특징

바로 이때입니다. 당시는 강력한 가부장제 사회이고 여자는 사람 취급도 못 받는 시대이니 유다가 오리발을 낼 수 있습니다. 검찰이 부정부패한 사람을 포토라인에 세우면 "나는 그런 일이 없다."고 딱 잡아떼다가 결국에는 감옥에 들어가는 일이 비일비재하듯이 말입니다. 그런데 유다는 이 상황에서 어떻게 행동하는지 봅시다.

> 창세기 38장 25-26절 "여인이 끌려나갈 때에 사람을 보내어 시아버지에게 이르되 이 물건 임자로 말미암아 임신하였나이다 청하건대 보소서 이 도장과 그 끈과 지팡이가 누구의 것이니이까 한지라 · 유다가 그것들을 알아보고 이르되 그는 나보다 옳도다 내가 그를 내 아들 셀라에게 주지 아니하였음이로다 하고 다시는 그를 가까이하지 아니하였더라"

여기서 유다가 딴소리를 할 수 있습니다. 그런데 유다가 "그가 나보다 옳다"고 합니다. 그 많은 사람들이 다 모인 앞에서 자기 죄에 대해서 솔직하게 인정합니다. 불까지 피워 놓고 며느리를 죽이려고 했는데, 며느리가 옳고 그 죄는 자기에게 있다고 시인한 것입니다. 이것이 유다의 첫 번째 특징입니다.

그런데 유다의 이 이야기는 38장 한 장뿐입니다. 계속되는 요셉의 이야기 속에 샌드위치처럼 끼워 넣었습니다. 우리는 여기서 첫 번째 리더의 자격이 '솔직하게 자기 부족과 잘못을 알고 시인하는 것'이라는 것을 알아야 합니다. 저는 지금까지 우리나라 정치인 중에서 자기 죄를 시인하는 사람을 못 봤습니다. 모두가 뻔히 다 아는 죄인데도 끝까지 오리발을 냅니다. 그런데 창세기 저자는 유다의 특징으로 진실성, 곧 자기 부족을 알고 자기가 죄인임을 사람들 앞에서 인정하는 진실성을 부각시킵니다.

유다의 두 번째 특징

유다의 두 번째 특징은 무엇일까요?

창세기 43장 3절 "유다가 아버지에게 말하여 이르되 그 사람이 우리에게 엄히 경고하여 이르되 너희 아우가 너희와 함께 오지 아니하면 너희가 내 얼굴을 보지 못하리라 하였으니"

이 본문은 창세기 39-42장을 배경으로 합니다. 요셉의 꿈대로 7년 동안 애굽에 풍년이 들어서 요셉은 총리로서 창고마다 곡식을 저장했습니다. 그런데 흉년이 되었습니다. 가나안의 야곱 집도 식구가 70명이나 되는데 흉년이 들어서 먹고살 수가 없습니다. 그래서 야곱이 자식들을 애굽으로 보냈습니다.

동생인 요셉이 지금 애굽의 국무총리가 되었는데 형들은 모르고 그 앞에서 절을 합니다. 국무총리가 오더니 "너희 아버지는 잘 계시느냐?"고 합니다. "예, 잘 계십니다."라고 하니 "형제들을 말해 봐라."고 합니다. "원래 12명인데 하나는 없어졌습니다."라고 대답했는데, 형들이 자기들끼리 수군거리는 것을 요셉이 통역을 세워 놓고 다 듣고 있습니다. 그런데 국무총리가 대뜸 "너희들 정탐꾼이지?" 합니다. 형들이 아니라고 아무리 변명해도 안 됩니다. "너희들이 정탐꾼이 아니라면, 너희 중에서 한 사람은 남고 나머지는 가서 막내를 데려와라. 그리고 더 이상 이야기하지 마라." 하고는 쫓아 버렸습니다. 시므온이 볼모로 붙들려 있고 나머지 형제들은 모두 가나안으로 돌아갔습니다.

야곱이 돌아온 자식들에게 "시므온은 어디 갔지?"라고 하니 "사실은 이렇게 저렇게 되었습니다."라고 사정을 말했습니다. 그러자 야곱이 "막내는 안 돼!"라고 합니다. 야곱이 사랑한 라헬의 자식이 둘인데 하나는 잃어버린 요셉이고 하나는 베냐민입니다. 르우벤이 "베냐민을 애굽에서 데리고 오지 못하면 제 아들 둘을 죽이셔도 됩니다."라고 해도 야곱은 어림도 없습니다. 그래서 일단락되었는데, 식솔은 70명이나 되고 흉년이 지속되니까 계속 버틸 수가 없습니다. 결국 야곱이 또 아들들을 모아 애굽에 가서 식량을 조금 더 사 오라고 합니다.

그때 유다가 나섭니다. 다른 아들들은 나서지 않는데, 유다가 문제 해결을 위해 적극적으로 용기 있게 나섭니다. 바로 이것입니다. "아버지, 애굽의 총리가 막내를 안 데려오면 안 된다고 했습니다. 데려가게 해 주세

우연의 반복은 필연이다

요. 그래야 우리가 모두 삽니다." 유다가 자신을 담보물로 희생하겠다고 말합니다. "만약 베냐민을 못 데려오면 저를 죽이세요. 제가 하나님 앞에서 그 죄를 다 받겠습니다."라고 야곱을 설득합니다. 그러자 야곱이 "그래, 다 살아야지. 막내가 죽어도 할 수 없지." 하며 편협하고 고집쟁이인 수준에서 한 단계 올라갑니다.

여기서 유다의 두 번째 특징이 문제 해결을 위해 적극적으로 나서는 용기입니다. 모두 다 침묵할 때 유다가 나섭니다. 그래서 베냐민을 데리고 요셉에게로 갑니다. 요셉은 베냐민이 동생이니까 바로 알아봅니다. 나머지 형들은 꿇어 엎드리고 절하고 있습니다. 요셉의 꿈대로 되고 있습니다.

유다의 세 번째 특징

요셉 앞에서 유다가 나서서 소개를 합니다. "전에 말씀드린 대로 이 아이가 막내입니다." 요셉이 알면서 모른 척합니다. "그 아이가 막내냐?" 하면서 잔치도 한번 베풀어 주고 "너희가 정탐꾼이 아니네."라고 합니다. 그리고 지난번처럼 자루에 곡식을 넣어 줄 때 돈도 넣고 자기가 제일 귀하게 여기는 은잔을 베냐민의 자루에 넣어서 보내게 했습니다. 이집트에서 가나안까지 열하루 길입니다. 형제들이 길을 가고 있는데 요셉의 청지기가 군인들을 데리고 와서 다 나오라고 하더니 "너희가 그렇게 은혜를 배반할지 몰랐다. 우리 주인이 점을 잘 치는데, 점을 칠 때 쓰는 은잔을 가져가다니."라고 합니다. "우리는 그런 일을 하지 않습니다. 우리는 정직합니다."라고 아무리 이야기를 해도 소용이 없습니다. "실제로 보자.

자기 자루를 다 풀어라."고 해서 자루를 하나하나 풀어보니 베냐민의 자루에서 은잔이 나왔습니다. 그러자 형제들이 기가 막혀서 자신들의 옷을 찢고 각자 짐을 나귀에 싣고 다시 성으로 돌아갑니다. 요셉 앞에서 그들이 다 엎드리고 요셉이 그들을 책망하는 때에 유다가 나서서 말합니다. "우리는 한 형제로서, 제가 나서서 아버지 앞에 약속을 했습니다. 막내를 안 데리고 가면 아버지가 죽습니다."

창세기 44장 16절 "유다가 말하되 우리가 내 주께 무슨 말을 하오리이까 무슨 설명을 하오리이까 우리가 어떻게 우리의 정직함을 나타내리이까 하나님이 종들의 죄악을 찾아내셨으니 우리와 이 잔이 발견된 자가 다 내 주의 노예가 되겠나이다"

요셉은 은잔이 발견된 자루의 주인인 베냐민만 종이 되면 된다고 하는데 유다가 나서서 자초지종을 다 이야기합니다. 요셉은 가만히 들으면서 속으로 '형들이 정말 회개했을까? 회개하지 않고 나를 팔아먹은 때와 같으면 또 베냐민을 버리고 가겠지'라고 생각하고 있습니다. 그런데 유다가 나서서 자기가 대신 종이 되겠다고 사정합니다.

요셉이 들어 보니 거짓말이 하나도 없습니다. 진정성을 가지고 유다가 형편을 다 말합니다. "제가 대신 종으로 있겠습니다. 이 막내아들은 아버지에게 약속했으니 아버지가 안 돌아가시려면 그가 가야 합니다." 문제 해결을 위한 유다의 희생적인 책임 정신입니다. 이것이 유다의 세 번째 특징입니다. 이는 예수 그리스도께서 죄인을 위해 대신 죽으심을 상징합니다.

우연의 반복은 필연이다

유다가 이렇게 이야기를 하니 요셉이 도저히 정을 못 참을 지경이 됩니다. 형들이 자기를 팔아먹었으니까 베냐민도 버리고 갈 줄 알았는데 진정으로 회개하는 모습을 보입니다. 요셉에게 사정하면서 유다가 본인이 대신 잡혀 있겠다고 하니 거기서 요셉은 그들의 진정성을 알았습니다. 그 이후에 "내가 요셉입니다." 하고 밝히고는 모두 우는 내용으로 이어집니다.

유다는 자신의 희생으로 스스로 죽음을 안고 문제를 해결하려고 했습니다. 이제 왜 예수님께서 유다 지파로 오셨는지 이해가 갑니다. 주님은 성육신하셔서 사랑으로 적극적으로 우리에게 오셨습니다. 그분은 정직하셨고, 용기가 있었고, 우리를 위해 희생적으로 십자가를 지셨습니다. 위의 사건이 있고 나서 창세기 49장에 가면 규를 가진 통치자는 바로 유다에게서 나와야 한다는 사상이 이어집니다.

맺는말

우리도 인간이기 때문에 실수할 때가 있고 잘못할 때가 있습니다. 그때 실수와 잘못을 그대로 인정합시다. 인정하지 않고 끝까지 버티면 그 사람의 인격은 완전히 바닥으로 떨어집니다. 둘째, 어려운 일이 있을 때 적극적으로 문제 해결을 위해 나서야 합니다. 그리고 책임질 일이 있으면 내가 지겠다는 정신이 필요합니다. 이를 위해 목숨까지 내놓은 사람이 유다입니다. 그래서 그는 예수님의 조상이 되었습니다.

우연의 반복은
필연이다

ⓒ 박건한, 2022

초판 1쇄 발행 2022년 1월 7일

지은이   박건한
펴낸이   이기봉
편집   좋은땅 편집팀
펴낸곳   도서출판 좋은땅
주소   서울특별시 마포구 양화로12길 26 지월드빌딩 (서교동 395-7)
전화   02)374-8616~7
팩스   02)374-8614
이메일   gworldbook@naver.com
홈페이지   www.g-world.co.kr

ISBN   979-11-388-0553-7[03230]